千家詩全解

李梦生 注译

复旦大学出版社

目　录

前　言 …………………………………………………………… 1

七言绝句

程　颢	春日偶成 ……………………………………………	1
朱　熹	春日 …………………………………………………	1
苏　轼	春宵 …………………………………………………	2
杨巨源	城东早春 ……………………………………………	3
王安石	春夜 …………………………………………………	4
韩　愈	初春小雨 ……………………………………………	4
王安石	元日 …………………………………………………	5
苏　轼	上元侍宴 ……………………………………………	6
张　栻	立春偶成 ……………………………………………	6
晁说之	打球图 ………………………………………………	7
王　建	宫词 …………………………………………………	8
夏　竦	廷试 …………………………………………………	9
杜　常	咏华清宫 ……………………………………………	9
李　白	清平调 ………………………………………………	10
郑　会	题邸间壁 ……………………………………………	11
杜　甫	绝句 …………………………………………………	12
苏　轼	海棠 …………………………………………………	13
杜　牧	清明 …………………………………………………	13
魏　野	清明 …………………………………………………	14
王　驾	社日 …………………………………………………	15
韩　翃	寒食 …………………………………………………	15
杜　牧	江南春 ………………………………………………	16
高　蟾	上高侍郎 ……………………………………………	17
僧志南	绝句 …………………………………………………	17
叶绍翁	游园不值 ……………………………………………	18
李　白	客中行 ………………………………………………	19
刘季孙	题屏 …………………………………………………	20
杜　甫	漫兴 …………………………………………………	20

谢枋得	庆全庵桃花	21
刘禹锡	玄都观桃花	22
刘禹锡	再游玄都观	22
韦应物	滁州西涧	23
谢枋得	花影	24
王安石	北山	24
徐元杰	湖上	25
杜　甫	漫兴	26
王　驾	春晴	26
曹　豳	春暮	27
朱淑真	落花	28
王　淇	春暮游小园	28
刘克庄	莺梭	29
叶　采	暮春即事	30
李　涉	登山	30
谢枋得	蚕妇吟	31
韩　愈	晚春	32
杨万里	伤春	32
王　令	送春	33
贾　岛	三月晦日送春	34
司马光	客中初夏	34
赵师秀	有约	35
杨万里	初夏睡起	36
曾　几	三衢道中	36
朱淑真	即景	37
戴复古	夏日	38
黄庭坚	鄂州南楼书事	38
高　骈	山亭夏日	39
范成大	田家	40
翁　卷	村居即事	41
韩　愈	题榴花	41
雷　震	村晚	42
王安石	书湖阴先生壁	43
刘禹锡	乌衣巷	43
王　维	送元二使安西	44
李　白	与史郎中钦听黄鹤楼上吹笛	45

程颢	题淮南寺	45
朱熹	秋月	46
杨朴	七夕	47
刘翰	立秋	47
杜牧	秋夕	48
苏轼	中秋月	49
赵嘏	江楼感旧	49
林升	题临安邸	50
杨万里	晓出净慈寺送林子方	51
苏轼	饮湖上初晴后雨	51
周必大	入直	52
蔡确	夏日登车盖亭	53
洪咨夔	直玉堂作	53
李嘉祐	竹楼	54
白居易	直中书省	55
朱熹	观书有感	55
朱熹	泛舟	56
林稹	冷泉亭	57
苏轼	赠刘景文	57
张继	枫桥夜泊	58
杜耒	寒夜	59
李商隐	霜月	59
王淇	梅	60
白玉蟾	早春	61
卢梅坡	雪梅（其一）	61
卢梅坡	雪梅（其二）	62
牧童	答钟弱翁	62
杜牧	泊秦淮	63
钱起	归雁	64
无名氏	题壁	64

七言律诗

贾至	早朝大明宫	66
杜甫	和贾舍人早朝	67
王维	和贾舍人早朝	67
岑参	和贾舍人早朝	68
蔡襄	上元应制	69

王　珪	上元应制	70
沈佺期	侍宴	71
欧阳修	答丁元珍	72
邵　雍	插花吟	73
晏　殊	寓意	74
赵　鼎	寒食书事	75
黄庭坚	清明	75
高　翥	清明日对酒	76
程　颢	郊行即事	77
僧惠洪	秋千	78
杜　甫	曲江（其一）	79
杜　甫	曲江（其二）	79
崔　颢	黄鹤楼	80
崔　涂	旅怀	81
韦应物	答李儋元锡	82
杜　甫	江村	83
张　耒	夏日	83
王　维	辋川积雨	84
陆　游	新竹	85
窦叔向	夏夜宿表兄话旧	86
程　颢	偶成	87
程　颢	游月陂	88
杜　甫	秋兴（其一）	88
杜　甫	秋兴（其三）	89
杜　甫	秋兴（其五）	90
杜　甫	秋兴（其七）	91
戴复古	月夜舟中	92
赵　嘏	长安秋望	92
无名氏	新秋	93
李　朴	中秋	94
杜　甫	九日蓝田崔氏庄	95
陆　游	秋思	96
杜　甫	与朱山人	97
赵　嘏	闻笛	97
刘克庄	冬景	98
杜　甫	小至	99

林 逋	梅花	100
韩 愈	左迁至蓝关示侄孙湘	100
王 中	干戈	101
陈 抟	归隐	102
杜荀鹤	时世行赠田妇	103
宁献王	送天师	104
明世宗	送毛伯温	104

五言绝句

孟浩然	春晓	106
孟浩然	访袁拾遗不遇	106
王昌龄	送郭司仓	107
储光羲	洛阳道	107
李 白	独坐敬亭山	108
王之涣	登鹳鹊楼	109
孙 逖	观永乐公主入蕃	109
盖嘉运	伊州歌	110
丘 为	左掖梨花	111
令狐楚	思君恩	111
贺知章	题袁氏别业	112
杨 炯	夜送赵纵	112
王 维	竹里馆	113
孟浩然	送朱大入秦	114
崔 颢	长干曲	114
高 适	咏史	115
李适之	罢相作	115
钱 起	逢侠者	116
钱 珝	江行无题	117
韦应物	答李浣	117
刘禹锡	秋风引	118
韦应物	秋夜寄丘二十二员外	118
耿 沣	秋日	119
薛 莹	秋日湖上	119
文宗皇帝	宫中题	120
贾 岛	寻隐者不遇	121
苏 颋	汾上惊秋	121
张 说	蜀道后期	122

李 白	静夜思	123
李 白	秋浦歌	123
陈子昂	赠乔侍御	124
王昌龄	答武陵太守	124
岑 参	行军九日思长安故园	125
皇甫冉	婕妤怨	126
朱 放	题竹林寺	126
戴叔伦	三闾庙	127
骆宾王	易水送别	128
司空曙	别卢秦卿	128
太上隐者	答人	129

五言律诗

唐玄宗	幸蜀回至剑门	130
杜审言	和晋陵陆丞早春游望	131
杜审言	蓬莱三殿侍宴奉敕咏终南山	131
陈子昂	春夜别友人	132
李 峤	长宁公主东庄侍宴	133
张 说	恩赐丽正殿书院宴应制得林字	134
李 白	送友人	134
李 白	送友人入蜀	135
王 湾	次北固山下	136
祖 咏	苏氏别业	137
杜 甫	春宿左省	137
杜 甫	题玄武禅师屋壁	138
王 维	终南山	139
岑 参	寄左省杜拾遗	140
岑 参	登总持阁	140
杜 甫	登兖州城楼	141
王 勃	送杜少府之任蜀州	142
杜审言	送崔融	143
宋之问	扈从登封途中作	143
孟浩然	题义公禅房	144
高 适	醉后赠张九旭	145
杜 甫	玉台观	145
杜 甫	观李固请司马弟山水图	146
杜 甫	旅夜书怀	147

目　录		
杜　甫	登岳阳楼	148
祖　咏	江南旅情	148
綦毋潜	宿龙兴寺	149
常　建	破山寺后禅院	150
张　祜	题松汀驿	151
释处默	圣果寺	151
王　绩	野望	152
陈子昂	送别崔著作东征	153
杜　甫	陪诸贵公子丈八沟携妓纳凉晚际遇雨二首	154
孙　逖	宿云门寺阁	155
李　白	秋登宣城谢朓北楼	155
孟浩然	临洞庭上张丞相	156
王　维	过香积寺	157
高　适	送郑侍御谪闽中	157
杜　甫	秦州杂诗	158
杜　甫	禹庙	159
李　颀	望秦川	160
张　谓	同王征君湘中有怀	160
丁仙芝	渡扬子江	161
张　说	幽州夜饮	162

前　　言

《千家诗》是部什么书？在讨论这个问题前，我们不妨先来看两则戏曲小说中所载的事：

清初戏曲家李渔的著名喜剧《风筝误》中，写詹烈侯有两个女儿，一名淑娟，美而多才，一名爱娟，丑而鄙俚。才子韩世勋与才女淑娟通过在风筝上和诗，互生羡慕之心。爱娟得知此事，冒名与韩世勋约会。两人在暗室中见面，闹出一通笑话。剧中有这样一段对白。

（生）小姐，小生后来的一首拙作，可曾赐和么？（丑）你那首拙作，我已赐和过了。（生惊介）这等，小姐的佳篇，请念一念。（丑）我的佳篇一时忘了。（生又惊介）自己做的诗，只隔得半日，怎么就忘了？还求记一记。（丑）一心想着你，把诗都忘了。待我想来。（想介）记着了！（生）请教。（丑）云淡风轻近午天，傍花随柳过前川。时人不识余心乐，将谓偷闲学少年。（生大惊介）这是一首《千家诗》，怎么说是小姐做的？

可见，像爱娟这样胸无点墨，粗蠢无赖之女子，也能背诵《千家诗》。

《红楼梦》第六十三回"寿怡红群芳开夜宴"中，众人掷骰子掣花名签，共掣出八支签，签上诗句，有六支见于《千家诗》：

杏花——瑶池仙品，"日边红杏倚云栽"（高蟾《上高侍郎》）；老梅——霜晓寒姿，"竹篱茅舍自甘心"（王琪《梅》）；海棠——香梦沉酣，"只恐夜深花睡去"（苏轼《海棠》）；荼蘼花——韵华胜极，"开到荼蘼花事了"（王琪《春暮游小园》）；并蒂花——联春绕瑞，"连理枝头花正开"（朱淑真《落花》）；桃花——武陵别景，"桃红又是一年春"（谢枋得《庆全庵桃花》）。

蔡义江《红楼梦诗词曲赋评注》说："夜宴中行酒令时所玩的象牙花名签子所镌的诗句，极大部分均可在旧时十分流行的《千家诗》选本中找到。因为人们比较熟悉，所以只要提起一句，就容易联想到全诗。"

从以上两则有关《千家诗》的记载,已经可以清晰地知道,《千家诗》是旧时人人皆知的普及读物,不仅是书塾中必备的启蒙书,还深入到闺阁,并跻身于花签酒令等娱乐物品中。

《千家诗》旧时与《三字经》《百家姓》《千字文》合称"三百千千",流传极广,版本繁多,今天所见的本子,都不是它的原始面貌。最早的本子,一般认为是南宋刘克庄所编,全名为《分门纂类唐宋时贤千家诗选》,选了唐宋诗人565家的近体诗1 281首,大部分是宋诗。全书分二十二卷,依时令、节候、天文、地理、器用、禽兽、昆虫、人品等十四门分类。从清初以来流行的《千家诗》,题《增补重订千家诗》,翟灏《通俗编》记云:"今村塾所诵《千家诗》者,上集七言绝八十余首,下集七言律四十余首,大半在后村选中,盖据其本增删之耳。"这个本子,署谢枋得选,王相注。谢枋得为宋末人,今本《千家诗》收其诗多首。王相是明末清初人,字晋升,江西临川(今抚州市)人。他编过多种蒙学读物,不仅为七言《千家诗》作注,还另外选了本五言的《新镌五言千家诗》,后人将其合刊,就成了今天我们见到的《千家诗》,共收诗226首。

《千家诗》的编选者究竟是谁,刘克庄还是谢枋得,或是别人?历来争议不定。对今天来说,斤斤于此项考辨已无意义,我们只要明白以下几点:其一,书的编选应在宋末元初,因为书中宋人诗的比例占了很大,这在宋以后诗界强调唐诗的情况下是不会出现这样的选本的;其次,书是经历代村夫子、书商不断加工改益而成为今天的样子,所以不仅在书末塞入了两首明人作品,而且因为编本水平不高,所以诗句多错讹,诗的作者也往往张冠李戴。

今本《千家诗》,其七言与五言部分由于成书时间及编者的不同,差异较大。前者偏重于启蒙,诗以俗为主,基本按四季分类,所收为唐宋二朝作家的诗;后者所选以名篇为主,诗以淡雅为主,分类时序不严格,所收皆唐诗。就今本《千家诗》,尤其是七言部分来说,有以下几个特点:

其一,正如前面所强调的那样,《千家诗》是启蒙的书,给一般村塾子弟或闺阁女子读的,所以诗基本上从俗、从浅上着眼,所选诗,除杜甫《秋兴》等诗外,一般很少用典故。对以用典著称的李商隐的一些名作及江西诗派点化典故的名作,书基本没有选入。因此,书中所选,大都是清通浅显的作品,便于诵读理解。

其二,《千家诗》的编选者选诗又立足于景与情,不注重诗深层的内涵。如著名的朱熹的《观书有感》,诗人是以景物揭示读书的哲理,选者将其归于春季诗内,显然是因为诗表面写的是春景。这点,从选者对诗题的更改也能够看出来,此不举例。

其三,书中所选诗的格调一般都以欢快清朗为主,尤多歌舞升平、颂扬帝王的篇章,

前　言

风格以温柔敦厚为要，很少有剑拔弩张的讽刺现实的作品。为了迎合这一需要，书中还选入了大量内容空洞成就一般的应制诗；或为了追求富贵气息，达到颂圣目的，选了一些艺术并不高明的诗。同时，为配合儒家思想教育，还选了大量道学家的诗，尽管这些诗水平都不算很高。

其四，为配合启蒙教育，使其具有教科书的功能，书中所选均是近体。这样，一方面可使读者由此步入习作阶段，另一方面可为将来应试甚至出仕打下一定基础。

以上四点，主要体现于七言《千家诗》内，五言《千家诗》选诗时也基本以以上四点为准则，只是不像七言那样偏重浅俗，而是尽量追求淡雅；在题材上，也不以景为主，选入了不少抒发真情实感的名作。因此，五言《千家诗》能与七言《千家诗》并行不衰，终于合二为一。

因为《千家诗》具备了以上一些特点，所以成为旧时最受欢迎的启蒙读物之一。今天时代已经变了，《千家诗》已不再是单纯的启蒙读物，转而拥有更广大的读者群，读者可通过本书，由浅入深，步入更为璀璨的古典诗歌宝库，因此整理出版本书仍是一件很有意义的事。本书在整理时，一般都校核了所选诗原文，改正了一些错误。对每首诗除了加以注释外，并作了今译，附以简单的评析。这些工作，希望对读者阅读能有所帮助。

七言绝句

春日偶成①

程颢

云淡风轻近午天,傍花随柳过前川②。时人不识余心乐③,将谓偷闲学少年。

【作者简介】

程颢(1032—1085),字伯淳,洛阳(今属河南省)人。宋仁宗嘉祐二年(1057)进士,历官上元主簿,太子中允等。他是宋著名理学家,以讲学闻名,与弟颐并称"二程",世称明道先生。后人辑其著作为《二程遗书》。

【注释】

① 偶成。偶然所作,即兴之作。　② 川:原野。　③ 时人:当前的人。

【今译】

天空中飘着淡淡的云朵,风儿轻吹,已经是将近中午的时间。我依傍着花丛,沿着柳林,走过了前面的平川。见到我的人,不知道我心中无比的快乐。将会说我是忙里偷闲,在郊外癫狂,强学少年。

【评解】

春天最宜人的是温暖的太阳,和煦的微风,诗人此刻正沐浴在春日春风中,向大自然敞开自己的胸怀,所以心情格外悠闲舒畅。于是,诗人就即目所见,即时所感,抒发自己的情怀。前两句直述生气勃勃的春景,及自己惬意的投入。第三句将前两句的意思直接陈述。言人不识,加一层曲折,突出自己的快乐,使诗味益发浓厚。末句是总结,强调自己的满足。诗前两句以景衬情,后两句以议论写情,表现得纡徐平淡,但感情很丰富,充满真率与恬逸,没有一般道学家诗的鄙俚与陈腐。

春　日

朱熹

胜日寻芳泗水滨①,无边光景一时新②。等闲识得东风面③,万紫千红总是春④。

【作者简介】

朱熹(1130—1200),字元晦,一字仲晦,号晦庵,徽州婺源(今属江西省)人。宋高宗绍兴十八年(1148)进士,历官秘阁修撰,宝文阁待制。卒谥文。他是宋代大理学家,著作等身,诗格清新,富有理趣。著有《晦庵先生朱文公文集》等。

【注释】

① 胜日:此指温暖和煦的春日。　寻芳:游览赏花。　泗水:在今山东省中部,流经曲阜、济宁,循运河入淮。　② 一时:一下子,同时。　③ 等闲:不经意,随便。　识得:见到。东风面:指春景。　④ 总是:都是。

【今译】

在这风和日暖的日子,我漫步寻芳在泗水之滨。无边无际的风光景色,生机勃勃,焕然一新。没想到就在这无意之中,我领悟了春天的真正面目。万紫千红,百花齐放,这一切不就是所谓的春?

【评解】

这首绝句写春天蓬勃向上、绚丽多彩的景象。历来写春的诗,有细写,具体描摹花草风月;有浑写,浓笔涂抹,铺设感受。这首诗用的是后一种写法。前两句,写投入到春景中所见,点出寻芳的气候、地点,以"胜日"、"寻芳"、"无边"、"新"数字,移步换景,不断把春天欣欣向荣的景物粗略而又形象地展示。后两句述说春天的感受,"万紫千红"四字,高度概括了美妙的春景,通过议论与渲染,勾勒了一派繁花似锦的景象,充满浓浓的春意,使人奋发开朗。朱熹是一个著名理学家,诗中所写的泗水当时已沦入金人之手,他不可能纵步游览,而泗水正是孔子居住讲学的地方。因此,人们寻绎出诗外之意:诗是以游春暗指自己探索孔门之道,豁然开朗,因此感到触处是春,无比喜悦;诗人是以春天的生意喻指孔学的仁爱育物。于是全诗更显得情景交融,富有理趣而不坠理障。

春　宵①

苏　轼

春宵一刻值千金②,花有清香月有阴。歌管楼台声细细③,秋千院落夜沉沉④。

【作者简介】

苏轼(1037—1101),字子瞻,号东坡居士,眉州眉山(今属四川省)人。宋神宗嘉祐进士,历官翰林学士,杭州、颍州知州,官至礼部尚书。卒谥文忠。他是宋代最杰出的文学家,诗豪放雄健,汪洋恣肆;文列入"唐宋八大家"。著有《东坡七集》。

【注释】

① 诗题《东坡七集》作"春夜"。　② 一刻:古人将一昼夜分成一百刻。一刻指时间很短暂。　③ 歌管:歌声与音乐。管,管状乐器,如箫、笛。　细细:指声音悠扬清晰。　④ 院落:院子。

【今译】

春天的晚上,即使是短暂的一刻,也珍贵得价值千金;散发着清香的花儿,在月光中,投下了重重身影。远处华丽的楼台上,传来了清雅悠扬的乐曲歌声;悬挂着秋千的小院,夜色是那样地深沉。

【评解】

首句是全诗的提纲。诗将"一刻"这短暂的时间与"千金"这巨大的价值作鲜明的对比,强调了春宵的可贵,虽以议论出之,说得直截浅显,但含蕴丰富,因此受到人们的激赏。脍炙人口的好诗,流传久了便成为格言成语,这句诗后来即演化成成语"一刻千金"。以下三句,铺写春晚景色。诗先将春天的代表——花作一番描绘,因为是夜晚,便带出月,突出花香与花影,把夜色写得分外绮丽可人。然后,诗写楼上飘出悠扬的歌声、乐曲及沉沉夜色中的秋千院落,在寂静中点化热闹,以游春表示惜春,突出春宵可贵这一主题。全诗从不同的角度写出春夜的美好,声色俱茂;用语又紧密结合场景,婉约清新,不仅再现了春夜迷人的景色,也深沉地表达了诗人对春光的眷恋。

城 东 早 春①

杨巨源

诗家清景在新春,绿柳才黄半未匀。若待上林花似锦②,出门俱是看花人。

【作者简介】

杨巨源(755—?),字景山,河中(今山西省永济县)人。唐德宗贞元五年(789)进士,历官太常博士、国子司业、河中少尹。诗学白居易,清新明丽。著有《杨少尹诗集》。

【注释】

① 城东:指长安城东。　② 上林:上林苑,本秦旧苑,汉武帝增而广之,故址在长安西北。这里泛指花园。

【今译】

诗人最喜欢的清丽景色,正在这万象更新的早春;那垂柳刚吐出黄色的嫩芽,一半深一半浅尚不均匀。如果等到春色秾艳,上林苑中繁花似锦;你才走出门去观赏,见到的只能是游人如云。

【评解】

这首七绝写对早春的喜爱,好在不从普通人的角度来写,而从"诗家"的情趣上来定位,诗便境界全新。诗人采用边议论边写景的手法,前两句强调早春的风光是如何好,以嫩柳吐黄作象征,"才"字及"半未匀",都突出早春的"早"字,显得生机勃勃,把早春的"清"与"新"表现得很饱满。后两句改变着眼点,从对面着笔,写春光秾艳时的不堪。"花似锦"便过于热闹,无新鲜之感;而满眼游人挨挤,更以环境的嘈杂,点出难以赏玩。这样一对比,反衬了早春的可爱。全诗笔墨轻快,绘景写情中富有情趣:这早春既为诗家钟情,不正是在说诗境及诗句也应该摒除浓妆艳抹,归于平淡清新吗?

春　夜①

王安石

金炉香烬漏声残②,剪剪轻风阵阵寒③。春色恼人眠不得④,月移花影上栏杆。

【作者简介】

王安石(1021—1086),字介甫,号半山,临川(今属江西省)人。宋仁宗庆历二年(1042)进士。神宗时拜相,推行新法。封荆国公。诗风格雄健峭拔,句锻字炼,对偶工整;尤长七绝,被推为宋朝第一。著有《临川先生集》等。

【注释】

① 诗题原作"夜直"。夜直,即在朝中值宿。宋制,翰林学士每夜轮流一人在学士院值宿。这首诗作于熙宁二年(1069),王安石时迁翰林学士。　② 金炉:铜制的香炉。　烬:成灰。　漏声:古代用来计时的漏壶中滴水的声响。　残:将尽。此指天快亮。　③ 剪剪:风轻微而有寒意。　④ 恼人:引逗、挑动人。

【今译】

铜制的香炉中香已燃成了灰烬,叮叮咚咚的夜漏也将近尾声。阵阵清风吹进窗户,带来了丝丝侵人的寒冷。明媚的春光挑逗着我,使我整夜难以入睡;明月西下照着窗外的花枝,在栏杆上投下了浓郁的花影。

【评解】

前两句写夜直,形象地交代了时间地点。金炉、漏声,说明是在宫中;香销、漏残,说明天快亮了;轻风带来寒意,说明是春天。诗结集了各种带有显著特点的事物,表现出诗人造句绘景的精湛技巧。知香销漏残,感受到天亮前的寒冷,诗人自然没有睡着,第三、四句就改变前两句以景作暗示的写法,直接说自己因为春色的逗引而睡不着,痴痴地看月影、花影。第三句是总结上半首,第四句补足第三句。一夜未眠,所以能注意到月光的移动;花本身不高,只有月亮西坠时的斜照,才能使花影投上屋子的栏杆,又暗点天快亮。诗人为什么会感到"春色恼人"以致"眠不得"呢?原来当时正是神宗决定采用新法时,王安石的政治抱负终于将要实现,他对未来充满着信心,处于紧张而又兴奋的等待中。因此,他借夜直时的情况,隐曲地表达自己的心理,很含蓄细腻。

初春小雨①

韩愈

天街小雨润如酥②,草色遥看近却无。最是一年春好处,绝胜烟柳满皇都③。

七言绝句

【作者简介】

韩愈(768—824),字退之,南阳(今河南孟县)人。郡望昌黎,故世称韩昌黎。贞元八年(792)进士,历官监察御史、刑部侍郎,官至吏部侍郎,谥文。他是唐代著名古文家,为"唐宋八大家"之一。诗奇崛宏伟,又好以散文句法入诗,对宋诗影响很大。著有《昌黎先生集》。

【注释】

① 诗题为编者所拟,原集题为"早春呈水部张十八员外"。张十八即诗人张籍,时官水部员外郎。 ② 天街:京中的街道。 酥:乳酪。 ③ 烟柳:指柳条浓绿。皇都:京城。

【今译】

一场小雨滋润了京城中的道路,雨点儿细细,仿佛给大地洒上一层嫩酥。春草已经悄悄地萌芽,远看一片淡黄,近看若有若无。我最欣赏的就是这种景色,它是一春中最好的时刻;远远超过阳春三月,满城烟柳低拂,游人无数。

【评解】

春夏秋冬,四时之景不同;就春天来说,初春与仲春、暮春,也各有一番风味。韩愈生性兀傲脱俗,勇于进取,所以他特别喜欢初春,在这首诗中特意赞扬初春那奋发的初生的朦胧美,那未被人深刻领会的勃勃生气。在诗中,他撇开了人们历来写早春所涉及的垂柳啼莺、呢喃双燕,着眼于滋润万物的细雨及最富有生命力的小草。首句以"润如酥"概括小雨的柔和轻细,非常形象,可与杜甫《春夜喜雨》"随风潜入夜,润物细无声"比美,也使人想起王维《渭城曲》"渭城朝雨浥轻尘"这一名句。次句写小草在雨露滋润下初生时若有若无的情景,刻绘细腻,形神兼备。黄叔灿《唐诗笺注》赞云:"写照工甚,如画家设色,在有意无意之间。"三、四句由写景转入实赞,对上两句总结,以"最"、"绝"二字领句,通过对比,强烈表现自己对早春的喜爱。全诗写得工细清通,景情相间,体现了诗人铸词炼句的高超技巧。

元　日①

王安石

爆竹声中一岁除②,春风送暖入屠苏③。千门万户曈曈日④,总把新桃换旧符⑤。

【注释】

① 元日:即正月初一,春节。 ② 除:逝去。 ③ 屠苏:用屠苏、肉桂、山椒、白术等药浸泡的酒。古人在正月初一饮屠苏酒,相传可以预防瘟疫。 ④ 曈曈:形容太阳初升,由暗转明的样子。 ⑤ "总把"句:句中"新桃"、"旧符"是桃符的互文省略。桃符是古代挂在门边的桃木板,左右各一,上画神荼(shēn shū)、郁垒(yù lǜ)二神,用以驱邪,一年一换。

【今译】

阵阵轰鸣的爆竹声中,旧的一年已经过去;和暖的春风吹拂,大伙儿畅饮着屠苏酒,分外快乐。金色的太阳冉冉升起,照耀着千家万户;人们都忙忙碌碌,把旧的桃符取下,换上新的桃符。

【评解】

诗写的是过年时常见的情景:人们辞旧迎新,欢快忙碌。诗人捕捉到这一热闹场面,倾注进自己的感情,把各种新事物、新气象引入诗中,于是爆竹迎新,风是新春的风,酒是新酒,连太阳也是初升的,人们忙着换新的桃符。古人说欢乐之辞难工,这首诗恰恰把欢乐的场面很形象地描绘出来,所以特别难能可贵,几乎受到了所有选家的青睐。不少论诗者还注意到,王安石这首诗充满积极向上的奋发精神,是因为他当时正出任宰相,推行新法。他对新政充满信心,所以反映到诗中就分外开朗。诗是通过元日更新的习俗来寄托自己革除旧政、施行新政的喜悦心理,但表现得含而不露,令人回味。

上元侍宴①

苏 轼

淡月疏星绕建章②,仙风吹下御炉香③。侍臣鹄立通明殿④,一朵红云捧玉皇。

【注释】

① 上元:农历正月十五日,又称"元宵"。 侍宴:参加皇帝举行的宴会。 ② 建章:汉宫名,在长安城外。这里代指宋皇宫。 ③ 御炉:皇宫中使用的香炉。 ④ 鹄立:恭敬整齐地排立。鹄即天鹅,飞行及站立时次序井然。 通明殿:传说中天上玉皇大帝的宫殿。此指举行宴会的宫殿。

【今译】

淡淡的月亮,稀疏的星星,围绕着建章宫;御炉中飘溢的香气,随清风到处吹扬。侍臣们像鹄鸟一样,整齐地肃立在通明殿上;仿佛是一朵红云,簇拥着玉皇。

【评解】

这首陪侍皇帝开宴的诗,写得场面十分盛大。诗人为表现升平气象,歌颂皇帝的高贵,别出心裁,将富丽堂皇的宫殿比作天宫,将人间的帝王比作天上的玉皇大帝,既达到了歌功颂德的目的,又不显得谀媚。诗属应制诗范围,这类诗照例要说皇上的好话,很难表达自己的真情实感,苏轼这首诗也受到这一局限,因此在他的诗集中算不上佳作,但仍具有一定的写作技巧,除比喻恰当外,诗前两句由高处往下写,由星、月、缥缈御香,衬出宫殿的高大;后两句由底下往上看,以红云拥帝暗示红云拥日,比喻帝王的高贵清明,都收到了很好的艺术效果。

立春偶成

张 栻

律回岁晚冰霜少①,春到人间草木知。便觉眼前生意满②,东风吹水绿参差③。

【作者简介】

张栻(1133—1180),字敬夫,一字乐斋,号南轩,汉州绵竹(今属四川省)人。历官吏部侍郎兼侍讲。他是南宋著名理学家,与朱熹、吕祖谦齐名。诗多淡雅之作。著有《南轩集》。

【注释】

① 律回:传黄帝时伶伦把竹子截成十二支竹管,以比拟一年十二个月。春夏六月属阳,称"律",秋冬六月属阴,称"吕"。立春是一年之首,阳气回生,故云"律回"。　② 生意:生机勃勃。　③ 参差(cēn cī):不齐貌。这里形容水波起伏不定。

【今译】

一年过尽,阳气回转,冰霜渐渐稀少;春天悄悄地来到人间,草木感觉到了它的生机。我也领略到眼前的春意,到处洋溢着勃勃生气。那和暖的东风吹拂着绿水,水面上泛起了阵阵涟漪。

【评解】

这首诗写立春景色。诗人从自己的感受出发,尽力捕捉了种种典型景物,为人们描摹出一幅完整的初春画图。首句写气象物候,通过大地回暖,冰霜稀少,说明春天的到来。次句以拟人化手法,说草木感到了春天的到来,潜意识地展示草木萌芽变绿的状况,使人倍感亲切。第三句用抒情浑写,由物及己,包融深厚。末句用素描写东风吹拂绿水,景中带情,平淡中透出喜悦。诗写得十分活泼跳荡,本身似乎也充满了春天般的勃勃生机,读后令人振奋向上,而"春到人间草木知"又以其平和细腻而成为家喻户晓的名句。

打 球 图①

晁说之

阊阖千门万户开②,三郎沉醉打球回③。九龄已老韩休死④,无复明朝谏疏来⑤。

【作者简介】

晁说之(1053—1139),字以道,号景迂生,济州巨野(今属山东省)人。宋神宗元丰五年(1082)进士,官著作郎、徽猷阁待制。他能诗善画,为时所重。著有《景迂生集》等。

【注释】

① 诗题原集作"明皇打球图"。此诗原误题晁补之作,今改正。明皇,即唐玄宗李隆基,在位四十四年(712—756),前期励精图治,使唐朝中兴,后信任奸邪,宠爱杨贵妃,酿成"安史之乱"。打球,即蹴鞠,古代流行的一种游戏。球用皮革缝成,中实以毛,用足踢或骑在马上用棒打。　② 阊阖:古代神话传说中天宫的门。此代指唐长安的宫殿。　千门万户:形容宫殿规模盛大,屋宇众多。语出《史记·孝武纪》:"于是作建章宫,度为千门万户。"　③ 三郎:唐玄宗,他是睿宗第三子。　④ 九龄:张九龄,字子寿,曲江(今属广东省)人。玄宗开元中任相,后为李林甫嫉害贬官。唐玄宗初对张九龄很赏识,九龄多直谏论朝事,曾上"事鉴十章"。

7

韩休:京兆长安(今陕西西安市)人。历官礼部侍郎,开元末任相,敷陈治道,多鲠直。玄宗左右的臣子曾说:"自休入朝,陛下无一日欢,殊瘦于旧,不如去之。"玄宗回答说:"吾虽瘠,天下肥,吾用休为社稷耳!" ⑤ 谏疏:臣子劝谏皇帝的奏章。

【今译】

深沉的宫殿中,千门万户,次第打开;原来是三郎喝得醉醺醺,打完了球,刚刚归来。张九龄已经衰老,忠鲠的韩休也已去世;明早再不会有谏疏,奉劝皇上收敛悔改。

【评解】

唐玄宗晚年昏聩糊涂,宠用李林甫、杨国忠,沉溺声色玩乐,置国事不顾,终于酿成大乱。这首诗通过题画,对唐玄宗的荒淫进行讽刺,以作后人借鉴。诗前两句吟咏画面。第一句写背景,描绘皇宫的深邃;次句写主人公唐玄宗打完球喝醉归来的状况。两句将画面写尽,诗中"开"、"回"二字,给画面赋予动态情趣,使形象更为生动真切。后两句即画面展开议论,由唐玄宗荒废朝政,导致国家大乱,诗人想到了玄宗前期的清明,想到了张九龄及韩休两个忠诤直谏的大臣,因而得出结论:祸乱的产生,是由于朝廷无人。表面上直指奸臣误国,实质上把矛头指向唐明皇,起到了一石二鸟的效果。诗虽是题画,同时也具有咏史的性质,这是宋诗长于议论的表现。

宫 词①

王 建

金殿当头紫阁重②,仙人掌上玉芙蓉③。太平天子朝元日④,五色云车驾六龙⑤。

【作者简介】

王建,字仲初,颍川(今河南许昌市)人。唐宪宗元和年间,官昭应县丞、渭南尉,后官陕州司马。擅乐府诗,风格清新流畅,与张籍齐名。所作宫词百首,为世传诵。著有《王司马集》。

【注释】

① 宫词:写宫内琐事的诗歌,一般为七言绝句。此诗原误题林洪所作。 ② 金殿:皇帝的宫殿。此指唐朝建于骊山的华清宫。紫阁:指华清宫中的朝元阁,是唐代皇帝祭祀道教太上老君(即老子)处。 ③ 仙人掌:朝元阁外有数丈高铜柱,柱上有仙人像,手捧承露盘接天露。玉芙蓉:指承露盘。盘作荷花(芙蓉)状。 ④ 朝元:朝拜太上老君。唐崇道教,封太上老君为玄元皇帝。 ⑤ 五色云车:指皇帝乘坐的装饰华丽的车。 六龙:皇帝车驾用六马拉,马八尺以上曰龙。

【今译】

金碧辉煌的宫殿前,朝元阁层叠高耸;阁旁竖立的金铜仙人,掌上高擎着玉芙蓉。太平无事的年代,天子前来朝拜玄元皇帝;华丽的车驾像五色云彩,拉车的马儿神骏似龙。

【评解】

这首宫词记帝王朝见老子的盛况。前两句写朝元的环境,说金殿巍峨,紫阁重叠,仙人矗立,手擎玉盘,写得既华丽富贵,又雍容肃穆。且以"紫阁"、"仙人掌",暗点宫中崇尚道教,为下朝元作伏笔。三、四句正面写朝元,通过"五色云车"、"六龙",写出皇帝车驾的金碧辉煌,而又暗与天神所驾云车相契合,渲染神秘虚无的气氛,与朝元这一宗教仪式合拍。王建的宫词以婉转清丽著称,内容与所咏对象丝丝入扣,这首诗便具有这一特点。全诗只有第三句直写,其余三句从各个角度进行铺设点染,烘托主题,使诗面十分热闹,画面格外鲜明,其为《千家诗》所选中,也许缘由便在此。

廷　　试①

夏　竦

殿上衮衣明日月②,砚中旗影动龙蛇③。纵横礼乐三千字④,独对丹墀日未斜⑤。

【作者简介】

夏竦(984—1050),字子乔,江州德安(今属江西省)人。历仕数朝,官至枢密使,封英国公,罢知河南府,迁武宁军节度使,进郑国公。文章典雅藻丽,著有《文庄集》。

【注释】

①《千家诗》原题作"宫词",署林洪作,现依《宋诗纪事》卷九改正。廷试,会试中式的举子再由皇帝殿试定名次,称廷试。各特科、保荐之士由皇帝一一面试,亦称廷试。　②衮衣:古代天子所穿礼服。　日月:衣上绣的日月图案。　③龙蛇:指旗子翻动映在砚水中的影子。也可理解为旗子上画的龙蛇图案映在砚水中。　④纵横:指才气横溢,随笔挥洒。　礼乐:《礼记》、《乐记》,这里指国家典章制度。　⑤丹墀:宫中涂成红色的石阶。

【今译】

庄严肃穆的金殿上高坐着天子,衮龙袍上的日月图案光辉灿烂。砚水中倒映着面面旌旗,仿佛龙蛇在飞舞摇晃。我文思如涌,奋笔直书,转眼草就了三千字的文章;独自站在丹墀上回答皇上的提问,太阳还没西斜,尚是中午时光。

【评解】

关于这首诗写作背景,《宋诗纪事》引《青箱杂记》云:夏竦应制科,廷试结束后,大臣杨徽之见他年龄很轻,对他说:"老夫他则不知,惟喜吟咏,愿乞贤良一篇,以卜他日之志。"夏竦忻然提笔,作了这首诗。诗是实写方才经历的廷试事。前两句把重点放在"廷"上,一是抬头看,殿上庄严肃穆,天子神圣威严;一是低头看,见到砚水中倒映着旌旗。后两句把重点放在"试"上,说自己才华横溢,文思敏捷,对策殿上,从容不迫。诗写得才气纵横,前两句构思尤其巧妙,以衮龙代指帝王,以衣上日月光辉暗颂帝王的威仪贤明,都堂皇得体。"砚中"句取境奇巧,新人耳目,又无意中以"砚"暗逗廷试,造意细密。后两句虽是实写,但沾沾自夸,不免少年气盛,陷入刻露浮躁,是诗家一病。

咏　华　清　宫①

杜　常

行尽江南数十程②,晓风残月入华清③。朝元阁上西风急④,都入长杨作雨声⑤。

【作者简介】

杜常,字正甫,卫州(治所在今河南省汲县)人。宋神宗元丰三年(1080)以太常寺官权发遣陕西秦、凤等路提点刑狱公事。官至工部尚书。

【注释】

① 诗原误题唐王建作,据《宋诗纪事》引《河上楮谈》改正。《宋诗纪事》题作"题华清宫"。 华清宫:唐宫殿名,在今陕西临潼县骊山上,是唐玄宗、杨贵妃经常游乐的地方。 ② 数十程:数十个驿站的路程。古代道路上每隔一段路设一驿站,供来往官员及旅人住宿。 ③ 晓风残月:描摹秋天清晨萧瑟气象,与柳永《雨霖铃》词"今宵酒醒何处,杨柳岸晓风残月"名句同一机杼。 ④ 朝元阁:在华清宫内。 ⑤ 长杨:长杨宫,汉宫名,在今陕西省周至县东南。宫中种白杨数亩,故名。按:唐朝元阁在长安城东,汉长杨宫在长安城西。因此有人认为朝元阁上的西风不能逆转再吹向西面的长杨宫,如《唐诗别裁》误将杜常当唐人,收入本诗,评说:"末二句写荒凉之状,不求甚解。"也有人认为是"互文见义",即两地同刮西风,同下冷雨。实际上,雨在此是借指风吹落叶声。

【今译】

我从遥远的江南来到长安,走过了无数山水,一程又一程;进入这废弃冷落的华清宫,正是冷风扑面、残月在天的清晨。登上高耸山顶的朝元阁,阁上紧峭的西风阵阵;全都吹向了那长杨宫,树叶沙沙作响,仿佛萧萧雨声。

【评解】

诗前两句交代游华清宫的背景,以凄清的格调,为后两句作衬垫。"晓风残月"四字,构铸了孤寂冷淡、令人低回怅惘的意境,邈远落寞,中人肺腑。后两句是登高怀古,通过蒙浑的景语,寄托兴衰的感叹。诗没有正面叙述世事的沧桑变幻,而是以朝元阁上猎猎西风,联想到长杨宫的萧瑟秋景,推论这风吹到荒凉的宫苑废墟中,定会掀起一片如雨声般的落叶声。诗写得含融蕴藉,意味无穷,很容易使人想到古诗"白杨多悲风,萧萧愁杀人"那令人伤怀的句子,想到诗人此刻登临怀古的幽思与悲从中来的无尽感慨。落叶萧萧,令人疑为冷雨,与唐无可《秋寄从兄贾岛》"听雨寒更彻,开门落叶深"取径相仿,诗人正是通过幻觉,寄托自己渺渺情思。全诗四句二十八字,地域则从江南到陕西,时间则逆唐达汉,纵横挥洒,毫无局促之感,取景深沉,气势宽广。咏华清宫的诗,唐人便多名篇,本诗虽晚出,却以其独特的意境,为历来评家所脍炙。

清 平 调①

李 白

云想衣裳花想容②,春风拂槛露华浓③。若非群玉山头见④,会向瑶台月下逢⑤。

【作者简介】

李白(701—762),字太白,号青莲居士。先世徙西域,其父迁绵州彰明(今四川省江油县)。少年漫游,唐玄宗天宝初供奉翰林,不久遭谗去职。后因入永王璘幕,流夜郎,中途遇赦。诗风格奔放自然,色调瑰玮绚丽,想象丰富,意境奇特,与杜甫齐名。著有《李太白集》。

【注释】

① 原作共三首,这里选的是第一首。韦叡《松窗杂录》载,开元中禁中重木芍药(即牡丹)。花开时,玄宗与杨贵妃共赏,歌手李龟年等侍。玄宗云:"赏名花,对妃子,焉用旧乐词为!"命宣李白作《清平调词》三章。白欣然承诏旨,援笔赋之。 ② "云想"句:言见到云彩便想到贵妃的衣裳,见到鲜艳的花便想到贵妃的容貌。 ③ 槛:栏杆。 露华:露水的光华。 ④ 群玉山:西王母所住的仙山。 ⑤ 会:应。 瑶台:即瑶池,西王母所住之处。

【今译】

看到了绚丽的彩云,便使我想到了你的衣裳;看到了娇妍的鲜花,便使我想到了你的面容。和煦的春风吹拂着,栏杆内的花儿沾润着露水,分外艳浓。美人啊,如果不是在那仙境,在群玉山上与你相见,那么一定是在昆仑瑶台,你站在朦胧的月光中。

【评解】

李白的三首《清平调》,都是夸赞杨贵妃的美貌,用笔则有偏重,这首诗以人为重点,以花烘托衬映。首句七字,写贵妃的衣饰与美貌,着二"想"字,回环交互。见到云、花,令人想到贵妃的衣服、面容,同样,见到贵妃,也令人联想到云、花,二者浑涵相通。次句承"花想容"来,不写人,极力写花。花在春风露华的滋润中盛开,是花最鲜艳、风韵的时候;同样,花美即是人美,从春风拂槛可想见贵妃身姿的绰约,从露华浓可想象出贵妃容貌的芳艳。这样写,把"花想容"三字写得极为酣满。贵妃如此美貌,人间罕见,诗人便把思绪引向仙境,说只能在群玉山、瑶台遇到这样的绝色美人,既赞了贵妃的美,又把她比作仙女,倍加称扬。诗写得浓艳绮丽,音调和畅。把人与花融合在一起,处处用旁衬比拟,在空灵中透出实意,得应制之正。后人认为诗意含讽,恐是附会。

题 邸 间 壁①

郑 会

荼蘼香梦怯春寒②,翠掩重门燕子闲③。敲断玉钗红烛冷④,计程应说到常山⑤。

【作者简介】

郑会,字有极,号亦山,南宋时人,生平不详。

【注释】

① 本诗原署唐郑谷作,据《宋艺圃集》改正。邸:客邸,旅馆。 ② 荼蘼(tú mí):落叶灌木,花有清香,春末开。 怯:畏怯、害怕。 ③ 翠:指绿色的花、树。 闲:闲散,无聊。 ④ 玉钗:妇女的首饰。 ⑤ 常山:今属浙江省。

【今译】

夜晚,荼蘼花香在空气中弥漫,她一觉醒来,感受到阵阵春寒。紧闭的重门被浓郁的绿色掩映,梁上的燕子也无聊散漫。她敲着玉钗,不觉已把钗敲断,眼前的红蜡烛忘了剔,分外黯淡。口中念叨着远出在外的我,算着行程,今夜该住在常山。

【评解】

旅人思家,一般有两种写法:一是直接叙述自己思乡思人;一是从对面说起,言家人思己,翻过一层,加深自己思亲情感。这首诗用的是第二种写法,通首从对方着笔,结合自己的感受,写妻子在家睡不着,在烛下思念自己的情况。诗前两句通过凄迷幽寂的景物,烘托春愁。后两句刻绘动态、心理。无意识地敲着玉钗,活现出她心中的烦闷,钗断了,烛花不能剔,烛光便分外黯淡凄冷,绘事绘景,与宋赵师秀《约客》"有约不来过夜半,闲敲棋子落灯花"句相仿佛,含蓄而耐人寻味。末句写妻子计算行程,是全诗主句,是情意深到极处的表现。唐白居易有《同李十一醉忆元九》诗云:"花时同醉破春愁,醉折花枝作酒筹。忽忆故人天际去,计程今日到梁州。"诗写自己思念在外的朋友,也说到计程事。将两诗对照,白诗质直简朴、真率自然,郑诗设色秾丽、构思灵巧,唐诗与宋诗的风格,于此可以悟出。

绝　句①

杜　甫

两个黄鹂鸣翠柳,一行白鹭上青天。窗含西岭千秋雪②,门泊东吴万里船③。

【作者简介】

杜甫(712—770),字子美,祖籍襄阳,迁巩县(今属河南省巩义市),晚自号少陵野老。早年漫游,肃宗朝官左拾遗。后避乱入川,佐严武幕,官检校工部员外郎,世称杜工部。诗与李白齐名,多伤时忧国、描绘乱离之作,被称为"诗史"。风格沉郁顿挫,苍凉雄浑。著有《杜工部集》。

【注释】

① 诗为杜甫《绝句四首》之三。　② 西岭:即西山,亦名雪岭,为岷山主峰,在成都西,峰顶积雪,终年不化。　③ 东吴:今江苏省南部一带。杜甫在成都的草堂位于万里桥西,濒江。万里桥一带是船舶集中处。

【今译】

两只黄鹂在翠绿的柳阴中欢鸣,一行白鹭振翅飞上蓝天。窗口对着西岭能见到峰顶千秋积雪,门外泊着万里外东吴驶来的舟船。

【评解】

这首诗打破绝句的常格,全首用对,且一句咏一景,合成一幅完整的春景图,表现出勃勃的生机。首句写黄鹂在绿柳中鸣唱,次句写白鹭飞上蓝天,一近一远,一高一低,一动一静,配合对称,十分完美;且将绿柳衬黄鹂,以青天衬白鹭,着色很鲜明,述景很工致,历来受到人们赞叹。宋曾季貍《艇斋诗话》引韩子苍云:"老杜'两个黄鹂鸣翠柳,一行白鹭上青天',古人用颜色字,亦须匹配得相当方用,'翠'上方见得'黄','青'上方见得'白'。"三、四句,一写窗中所见的远山,寄托自己悠然之思及对景物的热爱,一"含"字,使雪岭似乎成为一幅画,镶嵌定格在窗户这一画框中,格外神似;一写门外东吴来的船只,引发自己远游情怀。虽然都是写景,但均蕴有丰富的感情。诗写于杜甫乱后回家时,生活初步安定,因此他的心情比较愉快,在诗中便将景与心境融成一片,表现一种怡然欢快的氛围,且写得工整而又自然,因此成为千古绝唱。

海棠①

苏 轼

东风袅袅泛崇光②,香雾空濛月转廊③。只恐夜深花睡去④,故烧高烛照红妆⑤。

【注释】

① 海棠:蔷薇科植物。春天开粉红色花。 ② 袅袅:微风吹拂的样子。二字一作"嫋嫋",《楚辞·九歌·湘夫人》有"嫋嫋兮秋风"句,当从。 崇光:绚丽的光泽。 ③ 香雾:充满香气的雾。 空濛:迷茫朦胧。 ④ 花睡:杨慎《升庵诗话》卷一"月黄昏"条说,花卉午后转为萎缩,至半夜后才渐渐舒展。因此苏轼以花睡喻指花无力萎缩。 ⑤ 故烧:一作"更烧"、"高烧"。 高烛:一作"银烛"。 红妆:指海棠。

【今译】

东风轻轻地吹拂着,到处洋溢着绚丽的春光;充满香气的烟雾朦胧迷茫,一轮明月悄悄地转过了画廊。我心中深深地担忧:夜深了花儿也会安睡进入梦乡;因此上点起了明亮的蜡烛,在烛光下观赏这艳丽的海棠。

【评解】

诗作于元丰七年(1084),时诗人贬官黄州。他的住所在定惠院东,山上长着一株名贵的海棠,他常在花下小酌。这首绝句,即抒发对海棠深切的眷恋。前两句写伴随着海棠的环境,说海棠在春风中摇荡,在迷濛的雾气中散发着清香,渲染出一派幽静美妙、温馨清丽的氛围。后两句,诗忽发奇想,以夜深执烛看花,吐露自己对海棠的痴迷,想象新颖,构思奇特,比喻脱俗,令人击节称叹。后两句是众口称赏的名句,《冷斋夜话》卷一推为"造语之工""尽古今之变"的例证,符合黄庭坚"句中眼"、"妙语"的标准。《冷斋夜话》还指出,此事本《太真外传》:杨贵妃喝醉了,唐明皇召见,"命力士从侍儿扶掖而至。妃子醉颜残妆,鬓乱钗横,不能再拜。上皇笑曰:'岂是妃子醉,真海棠睡未足耳。'"苏轼在此作变化,改以花喻美人为美人喻花,翻出新意。此外,李商隐《花下醉》有云"客散酒醒深夜后,更持红烛赏残花",冯浩《玉溪生诗集笺注》以为即苏诗之本。将二诗对比,不难品味出苏诗比李诗更富变化,且韵味深醇。

清 明

杜 牧

清明时节雨纷纷,路上行人欲断魂①。借问酒家何处有?牧童遥指杏花村。

【作者简介】

杜牧(803—852),字牧之,京兆万年(今陕西省西安市)人。唐文宗大和二年(828)

进士,历官校书郎、监察御史、司勋员外郎、湖州刺史、中书舍人。诗长于七言近体,骨气豪宕,神采艳逸,与李商隐齐名。著有《樊川集》。

【注释】

① 断魂:指人感情凄伤痛苦的状态。

【今译】

清明时节,雨下个不停;我行走在路上,愁肠欲结,魂断神昏。打问一声什么地方有酒店?牧童指点着远处开满杏花的小村。

【评解】

清明是家家户户踏青扫墓的日子,诗人独自一个,远游在外,自然触景生情,更加思念家乡的亲人。这时候,纷纷春雨又下个不停,更给人增添了无限愁绪。何以解忧呢?诗人想到了酒,于是向人发问,牧童遥指,杏花盛开处,酒店在望,诗人也就振奋了起来。诗的内容很浅显,但笔下所现的春雨、行人、牧童、杏花村,无一不是清明时节的典型景物,这些景物合在一起,凸现了清幽凄迷而又含蕴无穷的境地,令人神往。因此,本诗成为千古流传的名篇,杏花村也与酒结下了不解之缘。

清　　明①

魏　野

无花无酒过清明,兴味萧然似野僧②。昨日邻家乞新火③,晓窗分与读书灯。

【作者简介】

魏野(960—1019),字仲先,号草堂居士,陕州(今河南省陕县)人。野处不仕,宋真宗曾遣使召之,不应。卒赠秘书省著作郎。诗风清苦,有唐人风格,多警句。著有《草堂集》,其子重编为《巨鹿东观集》。

【注释】

① 此诗原误题作王禹偁作。　② 兴味:意趣与兴致。　萧然:凄清寂寥。二字一作"都来"。　野僧:居住在山野僻地的僧人。　③ 邻家乞新火:向邻家乞新火。　新火,新的火种。旧俗在清明前的寒食禁火,家家将火种熄灭。到清明前一天重新钻木取火,称"新火"。普通百姓往往一家取火,分给亲邻。

【今译】

没有鲜花欣赏,没有美酒浇愁,我就是如此凄凉地度过这清明。我的意念与趣味,竟然寂寥如同山野小庙中的老僧。昨天送走了寒食,我向邻家求来了新火;今天天蒙蒙亮,就赶快点着了窗前读书用的油灯。

【评解】

清明是古人十分注重的节日,可是魏野这年的清明却过得很不堪,无花也无酒,躲在家中,寂寥孤凄。诗人要想说出这番滋味,可又不想明说,便拈出"野僧"二字作譬,渗透了无可奈何的兴味,又带有几分不忿与调侃。诗人毕竟不是一般的人,他便在孤单贫困、百无聊赖中寻觅慰藉与乐趣,于是举出点燃读书用的油灯一事。"晓窗"二字,内涵丰富,既是说自己爱惜光阴,刻苦读书,表现自己高洁孤清的品格;又说自己碰到清明,无法排解愁闷,只好早早起床,借读书来熨平心中的不平。诗写寒士过节,选取了典型的事例,稍作点染,便再现了自己的清苦与情趣,切合自己隐士身份,用笔很传神。魏野诗学晚唐,这首诗便很能代表他的风格。

社　　日^①

王　驾

鹅湖山下稻粱肥^②,豚栅鸡栖对掩扉^③。桑柘影斜春社散^④,家家扶得醉人归。

【作者简介】

王驾,字大用,号守素先生,河中(今山西省永济县)人。唐昭宗大顺元年(890)进士,官至礼部员外郎。原集已佚,《全唐诗》录存其诗六首。

【注释】

① 此诗一作张演所作。　社日:古代祭祀土地神的日子。有春、秋二社,这里指春社。在社日,村民要团聚祭神,演社戏等。　② 鹅湖山:在江西省铅山县。本名荷湖山,晋末有龚氏养鹅于此,因名鹅湖山。　③ 豚栅:猪圈。　鸡栖:鸡舍。　扉:门户。　④ 桑柘:均为树名,叶可喂蚕。桑柘影斜,谓太阳西下,投下的树影斜长。

【今译】

鹅湖山下的稻粱,长势喜人,又壮又肥;庄院里布满了猪圈鸡窝,关掩着柴扉。桑柘在夕阳中投下斜影,春社开始散场;家家户户笑声喧哗,把醉酒的人儿扶归。

【评解】

这首诗写丰年农民欢度社日的情景。诗全从侧面入笔,先以简约隽永的笔墨,写丰收景象,烘托社日的欢娱。首句点出时间地点,并以"稻粱肥"三字,预示新的一年庄稼长势喜人,丰收在望;次句带出农民家中的猪圈鸡舍,暗示禽畜兴旺,用意同陆游《游山西村》"丰年留客足鸡豚"句,说明农民生活的富足,又以"对掩扉"说明家中无人,都去参加春社祭典去了。三、四句,诗一下子跳过春社,而写夕阳西下,春社已散,家家扶着喝醉的人回家这一幕,具体而细微地写出农民的满足,不写春社的热闹而庆典的欢乐气氛已被渲染得淋漓尽致。诗全用白描,写出乡村景物与朴实的世风,反映历来描写农家苦的诗未接触到的另一方面,含蓄有味,意蕴深永,正如沈德潜《唐诗别裁集》所评:"极村朴中传出太平风景。"

寒　　食^①

韩　翃

春城无处不飞花,寒食东风御柳斜^②。日暮汉宫传蜡烛^③,轻烟散入五侯家^④。

【作者简介】

韩翃,字君平,南阳(今河南省沁阳县附近)人。唐玄宗天宝十三载(754)进士,历官驾部郎中、中书舍人。他与钱起等称"大历十才子",诗婉丽清妙。有《韩君平诗集》。

【注释】

① 寒食:在清明节前一日或二日。这天民俗禁止生火。　② 御柳:皇帝宫苑中的柳树。　③ "汉宫"句:《西京杂记》:"寒食日禁火,赐侯家蜡烛。"　④ 五侯:西汉成帝封诸舅王谭为平阿侯,王商为成都侯,王立为红阳侯,王根为曲阳侯,王逢时为高平侯,五人同日封,世称五侯。东汉桓帝也曾同日封宦官单超等五人为侯,亦称五侯。此泛指贵族近臣。

【今译】

春意洋溢的京城中,到处都飞舞着落花;寒食节日,东风轻吹,皇宫内苑的柳树迎风夭斜。黄昏时分,汉家的宫殿里,正向近臣们颁赐着蜡烛;一缕缕轻烟升起,飘荡在五侯之家。

【评解】

诗写寒食节在京城所见。前两句写景,"春城"、"寒食"点明时间、地点,"飞花"、"御柳"总括春城景色,写得非常浓冽热闹。后两句写事实,说宫廷中向权贵们颁赐蜡烛,用笔轻灵,补足上两句。诗不仅气骨高妙,且针线绵密,既紧密围绕寒食,又相互映带,如飞花、柳斜,是东风吹拂的结果,御柳引出汉宫,又作为传蜡烛的先导。从表面上看,诗全写景记事,描摹帝城春浓,宫廷闲暇,帝王大度,臣子霑恩,歌颂了升平气象,所以后来唐德宗见了非常欣赏,特地点名起用韩翃作知制诰。但细品全诗,结合当时社会状况及韩翃生平,可以发现诗实际上是借汉言唐,含蓄婉转地对朝廷进行讽刺。正如贺裳《载酒园诗话》指出的:"此诗作于天宝中,其时杨氏擅权,国忠、铦与秦、虢、韩三姨号为五家,豪贵盛荣,莫之能比,故借汉王氏五侯喻之。寓意远,托兴微,真得风人之遗。"

江　南　春①

杜　牧

千里莺啼绿映红②,水村山郭酒旗风③。南朝四百八十寺④,多少楼台烟雨中。

【注释】

① 杜牧集中题作"江南春绝句"。　② 绿映红:指绿叶红花,互相辉映。按:明杨慎《升庵诗话》认为"千里"当作"十里",他指出:"千里莺啼,谁人听得?千里绿映红,谁人见得?若作'十里',则莺啼绿红之景、村郭、楼台、僧寺、酒旗皆在其中矣。"这样解释,排斥诗的想象,胶柱鼓瑟,所以多被后人批驳,如何文焕《历代诗话考索》说:"此诗之意既广,不得专指一处,故总而命曰'江南春',诗家善立题者也。"并挖苦杨慎说:"即作十里,亦未必尽听得着,看得见。"　③ 酒旗:古代酒馆用作标志的旗帜。又称酒帘、酒望子。　④ 南朝:指建都于南京的宋、齐、梁、陈。南朝帝王多好佛,如梁武帝时,仅南京佛寺便有五百余所。这句中"四百八十"是概举其多。

【今译】

江南千里,到处有黄莺儿婉转啼唱,绿的柳、红的花,满眼是艳丽春光。水边的村庄,山下的城镇,都可见到酒旗儿迎风招展。南朝时弘扬佛法,修建四百八十所寺庙道场;还有数不清的亭台楼阁,都笼罩在朦胧的烟雨中,缥缈苍莽。

【评解】

　　绝句要在短短的四句中包融很大的信息,措笔很难,这首诗描写了整个江南的春景,非大手笔难以做到。诗人将眼光尽量放开,把江南的黄莺啼鸣、绿树红花、水村山郭、酒旗佛寺、亭台楼阁全都收入诗中,不求一时,不限一格,不拘一地,全面地再现了春景,气势开阔,格调明快,色彩鲜明,造成了尺幅千里的效果。因此,历来评家都以"似画"来评论这首诗,如周敬《唐诗选脉会通》云:"小李将军画山水人物,色色争妍,真好一幅江南春景图。"宋顾乐《唐人万首绝句选》说:"二十八字中写出江南春景,真有吴道子于大同殿画嘉陵山水手段,更恐画不能到此耳。"

上 高 侍 郎①

高　蟾

　　天上碧桃和露种②,日边红杏倚云栽③。芙蓉生在秋江上④,不向东风怨未开。

【作者简介】

　　高蟾,河朔(今河北省一带)人,一云渤海(今山东省北部)人。唐僖宗乾符三年(876)进士,官至御史中丞。《全唐诗》录其诗一卷。

【注释】

　　① 诗题原作"下第后上永崇高侍郎"。永崇为长安坊名。高侍郎,不详。　② 碧桃:一名千叶桃,春天开花,花瓣重叠。传仙界有碧桃花。　③ 日边:太阳边,比喻皇帝。　④ 芙蓉:荷花。

【今译】

　　天上的碧桃沾润着雨露种植,日边的红杏倚傍着云霞栽培。芙蓉生长在秋天的江上,开得虽迟,却不向东风抱怨伤悲。

【评解】

　　据《唐才子传》载,高蟾屡举不第,心怀抑郁。这年又下第,作了这首诗给主考官高侍郎,表示不满。诗采用借花设譬的手法。前两句以"天上碧桃"、"日边红杏"喻进士及第的那些人都是权贵子弟、门阀高贵;以"和露种"、"倚云栽",暗指这些人得到考官的援引曲徇,所以才平步青云。写得富丽堂皇,不仅切花的艳丽,更切人的得意。后两句是自我写照。诗人把自己比作寒江中的荷花,与上述人处境有天渊之别,强调了自己的品格,又反映自己生不得地,开不逢时,不怨主考不取中自己。不难看出,诗人在此抒发的是心中的不满,有强烈地希望得到高侍郎援引赏识的意思,但写得含意深微委婉,比喻切当妥帖,没有低声下气的乞求,也没有剑拔弩张的宣泄,得温柔敦厚、婉而多讽之旨。

绝　　句

僧志南

　　古木阴中系短篷①,杖藜扶我过桥东②。沾衣欲湿杏花雨,吹面不寒杨柳风。

【作者简介】

僧志南,南宋诗僧,生平不详。《娱书堂诗话》载朱熹曾跋他诗卷,谓其诗"清丽有余,格力闲暇,无疏笋气"。

【注释】

① 古木:古树。 系:拴住。 短篷:小船。篷指船上的船篷。 ② 藜:一种草本植物,其干坚硬,古人用来做手杖。 杖藜,即拄着藜杖。

【今译】

我在高大的古树阴下,拴好了小船;拄着藜杖,慢慢地走到桥东,欣赏着春光。丝丝细雨,飘洒在艳丽的杏花上,淋不湿我的衣衫;阵阵微风舞动着细长的柳条,吹着我的脸,已不觉寒。

【评解】

诗前两句写游春,款款道来,纡徐容与,使人可以想见诗人从容不迫、恬淡轻松的心情。次两句通过感觉来写景。眼前是杏花盛开,细雨绵绵,杨柳婀娜,微风拂面。诗人不从正面刻绘花草春景,而是把春风春雨与杏花、杨柳结合,展示神态,重点放在"欲湿"、"不寒"二词上。"欲湿"表现濛濛细雨似有似无的情况,又暗表细雨滋润了云蒸霞蔚般的杏花,花显得格外娇妍红晕。"不寒"二字,点出季节,说春风扑面,带有丝丝暖意,连缀下面风吹动细长嫩绿的柳条的轻盈多姿的场面,让人越发感到春的宜人。这样,诗既有细微的描写,又有蒙浑而又深切的感受,色彩缤纷,生气蓬勃,读来使人感同身受。因此"沾衣欲湿杏花雨,吹面不寒杨柳风"二句成为妇孺皆知的名句。

游 园 不 值①

叶绍翁

应怜屐齿印苍苔②,小扣柴扉久不开③。春色满园关不住,一枝红杏出墙来。

【作者简介】

叶绍翁,字嗣宗,号靖逸,南宋龙泉(今属浙江)人,一说为浦城(今属福建)人。约宋理宗时(1225—1264)在世。诗入江湖诗派,尤工七绝,清新工稳。著有《靖逸小集》。

【注释】

① 不值:不遇。指主人不在家。 ② 怜:爱惜。这是从诗人的角度来揣测。一作"嫌",似少韵味。 屐(jī):木鞋,鞋底前后有齿。 苍苔:碧绿的青苔。 ③ 小扣:轻轻地敲。 柴扉:柴门。简陋的门。此句一作"十扣柴扉九不开",当为传写之误。

【今译】

想来是主人爱惜园内小径的苍苔,怕我的屐齿把它踩坏;我轻轻地敲响园门,许久,许久,也没个人来理睬。那满园热闹的春色,一道柴门又怎能隔得开?你看,一枝繁花似锦的红杏,斜斜地伸出墙来。

【评解】

诗人去友人家花园游玩,正碰上主人不在,园门紧闭,于是写了这首诗。诗抓住被阻隔在园门外时所见发挥想象。前两句说主人是怕客人的脚印踩坏青苔,所以把门紧闭,不放人进来,说得很有趣,不仅交代了诗题,又写出园主的高情雅致。后两句在出墙红杏上做文章,猜测园内春光洋溢的情况,是"游园不值"的余波,表明自己的心态与情趣。后两句脱胎于陆游《马上作》:"平桥小陌雨初收,淡日穿云翠霭浮。杨柳不遮春色断,一枝红杏出墙头。"唐吴融《途中见杏花》也有"一枝红杏出墙头,墙外行人还独愁"句。但叶绍翁选取了小园外的局部来写,比陆游诗取景小而意境深。且诗先叙无法入园以作衬垫,然后写红杏出墙;在此前,又串入"春色满园关不住"句,以一"关"字突出春意盎然的活泼景象,与"出墙来"的"出"字呼应,更显得精神百倍。因此,此诗一出,不胫而走,后世因有了"关不住的春光"这一说法,而"红杏出墙"在文人笔下又常赋予多层与原诗不相干的新意。

客 中 行①

李 白

兰陵美酒郁金香②,玉碗盛来琥珀光③。但使主人能醉客④,不知何处是他乡。

【注释】

① 诗题一作"客中作"。　② 兰陵:今山东省峄县,以产美酒闻名。　郁金香:草名,古代用作香料。酿酒时放入郁金香,使酒呈金黄色,具有特殊香味。　③ 琥珀:一种树脂化石,呈蜡黄或赤褐色,透明而富有光彩。　④ 但使:只要。

【今译】

兰陵美酒调入了郁金香,散发着迷人的香味;用名贵的玉碗盛着,呈现出琥珀般美丽的光泽。只要主人殷勤好客,我决不推辞而开怀一醉;这样,我再也无法分辨,故乡与他乡的差别,苦思求归。

【评解】

在中国古代诗歌中,旅居在外的人思乡是一个永恒的主题。李白这首诗有意翻案,说在外旅行,遇上了盛情款待自己的主人,开怀畅饮,便再也不感到故乡与他乡有什么不同。诗写得豁达开朗,一泻无余。看似脱口而出,不经斟酌,实际上仍有章法脉络可寻。诗前两句极力写酒与酒具的美,是为下句主人的殷勤醉客作衬。第三句的"能醉客"即承上"美酒",又点醒题目"客中",从而逼出末句。"不知何处是他乡",切合诗人奔放的感情与豪迈的精神,也可视作是有意作旷达语,实际上他仍然思念着故乡,因为欲归不得,所以强作宽解,借酒遣怀,更加表现出心中的深重。

题　屏①

刘季孙

呢喃燕子语梁间②,底事来惊梦里闲③。说与旁人浑不解④,杖藜携酒看芝山⑤。

【作者简介】
　　刘季孙,字景文,祥符(今河南省开封市)人。宋神宗时曾任两浙兵马都监,有贤声。苏轼任杭州地方官时,曾上表推荐他,除知隰州,官至文思副使。
【注释】
　　① 诗题《宋诗纪事》卷十作"题饶州酒务厅屏"。饶州,治所在今江西省波阳县。　② 呢喃:燕子鸣叫声。　③ 底事:什么事。　④ 浑:全。　⑤ 芝山:在波阳县北。
【今译】
　　那栖息在梁上的双燕,低声地鸣叫个不停;燕子啊,你究竟有什么事,把我悠闲的好梦吵醒? 我心中有无限的情趣,说出来谁也不能理解;不如拄着拐杖,带上酒菜,到芝山去观赏美妙的春景。
【评解】
　　诗人好梦初醒,听见梁上燕子呢喃,不禁怀疑是它们惊醒了自己,深深地责备起来,回想梦中佳趣,对俗人难以说清,于是只有携酒扶杖,到芝山中去与大自然对话去了。诗写春天的感受,表示自己迥异俗人、寄情山水的闲情逸趣。在诗中,诗人把自己的身心投入自然,通过责燕、看山,把心中那种难以名状的感觉作朦胧的暗示,让读者通过自己的想象来进入诗中的境界,享受淡泊典雅的意趣。据《石林诗话》,这首诗是刘季孙任饶州酒务时所作。时王安石为江东提刑,巡历至饶州酒务厅,见诗后大为称赏,召刘季孙与语,赞叹不已,不再问酒务事。正巧州学官出缺,王安石即令刘季孙暂摄,一郡大惊,刘季孙因而名声顿起。

漫　兴①

杜　甫

肠断春江欲尽头②,杖藜徐步立芳洲③。颠狂柳絮随风舞,轻薄桃花逐水流。

【注释】
　　① 这首诗是杜甫晚年寓居成都时所作《绝句漫兴九首》中的第五首。这组诗多即景率意所作,表现一时感慨,故名"漫兴"。　② 欲尽头:将到尽头之地。　③ 芳洲:长满花草的小洲。
【今译】
　　我满怀忧思,愁肠欲断,来到了这春江的源头;扶着拐杖,缓缓地走着,又伫立在花红草绿的小洲。癫狂的柳絮铺天盖地,随着风儿上下飘舞;轻薄的桃花落英缤纷,追逐着水波向下漂流。

【评解】

诗人写这首诗时又老又病,穷苦潦倒,又逢春天,满腔愁思被春光激起,愈加难堪,因此在这首诗中记下了这一重伤时叹已的心态。诗前两句叙事。春光美好,自己却很衰落,只能拄着拐杖,缓步游春,来到了江尽头的小洲。"江尽头"、"徐步"、"立芳洲",都将惜春、爱春与伤春的感情糅合进去,表现得很深沉。后两句写景。柳絮飞舞,落花逐水,是暮春实景,诗人更在这景物中注入主观感情,说柳絮癫狂,桃花轻薄,诗人便不单是欣赏春光、惋惜春尽,而夹杂了鄙薄之意。他在叹时光蹉跎的悲伤中,显然注以强烈的批判心理,所以仇兆鳌注说"颠狂轻薄,是借人比物,亦是托物讽人。"好在诗人没有明说,使诗具有含蓄的余地。

庆全庵桃花①

谢枋得

寻得桃源好避秦②,桃红又是一年春。花飞莫遣随流水,怕有渔郎来问津③。

【作者简介】

谢枋得(1226—1289),字君直,号叠山,弋阳(今属江西省)人。宝祐四年(1256)进士,历官抚州司户参军、江西招谕使知信州,率兵抗元。宋亡,变姓名隐居建宁山中。后被元朝迫至大都,绝食死。诗多寄托亡国之恨,感情深厚。著有《叠山集》。

【注释】

① 庆全庵:诗人避居福建建阳时给自己居所所取的名称。　② "寻得"句:晋陶渊明《桃花源记》载,有个渔夫,见到一条小溪,夹岸长满桃花,落英缤纷。他顺溪行,忘路之远近。最后到了一个地方,人民男耕女织,安居乐业,自称是避秦乱时到此,遂与世隔绝,不知外面朝代变更。渔夫回家后,告诉了当地太守,再去找那个地方,却再也找不到了。　③ 问津:询问渡口。这里用陶渊明《桃花源记》中"无人问津"意,指寻访。

【今译】

我找了一块桃花源那样的地方,像躲避暴秦一样躲避新朝;见到门前桃花又一次盛开,才知道又一年的春天来到。桃花的花瓣纷纷飘落,切莫让它飘进溪水;恐怕有多事的渔郎见了,找到这里,把我骚扰。

【评解】

宋亡后,谢枋得避居建阳,卖卜论学。这首小诗借自己门前桃花盛开一事,结合自己逃难现状,抒发避世恐人知晓的心理,表示与新朝的决绝。诗首句便宕开,由门前桃花想到桃花源,借此典说明自己避世的心情;第二句陈述自己已没有时间概念,只从桃花的盛开,知道又一年春天来到。这两句写得很平,却隐含着诗人无数伤心血泪。他的避世,完全是不得已,他何尝不是天天盼望有人起来推翻元蒙统治,恢复宋朝河山呢?三、四句,基调更降低,担心地提出,自己隐居的地方,可千万不要让人发现。全诗随手设譬,既符合自己的身世与当时社会现实,又明白地表示自己的志向,自然熨帖。不过,他最后还是被人发现,押赴元朝都城,不屈而死,实现了自己与新朝不两立的誓言。

玄都观桃花①

刘禹锡

紫陌红尘拂面来②,无人不道看花回。玄都观里桃千树,尽是刘郎去后栽③。

【作者简介】

刘禹锡(772—842),字梦得,祖籍中山(今河北省定县),迁洛阳(今属河南省)。唐德宗贞元九年(793)进士,历官渭南主簿、监察御史,坐王叔文党贬连州刺史,改贬朗州司马。官至检校礼部尚书。诗沉郁委婉,韵味深醇,尤擅七绝。著有《刘宾客集》。

【注释】

① 原集诗题作"元和十年自朗州召至京师戏赠看花诸君子"。 玄都观:长安道观,在崇业坊。 ② 紫陌:京城的街道。 红尘:都市的尘埃。③ 刘郎:诗人自指。

【今译】

京城大道上尘土扑面而来,人人都说看花回返,笑逐颜开。玄都观里盛开着千棵桃树,全都是刘郎我离开后所栽。

【评解】

永贞元年(805),刘禹锡被贬官朗州司马。过了十年,被招回朝。他到京后,见到新贵充斥朝廷,趋炎附势之徒,纷纷奔走他们门下,心中感慨愤怒,因借咏观玄都观桃花事,对此进行讽刺。诗表面咏观花场面。京城道路,尘土飞扬,写出来往人之多;"无人不道看花回",只写回而不写去,强调看花人的满足,也暗点花的繁盛美丽,不直接写看花,但已把看花写足,构思巧妙。"玄都观里桃千树"明说一句,渲染气氛,而后迅跌,这样由花及人,吐露自己的失落感。诗人在此的用意很明显,诗是借桃比新贵,以看花人比阿附新贵的小人,虽然没有正面的嘲讽,但讥刺得很辛辣,使局中人一下子即能体会出来,所以他的政敌见了,"白于执政,又诬其有怨愤,不数日,出为连州刺史"(《本事诗》)。

再游玄都观

刘禹锡

百亩庭中半是苔,桃花净尽菜花开。种桃道士归何处?前度刘郎今又来。

【今译】

百亩大小的庭院,一半长满了青苔;桃花早已不见,只有菜花盛开。种桃的道士不知到什么地方去了,前次来过的刘郎,今天旧地重来。

【评解】

这首诗是前首的续篇。诗前原有小序,说自己作了游玄都观诗后,触犯权贵,被贬到连州;十四年后,再次回京任主客郎中,重游玄都观,原先如云似霞的桃花已荡然无存,只有兔葵、燕麦在春风中摇曳,因此作了此诗。诗人的用意很明白,他写这件事,是有意重提旧事,表示对打击他的权贵绝不屈服妥协。诗仍然用比体,从表面上看,是写玄都观桃花的盛衰。前两句着力表现玄都观的荒凉,与当年的繁华作鲜明对照;后两句由花事的变迁,引出人事的变迁,结合进自己,寄托世事变化与漂泊颠沛的感慨。诗以桃花比新贵,以种桃道士比扶持新贵的权臣,而这些人都不在了,自己却又回京城。这样,诗以冷眼旁观的态度,对自己的政敌投以蔑视,进行嘲笑,格调诙谐轻快。

滁 州 西 涧①

韦应物

独怜幽草涧边生②,上有黄鹂深树鸣。春潮带雨晚来急,野渡无人舟自横③。

【作者简介】

韦应物(737—789),京兆长安(今陕西省西安市)人。少豪放不羁,唐玄宗时为三卫郎,后中进士,历官滁州、江州、苏州刺史。诗以五言见长,多写山水田园,七绝淡远秀朗。著有《韦苏州集》。

【注释】

① 滁州:治所在今安徽省滁县。韦应物于唐德宗建中二年(781)任滁州刺史,诗即作于任内。 西涧:在州城之西,俗名上马河。 ② 怜:爱。 ③ 野渡:郊外的渡口。

【今译】

我最喜爱那郁郁葱葱的春草,因此上,在西涧边徘徊游赏;那溪上枝叶茂密的树丛深处,传来了黄鹂阵阵悦耳的鸣唱。春天的潮水,夹带着阵雨,在黄昏时分快速地上涨;郊野的渡口,静悄悄没人,只有那渡船独个儿横在水上。

【评解】

诗写雨中春景。前两句点染暮春景物,绿肥红瘦,黄莺啼鸣,一片幽静。因为诗人心中十分恬淡,所以对这景色格外会心怜爱,在涧边来往徘徊。这两句是写雨前,点出"涧边",为后两句蓄势。后两句接写雨中,黄昏时分,春潮涨得很快,郊外没有一个人,只见到小船悄悄地横在渡口。这两句造景极其优美,使人如临其境,从心底赞叹诗人运思用笔之妙。后来宋寇准《春日登楼怀归》"野水无人渡,孤舟尽日横",宋苏舜钦《淮中晚泊犊头》"晚泊孤舟古祠下,满川风雨看潮生"这些名句,都从此化出。全诗在沉密中寓意闲雅,通过景物,充分吐露自己淡泊容与的情感,因此顾乐《唐人万首绝句选》评云:"写景清切,悠然意远,绝唱也。"

花　　影①

谢枋得

重重叠叠上瑶台②,几度呼童扫不开③。刚被太阳收拾去,却教明月送将来。

【注释】

① 诗原署苏轼作,实见《叠山集》卷一,因改正。　② 瑶台:神话传说中西王母所居仙宫。此代指精巧的露台。　③ 扫不开:扫不去。

【今译】

花影儿重重叠叠,投满了这华美的露台;多少次,我呼唤童儿去扫,可怎么也扫它不开。它刚随着西下的太阳,收敛了自己的踪迹;那东边升起的明月,又把它悄悄送来。

【评解】

这是首咏物诗,咏的是花的影子,题目很新颖。首句便著题,说花影密集重沓,把整个露台都投满了。次句承上,点出花影的性质,说它无法扫去,角度新奇别致,令人击节赞叹。通过欲扫去一事,表明自己对花影的厌恶,给全诗定调。三、四句讲花影始终存在,太阳下山,刚刚消除,明月东升,又映现地面。"收拾"、"送将"二词,虽是口语,却十分形象,补足"扫不开"。诗全面描绘了花影,工整妥帖。咏物诗一般都有寄托,这首诗应当也不例外。结合诗人所处时代及他一贯思想,他应当是见到国家日益倾颓,而奸邪小人蒙蔽皇上,蠹政误国,因以花影作比,斥责他们朋比为奸,对他们进行尖锐的讽刺。同时,诗人虽则想扫除他们,可力又未逮,因此,在诗中又流露出无可奈何的悲哀。

北　　山①

王安石

北山输绿涨横陂②,直堑回塘滟滟时③。细数落花因坐久,缓寻芳草得归迟。

【注释】

① 北山:即钟山,在江苏南京市北。王安石晚年筑室隐居北山。　② 陂:池塘,也指水边堤岸。　③ 堑:直沟。　滟滟:水光闪烁貌。

【今译】

北山把浓郁的绿色映照在水面,春水悄悄地上涨;直的沟堑,曲折的池塘,都泛起粼粼波光。我在郊野坐得很久,心情恬淡,细细地数着飘落的花瓣;回程中,慢慢地找寻芳草,到家时,已经天色很晚。

【评解】

王安石的绝句最喜欢将自然界的景物拟人化,让万物都富有生机与活力,这首诗前两句亦是如此。山本是无情的,但春天到来,山上一片浓绿,映现在满陂春水中也是一片绿色,似乎是山主动把自己的绿色输给水塘,又随着水的上涨,仿佛要把绿色满溢出来;水呢,也很多情,或直或曲,以种种秀姿,带着波光,迎接着山的绿色。这联诗,把绿色通过动态写活,十分生动,后来杨万里专学此种。后两句写自己的感情,通过数花、寻草二事,吐露淡寂安闲的心理,虽然写得很平静,但意境很深邃,历来为评家关注。吴幵《优古堂诗话》说:"前辈读诗与作诗既多,则遣词措意,皆相缘以起,有不自知其然者。荆公晚年闲居诗云'细数'云云,盖本于王摩诘(王维)'兴阑啼鸟唤,坐久落花多',而其辞意益工也。"吴可《藏海诗话》云:"'细数落花'、'缓寻芳草',其语轻清;'因坐久'、'得归迟',则其语典重。以轻清配典重,所以不堕唐末人句法中,盖唐末人诗轻佻耳。"

湖　　　上①

徐元杰

花开红树乱莺啼②,草长平湖白鹭飞③。风日晴和人意好④,夕阳箫鼓几船归⑤。

【作者简介】

徐元杰(?—1245),字仁伯,上饶(今属江西省)人。南宋理宗绍定五年(1232)状元,历官国子祭酒、工部侍郎。卒谥忠愍。诗自然流畅。著有《楳埜集》。

【注释】

① 湖:指杭州西湖。　② 红树:开满红花的树。　乱莺啼:莺乱啼,即到处是黄莺啼鸣。　③ 长(zhǎng):茂盛。　④ 人意:游人的心情。　⑤ 箫鼓:吹箫击鼓。此指游船上奏着音乐。　几船归:意为有许多船归去。

【今译】

湖边的群树,开满了红花,到处有黄莺在啼唱;波平似镜的湖面,湖边绿草繁茂,白鹭在水上翩翩飞翔。在这风和日丽的天气中,游人们个个兴致酣畅;直到傍晚,成群的画船才回返,载满着箫鼓,沐浴着夕阳。

【评解】

诗写杭州西湖风光。前两句写景,岸上红花满地,黄莺乱啼,湖中水平无波,绿草繁茂,白鹭低飞。描写了一幅十分繁富的景色,有静有动,有高有低,声色俱全,五彩绚烂,一股浓厚的春天的气息仿佛扑面而至,令人振奋,使人不由得想起南朝丘迟《与陈伯之书》中有名的景句:"暮春三月,江南草长,杂花生树,群莺乱飞。"后两句转到写人。诗捕捉了夕阳西下,游船群归的一个场面,辅以风和日暖的点缀,把游人的勃勃兴致与快心畅意写足写满。全诗以精练的词句概括了西湖自然景物,又刻绘了游人之乐,意境优美,情调欢快,是历来写西湖诗中的上乘之作。

漫 兴①

杜 甫

糁径杨花铺白毡②,点溪荷叶叠青钱③。笋根稚子无人见④,沙上凫雏傍母眠⑤。

【注释】

① 本诗是杜甫《绝句漫兴九首》之七。　② 糁(sǎn):饭粒。此指白色的杨花洒在地面如饭粒般。　③ 点:指零星分布。青钱:青铜钱。　④ 稚子:指芦笋根上长出的嫩芽。　⑤ 凫雏:乳鸭。

【今译】

飘飞的杨花洒满了小径,好像铺上了一条白色的地毯;圆圆的荷叶散布在溪中,犹如重重叠叠绿色的铜钱。笋根上长出了一个个小小的嫩芽,没有什么人注意到;沙滩上那幼小的野鸭,依傍着母鸭甜甜地安眠。

【评解】

这首绝句写暮春景色。诗人选择了河边林下一个幽静的场所加以描绘,表现自己恬淡宁静的心情。四句诗分写四个场面。前两句用对句,分别以"糁"、"点"领句,给安静的画面添上动趣。"糁"字状白色的杨花洒在路上,富有新意,道人所未道;以白毡形容满地杨花,以青钱形容初生的荷叶,都十分形象传神。后两句写笋根生出的嫩芽与傍母而眠的小鸭,二者都是暮春特有景物,可见诗人匠心,而以稚子喻嫩芽是活用,与"凫雏"相对,十分工整。全诗是诗人带着平静的心情细致观察的结果,所以四个画面所表现的内容虽异而境界相同,显得凝练而充满趣味。

春 晴①

王 驾

雨前初见花间蕊,雨后全无叶底花。蜂蝶纷纷过墙去,却疑春色在邻家。

【注释】

① 诗题原作"雨晴",一作"晴景"。诗中"全无"原作"兼无","蜂蝶纷纷"作"蛱蝶飞来","却疑"作"应疑"。宋胡仔《苕溪渔隐丛话》说王安石集中亦有此诗,想来是王安石爱此诗,"因为改七字,使一篇语工而意足,了无镵斧之迹,真削镵手也。"《丛话》所引王诗,除首四字作"雨来未见"外,余同《千家诗》所录。

【今译】

雨前才见到花间的新蕊,雨后只见到绿叶,全然无花。蜜蜂和蝴蝶纷纷飞过墙去,不禁怀疑无边春色藏在邻家。

【评解】

这是首立意十分新颖的小诗。前两句写雨前与雨后花的变化。雨前见花蕊,雨后已无花,"初见"、"全无"对举,表示春天就在雨中匆匆过去,诗人自然难免产生失望与惋惜,对着园内凋残春景,徘徊感喟。后两句捕捉了一件小事,抒发感想。诗人正在园内踟蹰,忽见一群蜂蝶飞来,见园内无花可采,又纷纷飞过院墙去。"却疑春色在邻家",是蜂蝶疑,也是诗人见到蜂蝶飞向邻家而生疑。这样一写,顿起波澜,令人耳目一新。诗写得纤巧细致,意新语工,充满活趣。后来宋诗人王安石、杨万里等人的绝句常从此入手,予景物以人性,通过生活中的小事小景抒发情趣。王安石集中收此诗,并非偶然。

春　　暮①

曹　豳

门外无人问落花,绿阴冉冉遍天涯②。林莺啼到无声处③,青草池塘独听蛙④。

【作者简介】

曹豳(bīn),字西士,号东畎,瑞安(今属浙江省)人。南宋宁宗嘉泰二年(1202)进士,历官秘书丞、左司谏、浙东提点刑狱,以宝章阁待政致仕。

【注释】

① 诗题一作"暮春"。　② 冉冉:柔弱下垂的样子。　③ 莺:黄莺。黄莺在春天啼叫,到暮春初夏,叫声便渐渐稀疏。　④ 青草池塘:池塘中长满了绿色的水草。化用谢灵运《登池上楼》"池塘生春草"句。

【今译】

没人去注意门外纷纷飘扬的落花;浓郁的绿阴,无边无际,直铺向海角天涯。林丛里黄莺的啼声已渐渐停下;唯独在青草池塘,传来阵阵蛙鸣,一片喧哗。

【评解】

这首绝句写的是暮春三月的景象:繁花凋谢,树阴绿浓,莺啼渐歇,蛙声喧闹。诗人选择四组物象,都是暮春的典型景况,通过这些,组成一幅丰富多彩、热闹非凡的全景。最富有特点的是,历来写暮春的诗都不免带上些惜春的愁怨,本诗却一改常格,格外开朗。诗人对逝去的春光不存在伤感,对将来的初夏,充满喜悦。于是,诗人说对落花不必去问,于莺声的消失也不必放在心上,因为繁花有绿阴来代替,莺啼有蛙鸣来代替。这四种景象在暮春是同时存在的,诗人不是把它们简单地列举,而是两两相对,在情感上侧重对后者的赏鉴,诗人的心情便和盘托出,情趣横溢。宋秦观《三月晦日偶题》云:"节物相催各自新,痴心儿女挽留春。芳菲歇去何须恨,夏木阴阴正可人。"通过议论,表现对节物转换所采取的态度。曹豳这首诗则把这一情感通过写景来表达。宋诗的理趣,正是在这两种艺术手法中得到充分体现。

落花①

朱淑真

连理枝头花正开②,妒花风雨便相催③。愿教青帝常为主④,莫遣纷纷点翠苔⑤。

【作者简介】
朱淑真,北宋末人,号幽栖居士,钱塘(今浙江省杭州市)人。自幼才情横溢,工书画,擅诗词。因婚姻不幸,诗多凄苦之音。著有《断肠集》。

【注释】
① 诗题《断肠集》作"惜春"。　② 连理枝:两株树木枝条相连。古人常用以比喻夫妇恩爱。　③ 催:同"摧",摧残。　④ 青帝:传说中司春之神。　⑤ 点:点染。

【今译】
那枝条相连的树上,美丽的花朵正在盛开;生性妒花的风雨,便急着把它们摧残伤害。我衷心向青帝祈愿,请您长久地为花儿作主,别让它们遭受风雨,纷纷飘坠,点染翠苔。

【评解】
诗人见到满树的花儿被风雨摧残,纷纷飘落在地上,产生了无尽的惋惜与伤感,于是她诅咒风雨,说风雨生性妒忌。她祈求青帝,为花作主,让花常开。深情的语言,凄绵的哀伤,将惜花的情感表现得无比细腻,深切地体现出女子之笔特有的风味。诗人是惜花,但不写别的花,特意注目"连理枝头"的花,这份伤怀,又显然与诗人自己不幸的婚姻有着必然的联系,惜花正是伤己,因此诗格外地苦闷、消沉。愿花长久,追求爱情的美满,是朱淑真咏春诗经常流露的真情,如《恨春》云:"惆怅东君太情薄,挽留时暂也应难。"《春归》云:"凭谁碍断春归路,更且留连伴翠微。"立意都与本诗三、四句仿佛。

春暮游小园

王 淇

一从梅粉褪残妆①,涂抹新红上海棠。开到荼蘼花事了②,丝丝天棘出莓墙③。

【作者简介】
王淇,《千家诗》原注云:"字菉漪,宋人。"宋有王淇,字君玉,华阳(今属四川省)人。仁宗时官集贤校理、礼部侍郎。或非同一人。

【注释】
① 一从:自从。　② 荼蘼:蔷薇科植物,春末夏初开花。　③ 天棘:即天门冬,一种草本攀援植物,叶退

化为丝状小枝。 莓:苔藓。

【今译】

自从梅花悄悄地凋谢,宛如美人洗去脂粉卸下残妆;春君又把那鲜艳的红色,涂上了盛开的海棠。满架的荼䕷花开了,春天的花事也就过去;只有那伸展着新丝的天棘,把枝儿探出了长满苔藓的矮墙。

【评解】

诗写游小园所见。时令已是暮春,小园中百花都已凋谢,只有荼䕷开着小花,天棘分外茂盛,已从墙上探出头去。但诗人不是直写所见,而是奋笔追述春景。从早春的梅花写到仲春的海棠,然后才接以暮春的荼䕷与天棘,通过花事的盛衰荣替,衬托暮春的萧条,从而锲入自己惜春的情思。这样的构思,新鲜奇巧,不写情而情自现。宋人的绝句最喜欢采用拟人化手法,赋予自然界以人的感情,这首诗前两句就成功地运用了这一手法。诗说梅花凋谢如同粉褪残妆,说海棠盛开是用新红涂抹,把花比成美女,又通过美女化妆,形象地展现春天百花争奇斗妍的景象,生动隽永,饶有趣味。

莺　梭

刘克庄

掷柳迁乔太有情①,交交时作弄机声②。洛阳三月花如锦③,多少工夫织得成?

【作者简介】

刘克庄(1187—1269),初名灼,字潜夫,号后村居士,莆田(今属福建省)人。以荫补官,历真州录事参军、江东提刑等,官至工部尚书兼侍讲,以焕章阁学士致仕。他是"江湖诗派"大家,诗风轻快流利;写战乱诸作,笔力雄迈。著有《后村先生大全集》。

【注释】

① 掷柳迁乔:谓黄莺在柳树中穿行,飞上高大的树木。"迁乔"二字出《诗·小雅·伐木》:"伐木丁丁,鸟鸣嘤嘤,出自幽谷,迁于乔木。" ② 交交:鸟鸣声。《诗·秦风·黄鸟》:"交交黄鸟,止于棘。" ③ 洛阳:今河南洛阳市。宋时洛阳多园林,尤以牡丹花名闻天下。

【今译】

你在柳枝中树梢头飞快地来往,是那么地一往情深;不时地婉转鸣叫,犹如一连串织布机声。这洛阳城中三月里,百花盛开,灿烂似锦;不知道你施展妙技,用了多少工夫织成?

【评解】

咏物诗到了宋代,争新出奇,所咏物体,也越来越向细微处着笔。这首诗咏黄莺,但不作泛咏,而是抓住黄莺在绿柳大树中穿行犹如织布机上的梭子的形象,进行描摹,立意新颖,构思别致。诗将实写与想象相结合,层层深入,不断变化角度来写。前两句着题。首句写黄莺穿行树中,用一"掷"字,既写莺飞的迅速,又与掷梭织布相关连;而从柳丝又使人想到织布用的丝,出齐题面。次句即从"梭"字上做文章,将莺啼声比拟成织布声,是艺术上的通感。三、四句拓开,由莺梭想到洛阳的大好春光,于是发问黄莺如何将其织成,想象十分奇特,不写春而春意顿现。全诗四句,有直写、有铺垫、有虚拟、想象,从主体黄莺的吟咏中衬出了热闹春景,生动逼真,令人一新耳目。

暮春即事

叶采

双双瓦雀行书案①,点点杨花入砚池②。闲坐小窗读周易,不知春去几多时。

【作者简介】
叶采,号平岩,邵武(今属福建省)人。南宋理宗宝庆二年(1226)任秘书监。
【注释】
① 瓦雀:指跳跃在屋瓦上的麻雀。这里指麻雀投下的影子。 ② 砚池:砚台。
【今译】
成双成对的小麻雀在屋上跳跃,把它们的影子投上我的书案;满天飞舞的柳絮,有几朵飘进了我的砚池。我悠闲自得地坐在小窗下,津津有味地研读着《周易》;心中全然不曾知道,那缤纷的春光已离开多时。
【评解】
诗人悠闲自得、全神贯注地研读《周易》,对窗外的春光漠不关心。偶然见到自己书案上小麻雀的影子跳动着,朵朵柳絮飘落在砚池中,分外醒目,这才意识到春天已经过去了。"闲坐小窗读周易"是全书主句,诗人读得那么专心,心情又是那么闲适,所以不知春天过去,有待于柳絮的提醒。诗虽是将即目所见随手牵入,但已把自己足不出户、埋头书案、淡泊名利的形象和思想活生生地向人们展示出来,写得十分清新别致。一心研读《周易》的诗境与叶采同时的诗人魏了翁的《十二月九日雪融夜起达旦》也曾写到,诗云:"远钟入枕雪初晴,衾铁棱棱梦不成。起傍梅花读周易,一窗明月四檐声。"二诗可合在一起读。

登 山①

李涉

终日昏昏醉梦间,忽闻春尽强登山②。因过竹院逢僧话③,又得浮生半日闲④。

【作者简介】
李涉,号清溪子,洛阳(今属河南省)人。唐宪宗元和年间官太子通事舍人,文宗大和中为太学博士,后流放南方。诗多七绝,清新有致。《全唐诗》录存其诗一卷。

七 言 绝 句

【注释】

①《全唐诗》题作"题鹤林寺僧舍"。鹤林寺,原址在今江苏省镇江市。 ② 强:勉强。 ③ 过:游览。竹院:寺庙。 ④ 浮生:世事无定,人生短促,因称浮生。

【今译】

我整日无所事事,昏昏沉沉,在醉乡梦境中打发时光;忽然听说春天即将过去,才勉强出门,登山游览。因为赏玩了这座寺庙,与庙中的高僧随意闲谈;才觉得在浮荡扰攘的人生中,享受到了这半天的清闲。

【评解】

李涉所处的年代,藩镇割据,朝政混乱,他郁郁不得志,多次遭贬,心中十分压抑,所以这首诗首句便说自己终日昏昏沉沉,靠饮酒来自我麻醉,打发时间。次句承接首句,写登山。因为终日昏昏,所以春天不知不觉地过去,诗用了一"忽"字,概括这一情况,用一"强"字写登山时的心情,都很切合。三、四句写山中,因逢僧闲话,所以得到半天的清闲。诗首句便说出终日昏昏,无事可做,这里又说得"半日闲",可见后者的闲是心情的闲,与前不惟含意不同,正成为鲜明的对照;也以此反衬出诗人对世间扰攘肮脏的厌恶,显示出他心情的沉重。当然,这区区半日之闲,对诗人来说又何济于事呢?正如他在《重过文上人院》中所说"无限心中不平事,一宵清话又成空",他只是在苦恼中寻找到一丝慰藉而已。以平淡悠闲的笔墨道出心中无限烦恼,这就是本诗的成功之处。

蚕 妇 吟

谢枋得

子规啼彻四更时①,起视蚕稠怕叶稀。不信楼头杨柳月,玉人歌舞未曾归②。

【注释】

① 子规:即杜鹃。杜鹃喜欢在夜间啼鸣。 ② 玉人:如白玉一样皎洁的美女。此指歌女舞妓。

【今译】

子规鸟彻夜不停地鸣啼,天色刚到四更时;蚕妇赶快起床探看,怕蚕儿稠密桑叶太稀。她怎么也不敢相信,明月已经西坠到楼头的柳梢,楼中歌舞的美人们,竟然还没有回归。

【评解】

这首诗采用古乐府的表现手法,即在同一时空中,通过不同的人物的境地遭遇的对比,强烈地表现主体。诗说子规在晚上不停地悲啼,蚕妇挂念着蚕儿,睡不稳觉,四更天就起床去探视,但却发现歌女舞妓还在楼上歌舞卖笑。这样写,蚕妇的辛勤操劳与"玉人"的奢侈享乐成为鲜明的对照,诗人对前者的同情赞美、对后者的厌恶诛伐便十分清楚地表现出来。当然,诗人批判的不仅仅是后者,主要的目标在于那些花天酒地、征歌买笑的贵人们。"不信"二字是诛心之笔,惟其不信眼前的事实,两者的差距就显得更大,不合理现象就更为突出,批判的力度也更为深刻。

晚　春①

韩　愈

草木知春不久归,百般红紫斗芳菲②。杨花榆荚无才思③,惟解漫天作雪飞④。

【注释】
① 诗题一作"游城南晚春"。　② 芳菲:花木芬芳艳丽。　③ 榆荚:榆树的果实,俗称榆钱。　④ 解:知道,会。

【今译】
草木知道春天不久就要归去,万紫千红,竞相开放,展示着风华。杨花和榆荚没有才思,只知道铺天盖地,像雪花般飞洒。

【评解】
这首诗用拟人化手法,活泼跳荡地展示了眼前虽近尾声却热闹非凡的春色。诗人把自己沉浸到自然之中,与万物同思同想,于是草木被赋予诗人的自身感受。那繁花似锦的草木,似乎知道春天即将逝去,正抓住最后时机,呈现芳姿,争奇斗妍;连没有才思芳菲的杨花与榆荚,也不甘寂寞,像雪花般漫天飞扬。这样从两面写,"晚春"二字跃然纸上,使人感受到强烈的自然界气息。诗人想通过诗反映什么,没有明说。因了诗中"惟解"二字,引来后人各样的猜测。有人以为诗含讽刺,是嘲弃"杨花榆荚"般无才思之人,挖苦他们文章低劣;也有人认为诗劝人要珍惜光阴,以免像杨花榆荚,白首无成。诗无达诂,于此可见。

伤　春①

杨万里

准拟今春乐事浓②,依然枉却一东风③。年年不带看花眼,不是愁中即病中。

【作者简介】
杨万里(1127—1206),字廷秀,号诚斋,吉州吉水(今属江西省)人。宋高宗绍兴二十四年(1154)进士,历官零陵丞、太常博士、秘书监。他与陆游、范成大、尤袤并称南宋四大家,诗从江西诗派入,但摆脱江西诗派束缚,讲究活法、诗趣,跳脱清新,号"诚斋体"。著有《诚斋集》。

【注释】
① 诗原误署杨简作,今改正。诗题《诚斋集》原作"晓登万花川谷看海棠"。万花川谷为杨万里家花园名。　② 准拟:本打算,事先断定。　浓:多。　③ 枉却:辜负。　东风:代指春天。

【今译】

原先总以为今年春天,快乐的事定会纷至沓来。没想到和往时一样,辜负了这和煦的东风。年复一年我都是如此怨苦,似乎没生就一双看花的眼,不是愁绪萦绕,便是疾病缠身。

【评解】

这首诗是典型的"诚斋体"诗,坦白地陈诉心中凝聚的情愫,语言浅近如话,意思却曲折新奇。诗原题"晓登万花川谷看海棠",但诗人却完全撇开诗题,既不写登川谷,也没一句描写海棠,只是写对花产生的感叹,出人意外,怪不得《千家诗》的编者要把题目改作"伤春"。即使从"伤春"的角度来看,诗也表现得异常地活。诗人要倾吐的是自己逢到春天多愁多病,无法尽情领略春光的愁苦,但诗起首说自己安排好今年要好好看花,次句写辜负春风便更显得失意伤感。第三句又把诗意扩大,由一年到年年,这份伤感就越发得到深化。在造句上,诗力求新奇脱俗,没能赏花,以"枉却一东风"来表达;伤心看到花,以"不带看花眼"作调侃,都似乎脱口而出,实际上极见功夫。

送 春①

王 令

三月残花落更开,小檐日日燕飞来②。子规夜半犹啼血③,不信东风唤不回④。

【作者简介】

王令(1032—1059),字逢原,广陵(今江苏省扬州市)人。他富有经世济时的抱负,深为王安石所赏识,但穷困潦倒,青年早逝。诗风格雄健,构思奇特,追步唐李贺。著有《广陵先生文集》。

【注释】

① 此诗《广陵先生文集》卷十题作"春晚二首"。此为第二首。 ② 小檐:犹"矮檐",低矮的屋檐。 ③ 子规:即杜鹃。传为蜀望帝国后所化。于暮春啼叫,声音悲凄,传其不啼到口留血不止。 ④ 东风:代指春天。

【今译】

暮春三月,百花凋谢,可又有新的花朵绽开;低矮的屋檐底下,燕子天天飞去飞来。半夜里子规鸟仍然鸣着,直流出点点鲜血;它是那么地执著,仿佛深信能把春天唤回。

【评解】

诗前两句具体描摹晚春景物。第一句写春的代表——花,但与一般强调花落的暮春诗不同,说花虽然大部凋残,却又有新开的,在残败中呈现生气。次句写春燕飞来飞去,忙忙碌碌,又为画面增添了勃勃活力。写暮春而又不伤悲,戛戛独造,把自己欣欣向上的情感注入景中,不写情而情自现。后两句转换角度,从哀啼的子规上生发议论。写子规啼,密合时令,诗人又把子规人性化,说它的悲鸣是想把春天唤回,在低迷的气氛中,在惜春的缠绵外,仍透出诗人对暮春的喜爱。王令性格奇崛,感情异于常人,因此王安石《思王逢原》说他"妙质不为平世得,微言唯有故人知",这首诗表现的对暮春的情思,就颇能体现他与众不同的标格。

三月晦日送春①

贾 岛

三月正当三十日,风光别我苦吟身。共君今夜不须睡,未到晓钟犹是春。

【作者简介】

贾岛(779—843),字阆仙,范阳(今河北涿县)人。曾为僧,法名无本。还俗后应进士试,不第。唐文宗时任遂州长江主簿。他是著名的苦吟诗人,诗风清奇僻古,尤工五言。著有《长江集》。

【注释】

① 诗题贾岛集作"三月晦日赠刘评事"。 晦日:农历每月的最后一日。

【今译】

今天是三月里的最后一日,春光将要告别我这苦吟的诗人。我们俩今夜用不着睡觉,没到晨钟敲响,还算是春。

【评解】

诗起得很平拙板重。首句说明时间。次句点出春去,以"苦吟身"表明自己在整个春天的所作所为;也因为耽于苦吟,所以春光不知不觉地流逝,猛然发现今天已经是最后一天了。由此,他产生了惜春之情,起了送春之念,便招呼朋友彻夜不眠,因为在明天晨钟敲响以前,还算是春天。"犹是春"三字郑重磨砺而出,呼应前两句浪掷春光,如今最后一点春光就格外显得珍贵,他对春天逝去的惋惜与留恋也就表现得很充分。对此,黄叔灿《唐诗笺注》评说:"用意良苦,笔亦刻挚。"明王世贞《艺苑卮言》以为这首诗写顾况的《山中》诗一样,"以拙起唤出巧意,结语俱堪讽咏"。

客 中 初 夏①

司马光

四月清和雨乍晴②,南山当户转分明③。更无柳絮因风起④,惟有葵花向日倾。

【作者简介】

司马光(1019—1086),字君实,夏县(今属山西省)涑水乡人,人称涑水先生。宋仁宗宝元元年(1038)进士,历官天章阁待制兼侍讲、翰林学士,哲宗时拜相。卒赠太师、温国公,谥文正。他是宋著名史学家、文学家,诗简朴而见才情。著有《资治通鉴》、《司马文正公集》。

【注释】

① 宋蔡正孙《诗林广记》收此诗,题作"居洛初夏作",知诗作于他熙宁中反对王安石变法退居洛阳时。 ② 清和:清明和暖。 乍:刚,初。 ③ 当户:对着门户。 ④ "更无"句:用《世说新语》中谢道韫咏雪句"未若柳絮因风起"。

【今译】

四月里天气和暖清明,一场雨下过,天刚放晴。巍巍南山正对着我的窗户,雨后的山色格外地葱青。那随风飞扬的柳絮,早已消失了踪影;眼前只有茁壮的葵花,从早到晚朝着太阳,格外殷勤。

【评解】

时逢初夏,雨后乍晴,天气和暖,诗人满怀对生活的热爱,写下了这首诗。诗首句点明节令气候,下三句便写景,点出南山与葵花。诗不仅将这两种景物写得密合初夏、雨后,同时将远景的南山与近景的葵花相参差,将虚景的柳絮与实景的葵花作对比,用笔灵活,形象鲜明,通过恬静的场景表达心中的意趣。司马光在熙宁四年(1071),因反对王安石新法,退居洛阳,这首诗是退居期间所作。因为司马光居洛期间,仍然对国家前途表示忧虑与关心,所以有的论者认为这首诗表面是写景,实际上是表达自己不像柳絮一样,华而不实,癫狂阿附,而是像葵花向日一样,对皇帝一片忠心,"其爱君忠义之志,概见于此"(《东皋杂记》),因而诗含蓄委婉,自然天成。

有　　约①

赵师秀

黄梅时节家家雨②,青草池塘处处蛙③。有约不来过夜半④,闲敲棋子落灯花⑤。

【作者简介】

赵师秀(?—1219),字紫芝,号灵秀,温州永嘉(今浙江温州)人。南宋光宗绍熙元年(1190)进士,官高安推官。"永嘉四灵"之一,诗学晚唐贾岛、姚合一派,瘦劲清苦。著有《清苑斋集》。

【注释】

① 诗题一作"约客"。 ② 黄梅时节:江南春夏之间阴雨不断,正是梅子成熟的季节,因称其时为"黄梅天",称其时所下的雨为"梅雨"。 家家:与下句"处处"为互文,犹言到处。 ③ 青草池塘:指池塘里长满了绿色的水草,化用谢灵运《登池上楼》"池塘生春草"句。 ④ 夜半:即半夜。 ⑤ 灯花:灯快熄时,灯芯燃烧得犹如开放的花朵,因称"灯花"。

【今译】

黄梅时节,家家雨下个不停;青草池塘,处处是热闹的蛙鸣。约好的人儿,半夜还没有来到,我等着,无聊地敲打着棋子,震落了烧尽的灯芯。

【评解】

诗前两句,以连绵的雨声与喧闹的蛙鸣,一下子摄住读者的心,把人们的思绪引入江南的梅雨季节,一向为评者津津乐道。家家雨,处处蛙,是自然界的天籁。与外面的繁声比,室内却是无比的静寂,只有等客不至,无聊地敲动棋子的单调的声音。前者写闹,闹中显静;后者写静,静中有闹。"闲敲棋子",写一个小动作,入木三分地表现等人时的心情,是焦急意识不经意地表露。"落灯花"是敲棋子的结果,又与上文"过夜半"呼应,把落寞、不平静的心情细腻地刻画出来,含蓄蕴藉。全诗由黄梅天这一季节缩小到某天的半夜,由家家、处处这些大环境缩小到室内灯下,广泛与局部的有机结合,辅以闹与静的烘托反衬,写尽了诗人待客不至的心理活动。

初 夏 睡 起①

杨万里

梅子留酸溅齿牙②,芭蕉分绿上窗纱。日长睡起无情思③,闲看儿童捉柳花。

【注释】

① 本诗原为杨万里《闲居初夏午睡起二绝句》之一,此诗题为编者所改,并误署作者为"杨简"。 ② 溅齿牙:一作"软齿牙",指牙齿因为梅子酸味而难受。 ③ 无情思:指无所适从,不知做什么好。

【今译】

酸酸的梅子,吃了很久,还使我牙齿难受非常;窗外的芭蕉叶,一片浓绿,染映着我卧室的纱窗。夏日漫长,午睡方醒,什么也不去想;看着院子里儿童捕捉柳絮,来来往往不停地奔忙。

【评解】

诗从初夏时令谈起:诗人吃过杨梅,嘴里还带着酸味,芭蕉叶十分肥大,满院浓绿,映照得窗外也一片绿色。这两句以小见大,下语凝练,一个"溅"字,把食梅后牙齿难受劲形象地点明;一个"分"字,变静为动,色彩鲜明。三、四句重点写闲。午睡是闲;睡醒无所事事,便更见闲。于是看着儿童捉柳絮玩来打发时间。这两句,前是因,后是果,一排比,诗人毫无机心、热爱生活的状况,便体现出来。末句尤为人称道。一个"捉"字,把儿童嬉闹稚气的动作再现,密合眼前情态,杨万里对此很自负,认为"功夫只在一捉字上"(周密《浩然斋雅谈》)。杨万里论诗,认为要有味外之味,"诗已尽而味方永"。所以他的一些小诗,善于摄取自然与日常生活中小景,捕捉住稍纵即逝的情感,灵活透脱,逗人喜爱,这首诗是他的代表作。

三 衢 道 中①

曾 幾

梅子黄时日日晴,小溪泛尽却山行②。绿阴不减来时路,添得黄鹂四五声。

【作者简介】

曾几(1084—1166),字吉甫,号茶山居士,原籍赣州(今属江西省),迁居河南(今河南省洛阳市)。以恩起家,历官江西提刑、秘书少监、敷文阁待制。他是江西诗派作家,讲究活法与顿悟,但不为江西诗派家法所囿。著有《茶山集》。

【注释】

① 三衢:山名,在今浙江省衢州市。 ② 却:又。

【今译】

杨梅已经泛黄,正该阴雨绵绵,我却意外地碰上连日天晴。乘着小舟走完了水路,我又行走在山间的小径。路旁的绿阴没有减少,还和来时一样浓郁喜人;只多了婉转的莺啼,一声又是一声。

【评解】

黄梅天是多雨的日子,曾几却碰上了难得的好天,更何况是在旅途中,因此诗首句便以欢快的语言记下了这少见的天气。接着,诗写旅途经历及所见景物。"来时路"的"来"是关键字,因了"来"字,我们知道诗人此刻是在回家途中,由此,他为什么碰到晴天便于走路会异常高兴就有了着落,对黄莺的啼鸣会产生兴趣也就容易理解了。全诗通过对比,融入情感。将往年的阴雨连绵的黄梅天与眼下的晴朗对比,将来时的绿树及山林的幽静与眼前的绿树与黄莺叫声对比,于是产生了起伏,引出了新意。诗又全用景语,浑然天成,再现了浙西山区的秀丽景色,同时在景物中锲入了自己愉快欢悦的心情。曾几虽然是江西诗派的一员,但这首绝句写得清新流畅,没有生吞活剥、拗折诘屈的弊病。他的学生陆游便专学这种,蔚成大家。

即 景①

朱淑真

竹摇清影罩幽窗,两两时禽噪夕阳②。谢却海棠飞尽絮③,困人天气日初长④。

【注释】

① 诗题《断肠集》作"清昼",《宋诗纪事》、《宋诗钞补》作"初夏"。 ② 时禽:正当这一节令而鸣叫的鸟。 ③ 谢却:全都凋谢。 ④ 困人:使人感到困倦。张先《八宝妆》词:"正不寒不暖,和风细雨,困人天气。"日初长:指初夏。自农历立夏后,白天逐渐增长。

【今译】

绿竹在微风中摇动着,把它的清影映照在幽静的纱窗;成双成对的鸟儿喧闹着,对着那一抹金色的夕阳。海棠花都已经凋谢,柳絮儿也不再飞扬;唉,这天气多么使人感到困倦,白天的时间却越来越长。

【评解】

长夏来临,诗人独处深闺,百般无聊,默默地打发着时光。窗外,绿色的竹林在风中摇动着,把那翠色映上了纱窗,十分幽静寂寥;夕阳中,鸟儿吵闹着,增加了幽寂,也使诗人烦躁不安。春天已经过去,和暖的气候,令人懒洋洋地,可夏日越来越长,叫人如何打发?诗借景写情,自然流走,情寄词外,缠绵不尽。从诗中,我们可以深切地体会到诗人处在孤寂的环境中,心情无比空虚,无可排遣,又无可寄托,充满伤感,不是长期受到索寞抑郁的心情折磨的人,无法表达得如此深至。明钟惺《名媛诗归》评曰:"语有微至,随意写来自妙,所谓气通而神肖也。"

夏　　日①

戴复古

乳鸭池塘水浅深②,熟梅天气半晴阴。东园载酒西园醉,摘尽枇杷一树金③。

【作者简介】

戴复古(1167—?),字式之,号石屏,台州黄岩(今属浙江省)人。终身未仕,浪游江湖,卒年八十余。他曾受学于陆游,诗风清健轻快,是"江湖诗派"中重要作家。著有《石屏集》。

【注释】

① 诗题一作"初夏游张园",或署戴复古之父戴敏作,题作"小园"。　② 乳鸭:小鸭。　③ 金:指枇杷的颜色。

【今译】

在那有深有浅的池塘里,小鸭子欢快地嬉游;正是梅子成熟的时候,天气总是忽晴忽阴。我带上酒去东园畅饮,又往西园中陶然一醉;满树金黄色的枇杷,为下酒不知不觉已被摘尽。

【评解】

这首诗,写诗人在夏天纵情自然,欢饮陶醉的生活。首两句写景,那水中嬉戏的小鸭,熟梅,半阴半晴的天气,逼真地描绘出初夏的景致,令人如置身画中。后两句写饮酒,但不具体铺设,只以东园、西园作点缀,见诗人饮酒之多,兴致之高;末句写枇杷照应节令,而枇杷又是下酒之物,摘尽枇杷,又反衬饮酒之多。诗用词浅显,色调明快,意境含蓄优美。尤其令人叹赏的是"熟梅天气半晴阴"句,平平而出,却高度概括了江南春夏之交梅雨季节的天气特点,因此与杜牧的"清明时节雨纷纷"、赵师秀的"黄梅时节家家雨"成为人们形容节气气候特点时引用最为频繁的诗句。

鄂州南楼书事①

黄庭坚

四顾山光接水光,凭栏十里芰荷香②。清风明月无人管③,并作南楼一味凉。

【作者简介】

黄庭坚(1045—1105),字鲁直,号山谷,分宁(今江西修水县)人。宋英宗治平进士,历官泰和令、校书郎,贬涪州别驾,因自号涪翁;后又流放宜州(今广西宜山县)。他是"苏门四学士"之一,又创江西诗派。诗力求避熟就生、夺胎换骨,要求"点铁成金",所作奇崛瘦硬。著有《山谷集》。

【注释】
① 鄂州:今湖北武昌。 南楼:在武昌南。晋庾亮曾在此赏月,因成登临名胜。 ② 芰荷:已出水的荷花。 ③ "清风"句:惠洪《冷斋夜话》曾引黄庭坚一段话,大意说:"天下的景色,本意并不选择贤人或愚人予以展现,但是我常常怀疑正是为我们一类人所安排的。"这段话正可作为"无人管"的注解。这一思想,也与苏轼《赤壁赋》所述相同:"天地之间,物各有主,苟非吾之所有,虽一毫而莫取。惟江上之清风,与山间之明月,耳得之而为声,目遇之而成色;取之无禁,用之不竭,是造物者之无尽藏也。"

【今译】
我登上南楼向四面瞭望,眼前是山光接着水光。我悄悄地凭倚着栏杆,晚风吹来一阵阵荷花的清香。我禁不住感叹:这清风明月没有人去拘管,一起来到南楼,化作了这一味清凉。

【评解】
崇宁二年(1103),黄庭坚被贬官鄂州,登南楼,作诗四首,这是第一首。诗首句直接入题写自己登楼眺望所见。诗将眼前景色做一浑写,布局十分宏大广阔,密合夜景。次句写登楼的感受,也是浑写,说扑鼻而来的是荷花的清香,与上句山水清晖与朦胧的月光组成一个优美静谧的世界。于是诗人深深被陶醉,一切名利得失都抛到了脑后。下半首转入议论,密切关合上半首的景色,感叹自然界赋予人的启示。诗中的"一味凉"的"凉"字,固然是清风明月给人造成的直感,也是诗人抛弃烦恼、融入自然的心境的反映。有的论者以为黄庭坚在这里又接受了佛家以清凉指摆脱俗事缠绕而进入无烦恼的境界的意趣,也有一定的道理。黄庭坚诗以杜甫为标的,讲究章法及用典,但这首诗全用散句,平铺直下,同时又回还照应,与他其他作品风格迥异,因此被求俗求清的《千家诗》编者选入。

山亭夏日①

高 骈

绿树阴浓夏日长,楼台倒影入池塘。水晶帘动微风起①,满架蔷薇一院香②。

【作者简介】
高骈(821—887),字千里,幽州(治所在今北京市)人。历官安南都护、剑南西川节度使、淮南节度使。黄巢起兵,他坐守扬州,割据一方,后为部将所杀。《全唐诗》录存其诗一卷。

【注释】
① 水晶帘:亦作水精帘,比喻精莹华美的帘子。 ② 蔷薇:花名,茎长似蔓,花红、白色。

【今译】
绿树的树阴是那么地浓郁,夏季的白天又是那么地悠长。层叠的楼阁亭台,把自己的倒影映入了清澈的池塘。一阵微风悄悄地吹过,水晶帘儿轻轻地摇晃;满架繁花似锦的蔷薇,使院子里弥漫着淡淡的幽香。
【评解】
　　谢枋得《唐诗绝句注释》说:"此诗形容山亭夏日之光景,极其妙丽,如图画然。"确实,诗前两句便给人们勾勒了一幅色彩浓郁、景物繁富的图画。因为是夏天,树木特别茂盛,树阴浓密,绿得抢眼,而日光照着楼台,把楼台及周围的树木的影子倒映在水中,格外清晰。这样组合,岸上景与水中景连成一片,把夏天静穆庄重的气氛渲染得十分逼真。前两句是诗人在山亭所见,后两句是诗人把自己置入这似画的景中的感觉。他站在亭阁中,见到悬挂的帘子微微晃动,这才感觉到吹来了一阵清风;由于微风的吹起,满架的蔷薇香气弥漫开来,令人心旷神怡。诗刻绘入微至细,全是夏日独有的感触,在写景中带出了情,写静中渗入了动,读后令人陶醉,丝毫没有暑天的烦闷之感。

田　　家①

范成大

　　昼出耘田夜绩麻②,村庄儿女各当家③。童孙未解供耕织④,也傍桑阴学种瓜⑤。

【作者简介】
　　范成大(1126—1193),字致能,号石湖居士,吴县(今属江苏省苏州市)人。绍兴二十四年(1154)进士,历官处州知州、成都知府、参知政事。他与陆游、杨万里、尤袤合称南宋四大家,所作平淡自然、温丽清新;一些新乐府与田园诗,成就很高。著有《石湖集》等。
【注释】
　　① 诗原为范成大《四时田园杂兴》中《夏日田园杂兴》之七,此题为编者所拟改。　② 耘田:除草。绩麻:搓麻线、织布。　③ 当家:担当家务。　④ 供:从事,参加。　⑤ 傍:依傍,靠着。
【今译】
　　白天出门下田除草,晚上在家织布搓麻。村户人家的儿女就是如此,个个勤劳,节俭持家。你看,那稚气未脱的小孙子,还不懂得耕田织布,也在那浓郁的桑阴下,学着挖土种瓜。
【评解】
　　一、二句写农民们白天黑夜都在劳作,赞扬了他们的勤劳持家。三、四句由正面转向侧面,写小孩子的勤劳,更衬托正面。全诗用笔朴实,风格与内容完美地统一。尤其是后两句,在原本很平淡的气氛中增入童孙天真的形象,在农家苦的主题中渗入几分乐趣,是神来之笔。汉乐府《相逢曲》有"大妇织绮罗,中妇织流黄,小妇无所为,挟瑟上高堂"句,范成大这首诗先写农家中的成年人,次及未解事小孩,吸取了乐府民歌体的长处,推陈出新,意趣俱到。宋词人辛弃疾《清平乐·村居》下半阕云:"大儿锄豆溪东,中儿正织鸡笼。最喜小儿无赖,溪头卧剥莲蓬。"手法与范成大这首诗相同。

|七言绝句|

村居即事①

翁卷

绿遍山原白满川②,子规声里雨如烟③。乡村四月闲人少④,才了蚕桑又插田⑤。

【作者简介】
翁卷,字续古,一字灵舒,温州乐清(今属浙江)人。约生活于南宋理宗时,终身未仕。他与徐照、徐玑、赵师秀合称"永嘉四灵",以苦吟出名,讲究修辞,一些绝句,清新自然。著有《苇碧轩诗集》。

【注释】
① 这首诗原误题范成大作。翁卷集中诗题作"乡村四月"。 ② 绿:指绿色的植物。 川:河流。 ③ 子规:即杜鹃,在春末夏初时啼叫,声音凄凉。 ④ 闲人:有空闲的人。 ⑤ 了:做完。 插田:插秧。

【今译】
绿色染遍了平原与山峦,河水映着天光,一片白茫茫。濛濛细雨飘洒着,如烟似雾,杜鹃的叫声,是那么地凄伤。农村里四月份是繁忙季节,又有谁会闲散?农民们刚忙完采桑养蚕,又急着下田插秧。

【评解】
诗写江南景色,坐实在乡村的四月。首句大开大阖,用浓笔涂抹。江南四月,红芳消歇,一片浓绿;正逢雨季,水田湖港,水光渺茫,所以诗用绿、白两种颜色来分染画面。尽管颜色很单调,但具有代表性,且绿后加一"遍"字,白后加一"满"字,不仅切合时地,也扩大了画面,增加感染力。次句点时令,通过有代表性的禽鸟与气候,补足题面,衬出山村的恬淡幽静。三、四句转笔写人,从上文的写景中度出,写农民的忙碌,表现的是一种旁观者的心理。诗人欣赏的是没有被紧张的农活所打破的宁静,肯定紧张的生活也是和谐,是与山光水色相默契的,所以说得很平淡。诗人是把自己沉入到景与事中,所以写得分外传神。

题榴花①

韩愈

五月榴花照眼明,枝间时见子初成②。可怜此地无车马③,颠倒苍苔落绛英④。

【注释】
① 这首诗原署朱熹作,实为韩愈《题张十一旅舍三咏》之一《榴花》,因改正。 ② 子:指石榴。 ③ 可怜:这里是可惜之意。 ④ 颠倒:杂乱无章。 绛英:指榴花红色的花瓣。

【今译】

五月里的榴花红得似火,映入眼中,格外鲜明;那茂密的枝条中间,可见到不少初生的石榴结成。可惜它生长在荒僻之地,没有车马往来经过;只好纷纷地随风飘落,杂乱地洒满长着苍苔的野地荒径。

【评解】

诗写长在荒凉偏僻之地的石榴花,因为没有人赏识,自开自落,抛洒地上,与苔藓为伴。诗人采用前后对照的写法,先将榴花写得格外地美好,它红得似火,令人分外眼明,那枝间的石榴正在结子;然后感叹它长得不当其地,没人欣赏,纷纷飘落的凄凉景况。这样先扬后抑,诗人的感情更深深地表现了出来,无限低回伤心。诗是写石榴,也是在感伤自己满腹经纶而无人赏识,所以格外地感人。托物言志是中国诗歌的传统之一,如左思著名的《咏史》诗"郁郁涧底松,离离山上苗,以彼径寸茎,荫此百尺条",就是以松自比,说才高位卑的寒士屈于下僚。韩愈这首诗用的也是这一手法。

村　　晚

雷　震

草满池塘水满陂①,山衔落日浸寒漪②。牧童归去横牛背③,短笛无腔信口吹④。

【作者简介】

雷震,宋代人,生平事迹不详。

【注释】

① 陂:水岸。　② 寒漪:带有凉意的水波。　③ 横:横骑。　④ 腔:曲调。

【今译】

绿草长满了池塘,池塘里的水,几乎溢出了塘岸。远远的青山,衔着彤红的落日,一起把影子倒映在水中,闪动着粼粼波光。那小牧童横骑在牛背上,缓缓地把家还;拿着支短笛,随口吹着,没有固定的声腔。

【评解】

这首诗给人们展示的是一幅牧童骑牛晚归图。前两句写背景,春草池塘,绿水满溢,落日衔山,倒影荡漾。诗以池塘为中心,以池塘中的绿草与清碧的池水,带出青山与落日,中间以一"浸"字作维系,使池塘显得很热闹,色彩也很绚丽。在这样宁静的背景中,主人公小牧童登场了。诗写得很生动活泼,牧童骑牛,不是规规矩矩地骑,而是"横牛背";吹笛也不是认真吹,而是"无腔信口吹",活画出牧童调皮天真的神态。全诗摄取的画面充满乡村气息,又紧扣题"村晚",令人神往。在此之前,张舜民《村居》诗有"夕阳牛背无人卧,带得寒鸦两两归"句,与雷震诗比,画面中少了个牧童,代之以牛背双鸦,以显出村晚的萧瑟。同样写农村晚景,因诗人的心境不同,摄取的画面便不同,一是充满情趣,一是惆怅落寞,因此诗家有"一切景语皆情语"的说法。

| 七言绝句 |

书湖阴先生壁①

王安石

茅檐长扫净无苔②,花木成畦手自栽③。一水护田将绿绕④,两山排闼送青来⑤。

【注释】

① 这首诗是王安石《书湖阴先生壁二首》中的第一首。湖阴先生即杨德逢,是王安石住在金陵钟山下时的邻居。 ② 茅檐:茅屋的檐下。 长:常常。 ③ 畦(qí):田园中分隔开的土埂。 ④ 护田:形容流水环绕着田地。 ⑤ 排闼(tà):推门闯入。

【今译】

茅屋的檐下经常打扫,干净得没有一点绿苔杂草。小园里的花木,整整齐齐,是先生亲手栽培灌浇。门外,一湾碧水维护着农田,将绿色的庄稼环绕。那两座青山,似乎推门直入,把苍翠送进你的怀抱。

【评解】

这首题壁诗写湖阴先生家的景色。前两句是近景,写庭院内;后两句是外景,写远处。诗以茅舍为着眼处,内容很丰富,设色很鲜明,充满农村生活的情趣。最被人称道的是后两句,诗中用了"护田"、"排闼"两词,把自然风景人格化。河水绕田,说成是有意保护农田;青山对门,说成是青翠的山色推门闯入。通过拟人化手法,把不动的景变成了富有感情的动的形象,诗便富有勃勃生气,带有浓重的主观性。王安石对自己这诗很看重,曾抄给黄庭坚看。吴曾《能改斋漫录》说"一水"两句本五代沈彬"地隈一水巡城转,天约群山附郭来",又本许浑"山形朝阙去,河势抱关来"句,可见王安石饱读诗书,经常融化前人句意,密切眼前景物,而无生造硬扯的痕迹。至于有人因为王安石学识渊博,诗中"护田"二字见《汉书·西域传》,"排闼"二字见《史记·樊哙传》,遂指实这是以汉人语对汉人语,是王安石用典用事高妙的例子。这就太过执著,近于生吞硬剥了。

乌 衣 巷①

刘禹锡

朱雀桥边野草花②,乌衣巷口夕阳斜。旧时王谢堂前燕,飞入寻常百姓家。

【注释】

① 本诗是作者《金陵五题》中的第二首。乌衣巷:在今江苏南京市秦淮河南岸。此地原为三国吴国戍守石头城的军营,军士都穿黑衣,故名乌衣巷。东晋初年,豪门贵族王导、谢安都住在这里。 ② 朱雀桥:一名朱雀航,在乌衣巷附近,是一座浮桥。 野草花:野草开花。

【今译】

朱雀桥边,遍地的野草开着小花;乌衣巷口,只见到黯淡的夕阳西斜。当年在王谢堂前飞舞的燕子,如今出入的都是普通百姓人家。

【评解】

这是首怀古绝句。诗前两句通过环境的转变,突出主题,写当年极其煊赫的贵族所居之地,早已繁华消歇,只见到野草开花,凄凉的夕阳照射着这荒凉破败的巷子。诗中"朱雀桥"、"乌衣巷"是互文,写两地实为一地。通过反映荒芜的"野草花"与象征没落的"夕阳斜",暗示时代变迁,那炙手可热的贵族,早已烟飞云散。后两句,诗人忽发奇想,在燕子身上做文章,说昔日在王、谢家中筑巢的燕子,如今都飞到寻常百姓家去了。诗即小见大,对比鲜明,通过燕子的归宿,概括荣华的结束;燕飞入寻常百姓家,王、谢等贵族的后代沦落为寻常百姓,也就不言而喻了。全诗用笔曲折,将怀古之思、沧桑之感融入眼前的平常景物,着意新奇而托兴玄妙,精炼含蓄地表达了自己的感情,因而成为传颂人口的名篇,后人化用其诗句入诗词的,不下数十篇。

送元二使安西①

王 维

渭城朝雨浥轻尘②,客舍青青柳色新③。劝君更尽一杯酒,西出阳关无故人④。

【作者简介】

王维(701—761),字摩诘,太原祁(今山西省祁县)人。其父迁于蒲(今山西省永济县)。唐玄宗开元九年(721)进士,历官给事中、尚书右丞。他工诗善画,诗与孟浩然齐名,尤善写山水田园,清幽恬淡,超妙自然。著有《王右丞集》。

【注释】

① 元二:作者友人,生平不详。 安西:唐安西都护府,治所在龟兹(今新疆库车县)。 ② 渭城:在今陕西省咸阳市东北,渭水北岸。 浥(yì):湿润。 ③ 客舍:驿站,旅馆。 ④ 阳关:故址在今甘肃敦煌西南,是唐时通往西域的要道。

【今译】

清晨的一场小雨,滋润了渭城大道上的轻尘;旅舍四周一片葱绿,杨柳抽出嫩芽,空气清新。我举起了酒杯,奉劝你再一次喝尽:从此后你向西行,过了阳关,就再也没有一个熟人。

【评解】

这首诗是万口传诵的名作,曾被谱入乐曲,称为《渭城曲》或《阳关曲》,专门在送别时演唱。诗前两句写送别的景色与地点,说清晨的小雨滋润了路上的尘土,客舍四周的杨柳格外葱翠。古人送别有折杨柳的习惯,取其与"留"谐音。诗以清新的环境,与依依杨柳,暗点对分别的眷恋,表现得十分蕴藉,气度从容,风味隽永,为后两句抒情作了极好的铺垫。后两句直接说出,殷殷劝酒,款款叮咛。一个"更"字,写尽了留恋与关切。全诗以浅显的语言,道出心中无比的深情,写得十分感人。因此赵翼《瓯北诗话》评云:"人人意中所有,却未有人道过,一经说出,便人人如其意之所欲出,而易于流播,遂足传当时而名后世……王摩诘'劝君更尽一杯酒,西出阳关无故人',至今犹脍炙人口,皆是先得人心之所同然也。"

与史郎中钦听黄鹤楼上吹笛①

李 白

一为迁客去长沙②,西望长安不见家③。黄鹤楼中吹玉笛,江城五月落梅花④。

【注释】
① 史郎中:名钦,生平不详。 黄鹤楼:故址在今湖北武昌蛇山,因传说仙人王子乔在此乘鹤升天而得名。 ② 迁客:有罪被流放远方。李白当时因参加永王璘集团以"附逆"罪流放夜郎。 去长沙:西汉贾谊因上书论朝政得罪权贵,被贬长沙王太傅。这里是以贾谊被贬自比。 ③ 长安:唐都城,今陕西西安市。当时李白家属留在长安。 ④ 江城:指鄂州(今武昌),城在长江边。 落梅花:即"梅花落",笛曲名。

【今译】
自从获罪流放往海角天涯,西望长安见不到我的家。黄鹤楼上不知谁在吹着笛子,五月的江城回荡着一曲《落梅花》。

【评解】
诗人在流放夜郎的途中,经过鄂州,与友人登上黄鹤楼。想到自己迁客的身份,他引颈向西面长安的方向眺望,只见到云雾缭绕,见不到自己的家。诗写离家去国之情,流露出心中无限感慨。望长安既是想念留在那儿的妻子,也是眷恋朝廷,希望再次获得报效国家的机会。正在他怅望沉思时,有人吹起了笛子,他听出来吹奏的是《梅花落》曲。于是他眼前似乎浮现出梅花纷纷坠落的情景,听觉与想象融成了一片,飘零之思、迟暮之感,都借诗含蓄地表现出来,词语蕴藉。正如钟惺《诗归》所评:"无限羁情,笛里吹来,诗中写出。"《唐宋诗醇》则云:"凄切之情,见于言外,有含蓄不尽之致。"

李白还作有《春夜洛城闻笛》一首云:"谁家玉笛暗飞声,散入春风满洛城。此夜曲中闻折柳,何人不起故园情。"都是通过闻笛,巧用笛曲名,寄托自己的情思,因此一向被评家相提并举。黄生《唐诗摘抄》云"黄鹤楼闻笛诗前思家,后闻笛,前后两截,不相照顾,而因闻笛益动乡思,意自联络于言外,与《洛城》作同。此首点题在后,法较老"。

题 淮 南 寺①

程 颢

南去北来休便休②,白蘋吹尽楚江秋③。道人不是悲秋客④,一任晚山相对愁。

【注释】
① 淮南寺:地处淮南的寺庙,具体所指不详。 ② 休便休:有能歇息的机会就歇息。 ③ 白蘋:开白花

的水上浮萍。　楚江:长江中下游的别称。　④ 道人:有道之人,修道之人。这是作者自称。　悲秋客:因秋天到来而引发悲伤的人。宋玉《九辩》有"悲哉秋之为气也"等句,后人因称其为悲秋客。

【今译】

南去北来,疲于奔走,今天能休息就抓紧时间休。水面上的白蘋已经凋残,正逢上楚江的深秋。道人我随遇而安,不是见到秋景而悲伤的旅客;任凭那两岸的青山,在夕阳中相对发愁。

【评解】

诗人行旅在外,经过淮南的一处寺庙,在寺中休息,题了这首诗,抒发旅途中的感受,表明自己的处世观。诗人在诗中自称是学道之人,即看破红尘名利,追求崇高道德境界的人,所以诗起句便讲自己随遇而安,能休则休,既表白了自己的豁达,又切题寺,说明自己在旅途之中。次句补满行旅,描写寺庙所在地点及节令景物,写得平稳沉郁。三、四句,就萧瑟秋景,强调自己的旷达,复述江边景色,并赋予晚山以情感,寄托自己的心绪。诗写得抑扬顿挫,一句写情,一句写景,而景中又带情。通过足以表现愁思的秋景,与表示疏放豪迈的情语构成矛盾,在深处暗示自己在怡然中仍挥抹不去的羁旅愁思。

秋　　月①

朱　熹

清溪流过碧山头,空水澄鲜一色秋②。隔断红尘三十里③,白云黄叶共悠悠④。

【注释】

① 此诗《千家诗》编者原署程颢作,实为朱熹《入瑞岩道间得四绝句呈彦集充父二兄》之一,因改正。　② 空水:天空与溪水。　③ 红尘:热闹的人世间。此指有人居住的地方。　④ 黄叶:原作"红叶",与上句"红"字重,据朱熹集改。

【今译】

一道清澈的溪水,流过了碧绿的山头;天空与溪水澄碧鲜明,凝成了这一派美丽的清秋。这清幽的佳境,远离人烟三十里;只有白云与黄叶,远远近近,飞扬飘悠。

【评解】

这首诗的诗题是《千家诗》的编者所拟,所谓"秋月"就是"秋日"的意思。诗写的是深山中秋天的景色,写得繁富多味,不带有寻常写秋景诗的萧瑟与牢愁。诗人仿佛挥动着一支巨大的画笔,为人们涂抹出一幅空阔明净的画面。在画中,有淙淙的溪水,碧绿的群山,有湛蓝的天空,飘浮的白云,金黄的树叶,渲染得十分传神。诗人还把远景与近景相连,清晰与蒙浑交错,静态与动态互配,使景物幽雅多趣。诗别出心裁地将"隔断红尘三十里"镶嵌在三句景句中间,承上启下,看似漫不经意,实际上正突出了诗人欣赏景物的旨趣,是点睛之笔。

|七言绝句|

七夕①

杨　朴

未会牵牛意若何②,须邀织女弄金梭③?年年乞与人间巧,不道人间巧已多④。

【作者简介】
杨朴(约921—约1003),字契元,号东野逸民,新郑(今属河南省)人。五代时隐居嵩山,宋初被荐,太宗授以官,旋辞归。
【注释】
① 七夕:农历七月初七。传这天晚上被分离在银河两岸的牵牛和织女星渡鹊桥相会。　② 未会:不理解,不知道。　③ 须:应当。　④ 不道:不知。这里是反诘,谓可曾知道。
【今译】
我不明白牛郎你究竟想些什么?定要邀请织女织锦,抛掷金梭。年年都大度地让人们求得许多灵巧,你可曾知道人间的机巧已经太多。
【评解】
杨朴是位隐士,崇尚远离红尘、与世无争的生活,厌恶人世间的机变巧诈。他处在动乱多变之世,因此高蹈遁世,所作诗多抒写隐趣及生活琐事。唐宋时七夕乞巧的风气很盛,每到七夕,富贵人家张灯结彩、盛设肴馔,贫家也陈列瓜果,开乞巧会,向织女乞巧。诗人有感于世风不淳,遂从七夕乞巧,想到人们逞智弄巧、尔虞我诈,因此作此诗进行责难,藉以抒发胸中的感慨。诗构思新颖,由节日乞巧引出人间的巧,顺理成章;以设问起,以反诘结,前后呼应,使诗的力度加强,这都是本诗的优点。但诗在追求新意的同时又流于浅俗,含蓄不够,五代、宋初学白居易体的诗人,常犯此病。

立秋①

刘　翰

乳鸦啼散玉屏空②,一枕新凉一扇风③。睡起秋声无觅处,满阶梧叶月明中④。

【作者简介】
刘翰,字武子,长沙人。约宋光宗绍熙前后在世。工诗词。著有《小山集》。
【注释】
① 诗题《宋百家诗存·小山集》作"立秋日",三、四句略有不同。　② 玉屏:像玉一样洁白的屏风。　③ 一扇风:一阵风。也可实解为摇动纨扇,享受清风。　④ "睡起"两句:境同欧阳修《秋声赋》:"欧阳子方夜读书,闻有声自西南来者,悚然而听之,曰:异哉! 初淅沥以萧飒,忽奔腾而砰湃,如波涛夜惊,风雨骤

至……余谓童子:'此何声也?汝出视之。'童子曰:'星月皎洁,明河在天,四无人声,声在树间。'余曰:'噫嘻悲哉!此秋声也。'"

【今译】

门外的小鸦啼罢散去,眼前的玉屏,分外令人感到凄空。我躺在床上,新凉逼人,窗外又吹来阵阵清风。一觉睡醒,步出门外,想寻那秋声又无处寻觅;只见到满阶洒落着梧桐树叶,万物沉浸在明亮的月光中。

【评解】

这首七绝,以清丽明净的语句,着力渲染了初秋夜晚的萧瑟冷清。第一句是从听觉、视觉上写凉,乳鸦停止了啼叫飞去,夜静无声,使人产生凉意;见到屋中洁白如玉的屏风,又使人油然产生空寂凄清的感觉。这句是采用通感的写法,淳净有味。次句从感觉上写凉。初秋之夜,新凉已生,又吹来阵阵清风,便倍感舒适。三、四句故弄狡狯,听到门外秋天的种种声响——风声、落叶声,出门一看,难觅秋声,唯见明月在天,落叶满阶,而实际上,这落叶便是秋声的结果。这样写,诗便平添波折,音在弦外。全诗写得空灵剔透,将初秋的自然景观与自己的感受细腻曲折地表现出来,境界高迥,清新隽永,充满雅趣。

秋　　夕①

杜　牧

银烛秋光冷画屏②,轻罗小扇扑流萤③。天阶夜色凉如水④,坐看牵牛织女星⑤。

【注释】

① 诗题一作"七夕"。　② 银烛:白蜡烛。　秋光:月光。　③ 轻罗:细绢。轻罗小扇,即团扇。　流萤:飞来飞去的萤火虫。　④ 天阶:宫中的石阶。二字一作"瑶阶"。　⑤ 坐看:一作"卧看"。

【今译】

秋夜,银白色的烛光与月光,照映着冷冷清清的画屏;她拿着把轻罗小扇,扑打着闪亮的流萤。宫中的石阶夜色迷朦,凉意像水一般凄清;她呆呆地坐着,仰望着隔着银河的牛郎织女星。

【评解】

诗用白描为我们展示了这样的一幅幅画面:秋夜,烛光高照,月光皎皎,画屏冷落,一个少女拿着小扇扑打着萤火虫;夜深了,她还不想睡,坐在石阶上,仰望着天上的牛郎织女星。诗没说少女是谁,也没说她想什么,但通过"天阶"二字,我们知道她是一位幽闭深宫的女子,她得不到应有的爱情,在深夜,孤独幽怨,只好注目星空,羡慕一年一度相会的牛郎织女。诗自初夜写到夜深,层层绘出,含蓄深致。末句是点睛,看似写一动作,实质上从侧面衬出了她浓重的愁思。通过这样暗示,前三句所写的凄凉冷清的环境,少女伤怀愁苦与无聊,都有了答案,正如顾乐《唐人万首绝句选》所评:"诗中不着一意,言外含情无限。"孙洙《唐诗三百首》评论本诗特点说:"层层布景,是一幅着色人物画。只'坐看'二字,逗出情思,便通身灵动。"

| 七言绝句 |

中 秋 月①

苏 轼

暮云收尽溢清寒②,银汉无声转玉盘③。此生此夜不长好,明月明年何处看?

【注释】
① 本诗为诗人熙宁十年(1077)中秋在徐州所作《阳关词三首》中第三首。 ② 溢:满溢。这里是散发的意思。 清寒:指清幽寒冷的月光。 ③ 银汉:银河。 玉盘:指月。李白《古朗月行》:"小时不识月,呼作白玉盘。"又李群玉《中秋君山看月》:"汗漫铺澄碧,朦胧吐玉盘。"

【今译】
黄昏时的云彩都已消散,月光洒向大地,散发着幽寒。银河横亘天空寂静无声,月亮升起,像转动着一只玉盘。我这一生遇到过多少个中秋月晚,可大多浪迹江湖,心中不安;明年的今日明月依旧,不知我又在何地把月赏玩。

【评解】
宋人的绝句,往往两句写景,两句抒情,苏轼这首绝句也是如此。前两句擒题写月,但写得很活,在不即不离间。先说云散风轻,清辉满地,铺叙月夜的天空;然后写银汉无声,月轮东上。这样一虚一实,逐次渐进,便使月亮格外精神。"转玉盘"三字,变直述为譬喻,赋予月以形象与动态,十分细致真实。后两句写自己对月情怀,说一生坎坷,颠沛流离,多少次遇上中秋,都心境不好,展望未来,明年的今天,又不知流落何地。苏轼在熙宁四年(1071)至写这首诗的熙宁十年,先后任杭州、密州、河中、徐州等地方官,漂泊不宁,正如他在次年所作《中秋月寄子由》中所说"六年逢此月,五年照离别",所以感慨极深。由于在前两句竭力描绘的月夜美景的烘托下,这两句便显得格外深沉,使人一唱三叹。同时诗用当句对,更加加重语气,增添曲折,渲染出缠绵哀怨的情致。

江 楼 感 旧

赵 嘏

独上江楼思悄然①,月光如水水如天。同来玩月人何在,风景依稀似去年。

【作者简介】
赵嘏,字承祐,山阳(今江苏省淮安县)人。唐武宗会昌四年(844)进士,官渭南尉。他的诗以情致见长,笔力纵放,尤工七言近体。著有《渭南集》。

【注释】
① 悄然:忧愁怅惘意。一作"渺然"。

【今译】

我独自一人登上临江的高楼,思潮滚滚,忧愁无边。月光洒向大地,明净似水,水光澄清,又如同青天。去年同来赏月的朋友,如今不知道流落在何处;眼前所见的空灵明丽的景色,仿佛还是那样,不改当年。

【评解】

这首诗写登楼思人,笔调纡徐舒缓,语浅情深,婉约感人。首句破题写登楼,"独上"二字点睛。因为独上,又情有所钟,所以思绪翩翩,迷蒙惘然,为后面思人做伏。次句写楼上所见,以月、水、天三者交相辉映,一片空灵明丽,描摹出秋色的感人,秋夜的宁静,反衬登楼时思绪的绵邈。后两句入"感旧",着重写物是人非,以景的相同与人的不同作对比,诗人抚今感昔之情,便流露无遗了。诗以前后各两句对照,独上之时,便思同来之人;见水月连天,风景依旧,便思去年登临所见。诗就是如此,看似简淡,实际上结构绵密,令人一唱三叹。

题 临 安 邸①

林 升

山外青山楼外楼,西湖歌舞几时休②?暖风熏得游人醉,直把杭州作汴州③。

【作者简介】

林升,南宋人,生平不详。宋蔡正孙《唐宋千家联珠诗格》收本诗,题作"西湖",署"林梦井",或名升,字梦井。明田汝成《西湖游览志余》卷二谓字梦屏,于孝宗淳熙年间(1174—1189)曾旅经临安。

【注释】

① 临安:南宋都城,即今浙江省杭州市。 邸:旅店。 ② 休:停止,休止。 ③ 直:简直。 汴州:北宋都城,今河南省开封市。

【今译】

青山连着青山,高楼接着高楼;西湖内外,这喧嚣的歌舞什么时候才能消停罢休?扑面的暖风熏得游人昏昏如醉,简直把杭州当作了汴州!

【评解】

宋南渡后,偏安一隅,上自帝王将相,下至士子商人,沉沦奢侈享乐,在西湖上买醉歌乐,一时西湖有"销金锅"之号。一些爱国志士,对此义愤填膺,纷纷指责统治者醉生梦死,不顾国计民生。这首诗的作者是个默默无闻的读书人,由于诗辛辣讽刺了时政,引起了很多人强烈的共鸣,成为传诵最广的咏西湖的诗。原诗题在旅舍壁上,没有诗题,现题为后人所加。诗以景起兴,首句用粗笔浓墨涂抹出西湖天然景色与人工建筑,概括了当时的繁荣景况,被后人指为西湖象征性的品题。"楼外楼"三字,点出了繁盛,因而次句接写人,写山中、楼中、湖中人的歌舞享乐。诗以"几时休"设问,便包括进了自己的爱憎。后两句进一步写人,结合议论。"暖风"是实指,也是影射上句靡靡腐败之风,因此诗人认为,正是此等风使人把杭州当作汴州,忘了国耻;同时也忧虑,这风吹下去,杭州难免会落得与汴州一样的下场。诗虽然具有强烈的讽刺意味,但毫不刻露,巧妙地通过提问、旁述、对举等手法,使诗的底蕴十分深厚。

晓出净慈寺送林子方①

杨万里

毕竟西湖六月中②,风光不与四时同。接天莲叶无穷碧,映日荷花别样红③。

【注释】

① 此诗原题作"西湖",署苏轼作,现据杨万里《诚斋集》改正。 净慈寺:位于浙江杭州西湖的南面,南为南屏山,北为夕阳山,是杭州名刹之一。 林子方:名枅,莆田(今属福建)人。绍兴进士,历任秘书省正字、监司、福建路转运判官。 ② 毕竟:到底。 ③ 别样:非同一般,特别。

【今译】

到底是西湖的六月里,风光与四季中任何时候都不相同。满湖碧绿的荷叶密密地直排到天边,荷花在初阳的照耀下,又是那么地红。

【评解】

六月的清晨,诗人送好友林子方离开临湖的净慈寺。一到湖边,他被自己素来喜爱的西湖景色所深深陶醉,写了这首诗。诗前两句看上去很率意,几乎像是未经思考,脱口而出,却为后两句作了铺垫,提供了强烈的悬念,又点明了时地。三、四句铺陈不同于四时的六月的独有景色——满湖的荷花。在写时又将叶与花分开写,叶是"无穷碧",花是"别样红",以鲜明的色彩,勾成浓艳的画面,表现欢快的心情。尤为可贵的是,诗不仅写出六月与四时的不同,因诗写的是清晨,更有其清晨的特点:太阳刚出来,光线还不强,西湖就显得格外广阔;清晨的荷叶,也比白天更为碧绿、挺拔;初阳的光辉,本带微红,照在红色的荷花上,又布上了一层红晕,便红得"别样"。从这些,都可看出杨万里的匠心。

饮湖上初晴后雨

苏 轼

水光潋滟晴方好①,山色空濛雨亦奇②。欲把西湖比西子③,淡妆浓抹总相宜。

【注释】

① 潋滟(liàn yàn):水光闪动貌。 ② 空濛:形容雨中雾气迷濛。苏轼很喜欢用"潋滟"、"空濛"概括西湖湖山之美,如《次韵仲殊雪中游西湖》:"水光潋滟犹浮碧,山色空濛已敛昏。" ③ 西子:即西施,春秋时越国著名的美女。苏轼对此比喻很得意,多次运用,如《次韵刘景文登介亭》:"西湖真西子,烟树点眉目。"《次韵

答马忠玉》:"只有西湖似西子,故应宛转为君容。"

【今译】

晴天,阳光在水面上跳跃闪烁,是多么地迷人;雨天,朦胧的雾气在山峦中回旋,又是那么地奇妙。我禁不住把西湖与西施作一番比较;不管是淡妆还是浓抹,都是那样婀娜,那样多娇。

【评解】

诗前两句分写西湖晴与雨的景色:阳光普照着西湖的水面,波光粼粼,有一种静态的、开朗的美;雨丝风片,雾气缭绕着远近山峦,又是一派动态的、朦胧的美。诗把西湖最有特色的现象摄入了诗中,所以查慎行《初白庵诗评》说:"多少西湖诗被二语扫尽,何处着一毫脂粉色。"后两句由湖光山色的美,想到人的美,便将二者并列,说西湖与西施一样,不管是浓抹,还是淡妆,都是那么地迷人。诗中"淡妆浓抹"用拟人化手法,比喻很贴切,同时又与前两句呼应:水光潋滟的晴是淡妆,形象鲜明;山色空濛的雨是浓抹,形象朦胧。这样,写情的后两句又与写景的前两句串成一气,滴水不漏。因了诗人的高度概括,杭州西湖便多了个响亮的名称——西子湖。

入 直

周必大

绿槐夹道入昏鸦②,敕使传宣坐赐茶③。归到玉堂清不寐④,月钩初上紫薇花⑤。

【作者简介】

周必大(1126—1204),字子充,又字洪道,自号平园老叟,吉州庐陵(今江西省吉安市)人。绍兴二十一年(1151)进士,历官中书舍人、枢密使,孝宗时拜相。封益国公,卒谥文忠。著有《玉堂类稿》等。

【注释】

① 诗题原集作"入直召对选德殿赐茶而退"。 ② 昏鸦:黄昏时归巢的乌鸦。 ③ 敕使:传达皇帝令旨的中官。 ④ 玉堂:翰林院的别称。 ⑤ 清:指神志兴奋,对昏昏欲睡而言。 ⑤ 紫薇花:花名,夏季开。唐中书省栽紫薇,详后白居易《紫薇花》诗注。

【今译】

道路两旁绿槐森森,聚集着傍晚归巢的乌鸦;敕使传旨皇上召见,赐我座位,又赐饮香茶。回到翰林院里,我兴奋得难以入睡,只见那一钩新月升起,照着满院的紫薇花。

【评解】

这首诗写自己在翰林院夜值时的奇遇。首句描绘宫中黄昏景色,是夜值开始;次句写受到皇上召见宠爱,记事;第三句写回翰林院后兴奋的心情;末尾再次描写景物,以衬托心中的激动。诗在内容上没什么可取,因为入宫夜值、接近帝禁是文人艳羡的事,蒙皇帝召见赐座赐茶又是不世之优典,所以《千家诗》的编者予以选入,有激励后生小子好好读书,"书中自有千钟粟"的意思。不过,诗在艺术上不无可取之处。诗以景起,以景结,中两句写情,是绝句常用手法,可供仿效。末句暗用紫薇花典,含蓄双关,也非俗手能到。同时,诗以清丽的景物、清幽的境界,与自己不平静的心情相映照,衬托心中的喜悦,颇见匠心。

夏日登车盖亭①

蔡 确

纸屏石枕竹方床②,手倦抛书午梦长。睡起莞然成独笑,数声渔笛在沧浪③。

【作者简介】

蔡确(1037—1093),字持正,泉州晋江(今属福建省)人。宋嘉祐四年(1059)进士,历官御史丞、参知政事,元丰中拜相。后遭贬,安置新州卒。

【注释】

① 车盖亭:在今湖北安陆县。　② 纸屏:用皮纸制成的屏风。　竹方床:竹榻。　③ "睡起"二句:暗用《楚辞·渔父》:渔父莞然而笑,鼓枻而去,乃歌曰:"沧浪之水清兮,可以濯吾缨;沧浪之水浊兮,可以濯吾足。"莞然,微笑的样子。沧浪,水名,在湖北。这里指流经安陆的涢水。

【今译】

用纸做的屏风遮挡,枕着石枕,躺上竹床。看书看累了,便顺手放下,安然入睡,午梦悠长。一觉醒来,心情舒畅,不禁独自莞然微笑:远远听见数声渔笛,回荡在宽广的江上。

【评解】

元祐年间,蔡确贬官安州(今湖北安陆),夏日登车盖亭,作了十首诗,这里选的是第三首。诗着意刻画贬官后的闲散与对隐居生活的向往,是看破世情的味道语。登车盖亭是夏天,但诗起首却以纸屏、石枕、竹床勾出一个清幽的环境,使人顿觉气爽神清,也写出了诗人自己的意趣。在这样的环境中,他看了会书,倦了便安然入睡。这第二句,逼真地写出了自己的惬意恬适。三、四句,直写醒后。醒后莞然微笑,可见睡得很舒服,呼应睡前;末句则以一个象征性画面,暗用《楚辞》典切眼前景,寄托对人生的认识,表明自己淡泊名利及对自由自在的生活的赞羡。沈义父《乐府指迷》说:"结句要放开,含有余不尽之意,以景结情最好。"这首诗即以景结情,含蓄有味,达到了沈义父所说的标准。

直玉堂作

洪咨夔

禁门深锁寂无哗①,浓墨淋漓两相麻②。唱彻五更天未晓③,一墀月浸紫薇花④。

【作者简介】

洪咨夔(1176—1235),字舜俞,号平斋,临安(今浙江省杭州市)人。宋嘉定元年

(1208)进士,历官刑部尚书、翰林学士、知制诰。卒谥忠文。著有《平斋文集》。

【注释】

① 禁门:皇宫的门。　② 相麻:任命宰相的旨令。此令照例写在黄麻纸上。　③ 唱:指宫中报晓的鸡人大声报晓。　④ 墀:宫中的台阶。

【今译】

皇宫的重门紧紧地闭锁,四周一派寂静无哗;我蘸着浓墨,挥笔疾书,撰写着任命左右丞相的黄麻。鸡人高声传唱五更已到,可天还没有完全亮;那洁白的月光似水,照着玉阶和紫薇花。

【评解】

这首诗的内容与周必大的《入直》诗内容相仿,都写受到皇帝优遇后的心情。不同的是,周必大写的是抑制不住的兴奋,洪咨夔表现的是心中的得意;周必大写的是夜的片断,洪咨夔写的是整晚。诗与所有夜值诗相同,先写宫中的沉寂,不过变写景为自述,质朴无华。次句写撰拜相诏令,说自己奋笔直书,笔墨淋漓。草黄麻是莫大的荣誉,所以诗自夸文思敏捷,妙笔生花,得意之情溢于言表。第三句写天尚未明,补足前句。末句写院中景物,将情藏景中,收得纡徐舒缓。诗娓娓道来,清通简捷,是典型的翰苑之笔。

竹　　楼①

李嘉祐

傲吏身闲笑五侯②,西江取竹起高楼③。南风不用蒲葵扇④,纱帽闲眠对水鸥⑤。

【作者简介】

李嘉祐(719—781?),字从一,赵州(今河北省赵县)人。唐玄宗天宝七载(748)进士,历官台州、袁州刺史。诗擅近体,精炼清婉。著有《台阁集》。

【注释】

① 诗题原集作《寄王舍人竹楼》。　② 傲吏:指为官而傲世不羁之人。　五侯:见前韩翃《寒食》诗注。　③ 西江:即江西。　南风:指暑天之风。　蒲葵扇:即蒲扇。蒲葵是一种状如棕榈的乔木,叶可制扇。　⑤ 纱帽:乌纱帽,官员所戴。

【今译】

你虽然官品低下,但品格傲岸,轻视五侯;从西江伐来竹子,盖了座高高的竹楼。南风徐徐吹来,用不着摇动蒲扇驱暑;连乌纱帽也懒得脱,闲躺楼上,对着水中的白鸥。

【评解】

这首小诗是题王舍人竹楼的,实质是为王舍人写照。王舍人虽然是个官员,但身居闲职,蔑视功名富贵,过着随心所欲、脱略形骸的生活。诗首句写明王舍人的身份性格,以下三句,便为首句做注脚。身为官员,却伐竹造楼,可见其"身闲",造的又是竹楼,点出他与众不同的意趣。在竹楼上享受清风,高卧避暑,又是"闲"的表现;"对水鸥"暗用《列子》中"鸥鸟忘机"典,说明他心志恬淡;而连纱帽也不脱就躺下,更见豪爽放荡,呼应"傲吏"二字。诗写得意象丰富,全面勾勒出王舍人的行事、心志。这位王舍人看来是得罪了权官而遭贬谪的人,所以能如此闲散,从诗人对其赞赏中,也可见诗人自己的品格。

直中书省①

白居易

丝纶阁下文章静②,钟鼓楼中刻漏长③。独坐黄昏谁是伴?紫薇花对紫薇郎④。

【作者简介】

白居易(772—846),字乐天,晚号香山居士,下邽(今陕西省渭南县)人。唐德宗贞元进士,历官翰林学士、左拾遗,贬江州司马,复由中书舍人出为杭州、苏州刺史,官至刑部尚书。他提倡诗歌反映现实,以今乐府及歌行著名,语言通俗浅近。著有《白氏长庆集》。

【注释】

① 诗题白居易集作"紫薇花"。中书省是代皇帝拟定政策诏令的机关,因省院中多植紫薇,曾改名紫薇省。 ② 丝纶阁:指皇帝颁发诏书之处,即中书省。丝纶二字出《礼记》"王言如丝,其出如纶",意为帝王极细微如丝般的话也会产生巨大的作用。 文章:白居易集作"文书",当从。 ③ 钟鼓楼:宫中击钟敲鼓来报清晨、夜晚到来的小楼。 刻漏:有刻度的漏壶,漏水以计时辰。 ④ 紫薇郎:中书舍人。白居易时官中书舍人。

【今译】

中书省里没文书要草分外宁静,钟鼓楼中的刻漏是那么悠长。黄昏中独个儿坐着有谁作伴?只有紫薇花对着我这紫薇郎。

【评解】

这首诗写诗人在内阁当值时的感受,总体突出一个"静"字。署内没有作文书诏令的任务,十分空闲,是心情闲静;百官早已退朝,只听见漏壶滴水声,是以声音衬静;黄昏独坐,对着院中的紫薇花,则物我俱入静态了。而在写静时,诗人的寂寞也从语句中流出。诗在白居易绝句中只能算中下之品,仅仅末句"紫薇花对紫薇郎"叠用两个"紫薇",人服其工巧,遂成夜直典故。平心而论,此句已带有纤巧求新之病,开宋诗风气。《千家诗》因为是给儿童读的,追求劝进、激励的功用,所以选了这首诗,同时还选了周必大《入直》、洪咨夔《直玉堂作》等值夜绝句,将三诗合在一起读,可以看出白诗对周、洪之作的影响。

观书有感①

朱熹

半亩方塘一鉴开②,天光云影共徘徊③。问渠那得清如许④?为有源头活水来⑤。

【注释】

① 这是朱熹《观书有感》二首中的第一首。　② 鉴:镜子。　开:打开。古代镜子用铜铸成,镜面磨光,平时用锦袱盖上,用时打开。　③ 徘徊:来回走动。此指倒影不停地荡漾晃动。　④ 渠:它。指方塘。如许:如此,这么。　⑤ 活水:流动的水。

【今译】

半亩大小的方塘犹如一面明镜打开,水光里荡漾着蓝蓝的天空,白白的云彩。我忍不住动问:池塘啊,你怎么会如此清澈见底?喏,因为上游不断有活水灌注进来。

【评解】

清澈的池塘荡漾着波光云影,这一派美妙的景色,令人陶醉。于是,诗人抓住景色的特点——水清加以发挥,唯有水清才会如镜,才能倒映变化无穷的天象。可水何以清呢?是因为上流不断有活水补充。从字面上来看,这是写景诗,以轻松活泼的语言,对明澈似镜的方塘进行赞美。可是当你注意到诗题后,方领会到这位大哲学家原来是借自然界的实例阐明一个道理:一个人要心地澄明,知识渊博,才能如实地对各种事情作出反映和判断,才能充分认清各种道理;而要做到这点,就得不断地学习,补充新的知识,犹如水塘不断注入活水才不会积滞混浊。

泛　　舟①

朱　熹

昨夜江边春水生,艨艟巨舰一毛轻②。向来枉费推移力③,此日中流自在行。

【注释】

① 诗原为朱熹《观书有感二首》之二,诗题为编者拟改。　② 艨艟(méng chōng):古代巨型战舰。此指大船。　③ 向来:原先。　推移力:用人工推挽牵拉。

【今译】

昨晚江中春潮悄悄地上涨,那巨大的船舶像一根鸿毛飘浮水上。原先白白地对它推拉牵挽,如今它在江心自在地航行来往。

【评解】

这首诗与前一首一样,也是阐述自己读书的心得。诗用涨水前后船行水上的情况作比,说明一个人解决问题的能力与知识的积累有重要关系。诗人在诗中解说,当一个人书读的少时,就如水枯时,那些艰深的问题,犹如水中的巨舰,你费尽了力气,仍然无法解决;但一旦掌握了丰富的知识,就如船行深水,来往自如,原先束手无策的问题,如今解决时游刃有余。诗与上一首相合,从不同的角度上论证了读书的重要性。虽然是讲理,由于是诗人自己深有感触而后发,且通过具体而又形象的比喻来阐发,所以表现得很生动,很容易为人所接受,并产生共鸣。

|七言绝句|

冷 泉 亭①

林 稹

一泓清可沁诗脾②,冷暖年来只自知③。流出西湖载歌舞④,回头不似在山时⑤。

【作者简介】
林稹,字丹山,南宋时人,生平不详。

【注释】
① 诗题一作"冷泉"。冷泉亭,在浙江杭州灵隐寺前飞来峰下。亭前有冷泉,流入西湖。"冷泉"二字为唐白居易书,"亭"字为宋苏轼书。 ② 诗脾:犹"诗肠",指诗思、诗兴。 ③ 只自知:用佛家语"如鱼饮水,冷暖自知"(《传灯录》)意,表示别人无法理解。 ④ 流出:一作"流向",当从。 载歌舞:载着歌舞的游船。 ⑤ 这两句用杜甫《佳人》诗"在山泉水清,出山泉水浊"意,说冷泉一旦与西湖水同流合污,便失去了在山时的清澄。

【今译】
一泓清澄的山泉,沁人心脾,引起诗人无尽的诗思;年复一年,泉的冷暖,除了自己,又有谁知?它流呀流呀,流入了西湖,浮载着歌舞画舫;那时候,它的情况,已不同于在山之时。

【评解】
这首题冷泉亭的诗,在"冷"字上做文章,发表心中的感慨。前两句赞扬在山泉水的清澈。冷暖只自知,切"冷泉",固是从水温而言,更多的注意力在乎世情的冷热。后两句即写世情的热,以西湖上的歌舞繁华作代表,将出山之水与在山之水比较,表示惋惜。全诗是以冷泉作譬,一方面有感于当时官僚富户穷奢极侈,对"暖风吹得游人醉,直把杭州作汴州"的腐朽现象不满;一方面以此揭示处世的准则,劝勉人们要慎始慎终、洁身自好。在题写山水名胜时,不忘警醒世人,把说理与写景结合,是本诗的特点,也是宋人绝句经常采用的手法。唐白居易有首《白云泉》诗云:"天平山上白云泉,云自无心水自闲。何必奔冲山下去,更添波浪向人间。"赞叹泉水在山时的悠闲,以出山之水喻世路坎坷,用意与林稹诗差不多,可以合在一起参读。

赠 刘 景 文①

苏 轼

荷尽已无擎雨盖②,菊残犹有傲霜枝。一年好景君须记,最是橙黄橘绿时③。

【注释】
① 刘景文:刘季孙。见前刘季孙《题屏》诗"作者简介"。 ② 擎雨盖:指伞形的荷叶。 ③ 最是:一作

"正是"。 橙黄橘绿时:指初冬。

【今译】

荷花已经凋残,失去了那雨伞般高举的荷叶;菊花已经枯谢,仍剩下凌风傲霜的花枝。一年中景物无数,那最好的季节你要牢记:就是初冬——这橙子黄了橘子绿了之时。

【评解】

读这首诗,我们很明显可以感受到,诗与前面已入选的韩愈《初春小雨》构思造句完全相同。诗前两句用流水对,重点写初冬景物,选取了荷花与菊两种花作代表,说明时令,写得很具体细微,且同中有异,"已无"与"犹有"对举,使写实与写意兼备。后两句通过议论,表达对初冬季节的赞美。"橙黄橘绿",既是作为初冬季节的代词,又以其丰富的意象作上两句景物的补充。苏轼这首诗作于元祐五年(1090),他当时任杭州知州,刘季孙任两浙兵马都监。刘季孙生平慷慨大度,但失意潦倒,苏轼作过多首诗对他推许并为他抱不平。在这首绝句中,苏轼是借菊花宁可枝头抱香死、残枝傲霜的精神,及橙橘在冬天常绿的品格,称赞刘季孙,并勉励他在逆境中要继续奋斗,显示自己豁达开朗的襟怀。全诗融写景、咏物、赞人于一体,有明写,有暗喻,情景俱胜,所以《苏诗选评笺释》评为"浅语遥情"。

枫 桥 夜 泊①

张 继

月落乌啼霜满天,江枫渔火对愁眠②。姑苏城外寒山寺③,夜半钟声到客船。

【作者简介】

张继,字懿孙,襄州(今湖北襄樊市)人。唐玄宗天宝十二载(753)进士,历官盐铁判官、祠部员外郎。诗清迥深秀,天然淳朴。著有《张祠部诗集》。

【注释】

① 枫桥:亦名封桥,在今江苏省苏州市西郊。 ② 江枫:一作"江村"。 ③ 姑苏:苏州的古称,因西南有姑苏山而得名。 寒山寺:在枫桥附近,始建于南朝,相传唐高僧寒山居此,因得名。

【今译】

月亮西落,栖鸦阵阵啼鸣,寒霜无声地下降,弥漫了夜天;我对着江边的枫树,眼见渔火点点,满怀着忧愁,彻夜难眠。我乘坐的小舟悄悄地停泊着,在那姑苏城外,寒山寺前;半夜里寺中敲响了阵阵钟声,悠悠荡荡,传到了我的耳边。

【评解】

这首诗写诗人在深秋夜晚经过枫桥时的所见所感,随手拈来,得自然趣味。首句以月落言天将亮,乌啼衬夜静,霜满天表明季节,渲染出凄清的氛围,暗点诗人愁思萦绕,彻夜未睡。第二句追叙天明以前的事,以江枫、渔火,概指夜来所见,"对愁眠"三字直点,倾吐羁旅愁绪。三、四句转写景为叙事,通过写钟声,既打破了半夜的寂静,又增加了半夜的寂静,反衬出诗人心中深刻的感触。描写景物的诗,当然应该生动逼真地重现景物,更重要的是要通过景物表现人物的内心活动,所谓"一切景语皆情语",就是这个道理。这首诗,首句是天将晓时所见所闻,次句是整夜所对,末句是夜半所听,都以因愁而难眠贯穿,一切景色便都带上了诗人的感情色彩,蒙上了浓重的愁绪。从此出发,诗人又有意将时序倒置,突出一夜愁情。于是,诗以融浑的意境,奇妙的章法,具有撼人心魄的魅力,成为千古绝唱。

寒 夜

杜耒

寒夜客来茶当酒①,竹炉汤沸火初红②。寻常一样窗前月,才有梅花便不同③。

【作者简介】

杜耒,字子野,号小山,旴江(今江西省抚州市)人。南宋宁宗时为淮东安抚制置使许国幕僚。宝庆元年(1225)许国为义军杀,杜耒亦死于战乱。

【注释】

① 当:当作。　② 竹炉:一种烧炭的小火炉,外壳用竹子编成,炉壁用泥,中间有铁栅,隔为上下。古人常用来烹茶。 汤:即水。　③ 才有:同"一有"。

【今译】

寒冷的夜晚,客人来了,我冲上杯清茶权当作酒;竹炉上水在沸腾,炭火烧得正红。照在窗前的月光,与往常没有什么两样;可今儿添上了梅花的清香,便使人觉得大不相同。

【评解】

前两句写诗人与来客夜间在火炉前向火深谈,喝着清茶;屋外是寒气逼人,屋内却温暖如春,诗人的心情也与屋外的境地迥别。后两句换个角度,以写景融入说理,说主客两人交谈得很投机,有意无意地牵入梅花,以作暗示。诗人写梅,固然是赞叹梅的高洁,更多的是称赞来客,看似随意而出,却很形象地反映了诗人喜悦心情。所以黄升《玉林清话》对之赞不绝口,并指出苏泂《金陵》诗"人家一样垂杨柳,种在宫墙自不同"与杜耒诗意思相同,都意有旁指。"寒夜客来茶当酒"在今天已成熟词,人人会说,如细细品味,意思很深厚。首先客人来了,主人不备酒,这客人定是常客,熟客,主人不必过分拘泥礼节;其次,在寒夜有兴趣过访的,一定不是俗人,他与主人一定有共同的意趣,所以煮茗清谈,最为适合,不在乎有没有酒。可见,好诗要多品,不要因其琅琅上口,似乎很浅显,就一读而过。否则,哪天来了贵客、稀客,必须执礼盛待,你也来句"寒夜客来茶当酒"恐怕效果会适得其反。

霜 月

李商隐

初闻征雁已无蝉①,百尺楼高水接天。青女素娥俱耐冷②,月中霜里斗婵娟③。

【作者简介】

李商隐(812—858?),字义山,号玉溪生,河内(今河南省沁阳县)人。唐文宗开成二年(837)进士,官秘书省校书郎,后历入郑亚、柳宗郢幕,官检校工部员外郎。诗与杜牧齐名,尤工七言,构思缜密,想象丰富,语言优美,用典工稳。著有《李义山诗集》。

【注释】

① 征雁:此指南飞的大雁。　② 青女:司霜雪的仙女。　素娥:即嫦娥。　③ 婵娟:美好的姿容。

【今译】

繁噪的蝉声已经消歇,空中传来阵阵南飞的雁鸣;我站在高楼上远眺,烟波浩渺,远与天连。天上的青女与嫦娥,都经得起寒冷的考验;她们在月宫里,在浓霜中,正展露芳姿,争美斗妍。

【评解】

诗咏霜与月,首句便勾勒伴随霜月的节物:鸿雁南飞,鸣蝉断声。一实一虚,点出秋令,又以鸿雁的鸣声,衬托环境的安静。次句写夜景,水天相接,澄净空明,创造了清幽、冷寂的氛围。诗没有写霜与月,但霜月已包涵其中,令人可以想见。正如《李义山诗集辑评》引何焯语所云:"第二句先写霜月之光,最接得妙。"纪昀也赞道:"次句极写摇落高寒之意,则人不耐冷可知。妙不说破,只以对面衬映之。"三、四句咏霜月,但又不从正面绘形,而从环境的凄冷联想到传说中的青女与嫦娥,于是产生了她们不怕冷的奇思;更由夜色的皎洁,推断她们正在天上比试姿容。通过想象,既描绘了夜景,又暗示了自己的寒寂。李商隐的小诗善于创造朦胧幽幻的世界,这首诗用笔空灵玄妙,以缥缈的诗境寄托自己高洁的品格,情深意永,不露迹象,历来为人赞赏。

梅

王 淇

不受尘埃半点侵①,竹篱茅舍自甘心。只因误识林和靖②,惹得诗人说到今。

【注释】

① 侵:沾染。　② 林和靖:林逋,以咏梅出名。详本书七律中林逋《梅花》诗。

【今译】

不受半点尘埃的沾染,心甘情愿在竹篱边茅舍旁生长。只因为不幸得到林和靖的欣赏,惹得诗人们直到今天还说个没完。

【评解】

这首咏梅诗,前两句从正面讲。梅花遗世独立,不沾染人间的灰尘浊气,心甘情愿地伴着竹篱茅舍,傲雪凌霜,默默开放。这两句,通过梅花所处的环境,高度赞扬了梅花的高标绝俗。后两句从侧面烘托。梅花甘于寂寞,不求人知,但误被林和靖所赏识,被他一宣扬,引起了人们的注意,惹得诗人纷纷作诗赞赏。这两句实质仍是赞梅,但用调侃诙谐的手法,加深了读者对梅的高雅品格的认识。诗用拟人化手法写梅,同时也是以梅来比拟隐士高人的清高品质,倾吐自己的志向,这样双向结合,使本诗在众多的咏梅诗中独居一格。

早　　春

白玉蟾

　　南枝才放两三花①,雪里吟香弄粉些②。淡淡著烟浓著月,深深笼水浅笼沙。

【作者简介】

　　白玉蟾,即葛长庚,字如晦,号海琼子,南宋道士,闽清(今属福建省)人。曾过继给白氏。工诗善画,著有《海琼集》。

【注释】

　　① 南枝:向南的枝条。诗用《白孔六帖》九九"大庾岭上梅,南枝落,北枝开"典,以南枝强调早梅。② 弄粉:欣赏花的颜色。　些:语助。

【今译】

　　那朝南横斜的枝干,刚刚开放了两三朵梅花;我在雪中吟咏它的芬芳,欣赏它红色的花瓣。那淡淡的香气在烟雾中弥漫,那艳丽的花儿在月光中灿烂。月光把树影投在水中是那么深郁,投在沙滩上又显得朦胧浅淡。

【评解】

　　诗题是"早春",而最能体现春天预兆的是梅花,所以诗人便通过咏梅来展现春的到来。诗前两句写"早",朝南的枝条刚开了几朵花,在白雪中暗香袭人,容光焕然。这两句,活现了梅的神采,可媲美唐诗人齐己的《早梅》诗"前村深雪里,昨夜一支开",提供了丰富的意象,给人以美的感受。三、四句以工整的当句对,用素描手法刻画梅花在月夜的神韵。"淡淡著烟"承"吟香",说在烟雾中梅花散发着幽香;"浓著月"承"弄粉",说梅花色彩鲜丽,在月光下清晰可见。末句又承第三句的"月",写月光下的树影在水中与沙上的不同。诗分述烟、月、水、沙中所见之梅,生动逼真,细致工巧,构成了一幅意境优美的月夜早梅图。

雪　　梅(其一)

卢梅坡

　　梅雪争春未肯降①,骚人阁笔费平章②。梅须逊雪三分白,雪却输梅一段香。

【作者简介】

　　卢梅坡,宋朝人,生平事迹不详。

【注释】

① 降:降服,认输。　② 骚人:诗人。　平章:品评。

【今译】

梅雪争春,谁也不肯认输退让;诗人我难下结论,放下笔反复思量。梅确实比雪少了三分洁白,雪却比梅少了一段清香。

【评解】

这是一首说理诗。诗首先揭出梅雪争春,提出问题,说要将二者定出优劣,十分困难。梅与雪都以自己各自的特点,迎接着春的到来,历来受到诗人的赞扬,因此诗人为之踌躇了许久。然后,诗人补足"费平章"的原因:梅与雪比,在洁白上输了一筹,但却比雪多了迷人的清香。这是客观的分析,也是对梅与雪的考评,既然它们各有所长,还争竞些什么?诗虽然全是议论,但能抓住雪、梅的同异,说得妙趣横溢,如将这意思引申到生活中去,想必也会给读者以深刻的启示。

雪　梅(其二)

卢梅坡

有梅无雪不精神①,有雪无诗俗了人。日暮诗成天又雪,与梅并作十分春②。

【注释】

① 精神:神采风韵。　② 十分春:完美无缺的春色。

【今译】

有梅花,没有飞雪,显不出梅的神采风韵;有飞雪,没有诗篇,也使人感到浅俗粗恶。傍晚时写好诗,天又下起了大雪,与盛开的梅花一起,凑成了十分的春色。

【评解】

这首诗是上首的继续。梅雪既然各有特色,都为春色增加了风采,诗人因此进一步思考:有梅无雪,固然不佳;有雪无梅,也难令人满意。而自然界一切景物都是以人为中心,受人的意志情调所支配,没有雅人的赏鉴,便失去了意义。于是他将自己融入诗中,以吟诗作为高洁傲岸的梅雪的陪伴,说自己作完了诗,天正好下起了大雪,梅花冲寒盛开,于是三美俱齐,合成了十分春意。诗不但说明好的事物和能相互配合陪衬便具有更高的价值,又进一步否定了上首所述梅雪的相争,表达自己爱梅雪、具有梅雪般高雅纯洁的标格。诗仍以议论出之,但在风格上比上首更为跳脱快畅。

答钟弱翁①

牧　童

草铺横野六七里②,笛弄晚风三四声③。归来饭饱黄昏后,不脱蓑衣卧月明。

【注释】
① 钟弱翁：钟傅，字弱翁，北宋饶州乐平（今属江西省）人。历官集贤修撰、龙图阁直学士。 ② 横野：广阔的原野。 六七里：约指，意为宽广。 ③ 弄：吹笛。

【今译】
茂盛的青草长满了原野，远远近近，绿意宜人；我吹奏着短笛，晚风中缭绕着悠扬的乐声。回到家中饱餐一顿，时间刚过了黄昏；就这样和着蓑衣躺下，明亮的月光照着我身。

【评解】
这首诗的作者不详，诗人以牧童自称，写的也是牧童的生活。诗要告诉别人自己是那么地悠闲自得、无忧无虑，便摄取了一天中最有韵味的傍晚时分的所作所为来说明。前两句说旷野草长，一片葱青，自己在晚风中吹着笛子回家。诗没写牛羊，自然令人想见《诗经》中"日既夕矣，羊牛下来"的场面，静穆清新，充满乡村气息。后两句写夜晚饭饱，无所事事，和衣卧月，在从容不迫、惬意自适中透出自己的隐趣。诗全从自己一方面写，但回照诗题所答的是一位朝廷大臣，便自然令人想到朝臣听鼓入朝，沉浮官场的局促，加深了诗人啸傲山林、自我满足的意趣。

泊　秦　淮①

杜牧

烟笼寒水月笼沙，夜泊秦淮近酒家②。商女不知亡国恨③，隔江犹唱后庭花④。

【注释】
① 秦淮：河名。发源于江苏溧水县东北，西流经南京入长江。 ② 酒家：秦淮河为当时游览胜地，两岸酒楼妓馆林立。 ③ 商女：歌女。 ④ 江：即指秦淮河。 后庭花：《玉树后庭花》的简称。陈后主荒于声色，日与狎客、妃嫔饮酒取乐，导致亡国。《玉树后庭花》为陈后主所作，词甚哀怨，有"玉树后庭花，花开不复久"，人以为失国之谶。后世均以此曲为亡国之音。

【今译】
淡淡的烟雾，朦胧的月光，笼罩着凄冷的河水，寂寥的沙滩。晚上我的小船停泊在秦淮河边，靠近那一座座酒楼娼馆。歌女们不知道六朝亡国遗恨，只知道卖笑追欢；隔江传来了阵阵歌声，正在把《玉树后庭花》演唱。

【评解】
金陵为六朝旧都，历代繁华之地；秦淮河又是著名的歌舞欢场。诗人晚上泊舟此地，怀古悠思，油然而生，即事寓意，写了这首深婉含蓄的名作。六朝豪华，已成云烟，配合伤悼思绪，诗首句便勾勒了一个朦胧迷离的境界。"烟笼寒水月笼沙"，烟、月是互文，诗用两个"笼"字，生动地将水、沙在轻烟冷月笼罩下的景色融合在一起，然后点出时、地，以"近酒家"逗起下文。三、四句即事生感。酒家中卖唱的女子，不知六朝亡国之恨，还在唱着《玉树后庭花》这亡国之音，写实事。"亡国恨"是诗中主脑，既点明上两句写景实寓怀古，又寄托对今事的忧虑。唐朝当时已走向没落,诗人表面上是说商女,实质上斥责纵情声色的达官贵人。言外有意,象外有旨,表达了他深沉的哀痛。全诗音节流利,韵味深至,所以被沈德潜叹为绝唱。

归 雁

钱 起

潇湘何事等闲回①?水碧沙明两岸苔②。二十五弦弹夜月③,不胜清怨却飞来④。

【作者简介】

钱起(722—780),字仲文,吴兴(今浙江省湖州市)人。唐玄宗天宝十载(751)进士,历官校书郎、考功郎中、翰林学士。他是"大历十才子"之一,诗讲究锤炼,洗练清丽,饶有韵味。著有《钱仲文集》。

【注释】

① 潇湘:潇水与湘水。都在今湖南省境内,此即代指湖南一带。传湖南衡阳有回雁峰,北雁南飞,至此即返。 等闲:随便,无端。 ② 水碧沙明:指潇湘在夜间水清沙白。《湘中记》载:"湘水至清,虽深五六丈,见底了了然……白沙如雪。" ③ 二十五弦:指瑟。传说舜南巡不归,其妃娥皇、女英追寻到潇湘,投水而死,成为湘水之神,称湘妃、湘灵。每到月白风清之夜,便在湘水上鼓瑟,声音凄凉哀怨。 ④ 不胜:不堪,受不了。

【今译】

北归的大雁啊,你们为什么轻易从潇湘离开?那儿的水是那么地清,沙是那么地白,还有两岸可爱的青苔。哦,是因为湘妃在朦朦月光下,不停地把瑟鼓弄;我们再也忍受不了那清怨的曲调,只好飞回你这里来。

【评解】

这首诗写见到归雁后引起的联想,写得清新俊逸,珠圆玉润。前两句是发问,通过雁北归,联想到雁所处的潇湘幽静美丽的景色,加深疑惑。后两句是回答,即在潇湘上注目,引入湘灵鼓瑟的典故,突出清幽环境中的凄迷哀怨的气氛,说明雁北飞的原因。全诗以奇特的构思与丰富的想象,组合出哀丽凄凉的境界,加上空灵清致的笔墨,表现自己见归雁的感受。诗避开了历来写归雁直接抒发思乡情感的写法,把羁旅情怀在环境的衬托下婉转地在言外予以暗露,所以分外蕴藉感人。

题 壁

无名氏

一团茅草乱蓬蓬①,蓦地烧天蓦地空②。争似满炉煴榾柮③,漫腾腾地暖烘烘。

| 七言绝句 |

【注释】

① 乱蓬蓬:杂乱蓬松。　② 蓦地:一下子,突然。　③ 煨:用小火烧烤。　榾柮(gǔ duò):树根。

【今译】

一团茅草又乱又松,一下子烧得很旺,一下子又熄灭成空。怎么比得上满炉里煨烧榾柮,火苗慢腾腾,满屋暖烘烘。

【评解】

这首诗见宋张端义《贵耳集》,原题在嵩山极峻法堂的墙壁上。诗以中空蓬乱的茅草与坚实的榾柮在燃烧时不同的情况作对比,暗喻势焰熏天的权贵往往转眼摧败成空,不如安贫乐道、不求闻达的人能得长久。诗的作者不详,看来是个修行隐者,见惯了世间的翻云覆雨、变幻如棋,作为一个翻过筋斗来的人,即事设譬,用通俗的口语,写下了这首寓意深刻的小诗,用以警醒世人。

七言律诗

早朝大明宫①

贾 至

银烛朝天紫陌长②,禁城春色晓苍苍。千条弱柳垂青琐③,百啭流莺绕建章④。剑珮声随玉墀步⑤,衣冠身惹御炉香。共沐恩波凤池上⑥,朝朝染翰侍君王⑦。

【作者简介】

贾至(718—772),字幼邻,洛阳(今属河南省)人。唐肃宗时官中书舍人,历官汝州刺史、右散骑常侍。诗风清丽,《全唐诗》录其诗一卷。

【注释】

①诗题原作《早朝大明宫呈两省僚友》。大明宫,又名蓬莱宫,是皇帝接见大臣朝见的地方。 ②朝天:朝见皇帝。 ③弱柳:嫩柳。 青琐:宫门刻作连环花纹的装饰。此代指宫门。 ④流莺:飞动的黄莺。建章:汉宫名。此指大明宫。 ⑤剑珮:朝臣上殿例挂剑带玉珮。 ⑥恩波:皇帝的恩泽。 凤池:凤凰池,中书省的别称。 ⑦染翰:以墨染笔。此指写诏令文书。

【今译】

手持银晃晃的蜡烛入宫早朝,行走在京城长长的街上;满城的春色朦朦胧胧,天空在拂晓前一片青苍。千万条柔弱的嫩柳,无力地垂拂在宫门两旁;成群的黄莺百啭千鸣,围绕着建章宫飞翔。朝臣们快步走上玉阶,宝剑和玉珮不时发出叮咚的轻响;个个衣冠整齐,神态肃穆,身上沾染着御炉中飘出的奇香。我们中书省的官员们,沐浴着皇上的恩泽,天天在官署执笔挥毫,侍奉着圣明的君王。

【评解】

唐肃宗登基后,平定安史之乱,收复了长安,唐室呈"中兴"气象。当时朝中文臣,身罹战乱又复归和平,无不欢欣鼓舞,作诗歌颂升平。贾至这首诗,写早朝的盛况及自己感恩之情,语句工整富丽,杜甫、王维、岑参都有奉和,四人都是当时著名诗人,所以这组诗成为唐诗中最著名的朝省诗,是后人评论的热点。诗前四句写早朝之早及大明宫中的春色,以景物的点缀,表现诗人心中的兴奋;以勃勃春意,暗示国运昌盛与帝王的圣明,写得光明正大,密切时事。第三联正式写朝见,玉墀、御炉,点出地点,应"大明宫";剑珮、衣冠,写官员服饰,合原题中"两省僚友",概括得很全。诗又通过剑珮声与御炉香,描绘了早朝的庄严肃穆与臣子的紧张与兴奋。尾联归到自己,顺带"僚友",写自己的心情,又对帝王进行歌颂。纪昀《瀛奎律髓》评说,朝省诗"无性情风旨可言",但此诗写得"色较鲜明,气较生动",所以"不失本质",可谓的评。毛先舒《诗辨坻》认为这首诗"况婉秾丽,气象冲逸",与同时诸人倡和之作比"自应推首"。

| 七言律诗 |

和贾舍人早朝①

杜甫

五夜漏声催晓箭②,九重春色醉仙桃③。旌旗日暖龙蛇动④,宫殿风微燕雀高。朝罢香烟携满袖,诗成珠玉在挥毫。欲知世掌丝纶美⑤,池上于今有凤毛⑥。

【注释】

① 诗题杜甫集原作《奉和贾至舍人早朝大明宫》。贾至时官中书舍人。 ② 五夜:即五更。 漏声:古代用来计时的漏壶的滴水声。 箭:置漏壶中表示时辰的竹筹,上有刻度。 ③ 九重:《楚辞·九辩》:"君之门以九重。"后因以代指帝王所居的宫殿。 仙桃:即桃花。 ④ 龙蛇动:谓旌旗如龙蛇般摆动。 ⑤ 世掌:世代执掌。贾至父贾曾也曾任中书舍人。 丝纶:皇帝的诏书。详前白居易《直中书省》注。中书舍人专司制诰敕诏令。 ⑥ 池:凤凰池,即中书省。 凤毛:指继承了父亲的才能。《宋书》载,谢凤子超宗文辞华美,颇有父风,帝谓谢庄曰:"超宗殊有凤毛。"

【今译】

五更时分,夜已将尽,叮咚的漏声催动着清晨来到。深深的皇宫中,春色无限,开遍了红如醉颜的仙桃。和暖的太阳升起,照着宫廷,旌旗如龙蛇般蜿蜒招展;高大的宫殿中微风拂拂,燕雀迎风冲起,飞向云霄。你早朝结束,退回省寮,两袖浸满了御炉的香气;趁兴挥笔作诗,诗句如珠玉般美妙。要知世代得到皇上宠遇,负责起草诏书重任的有谁?人们会告诉说,中书省里,你是继承父才的俊髦。

【评解】

朝省应制类诗最讲究高华典雅,面面俱到,因此也最容易流入肤廓板滞;和作又要求既能体现原唱的旨意,又能有所创新。杜甫这首诗受朝省与和作双重限制,但能在布局宏阔、气象森严中,着力于纵深变化,显示出杜甫熔词铸句的高超技巧。诗首联呼应贾至诗前两联,写早朝的早,"醉"字是句眼,形象地点出清晨沾润露水的桃花的艳丽。次联呼应贾至诗第三联,写在宫中朝见,但变换角度,改实写为比拟,通过景物来象征早朝的庄重、帝王的威严,深微婉曲,既写了景,又以旌旗飞舞、燕雀冲飞,暗示臣子见帝时的心情。第三联,转入对贾至原唱的赞颂,末联进而对贾至本人赞美。无论是直颂还是用典,都贴切巧妙;且写贾至的半首与前写朝省的半首在风格及用词上浑然一致,使全诗在布局、格律上都高于原诗,因此受到了苏轼等人的称赞。

和贾舍人早朝①

王维

绛帻鸡人报晓筹②,尚衣方进翠云裘③。九天阊阖开宫殿④,万国衣冠拜冕旒⑤。日色才临仙掌动⑥,香烟欲傍衮龙浮⑦。朝罢须裁五色诏⑧,珮声归到凤池头。

【注释】

① 诗题原作"和贾舍人早朝大明宫之作"。　② 绛帻:红色的头巾。　鸡人:春官之属,专司报晓。据《汉官仪》,宫中不畜鸡,鸡鸣时,卫士候于朱雀门外,戴红头巾,专传鸡唱。　晓筹:指黎明时分。筹为置漏壶中的竹筹。　③ 尚衣:掌管皇帝衣服的女官。　翠云裘:绣有绿色云纹的裘袍。　④ 九天:九重天。这里指皇帝所住之处。　阊阖:传说中的天门。此指宫门。　⑤ 万国衣冠:指入朝的各少数民族的属国及四方国家的使臣。　冕旒(liú):帝王的冠冕。此代指皇帝。　⑥ 仙掌:仙人掌。以铜铸仙人手掌擎盘以承天露。汉建章宫、唐华清宫均有仙人掌。　⑦ 衮龙:天子礼服上绣的云龙。　⑧ 裁:写。　五色诏:皇帝诏书。后赵石虎曾以五色纸作诏书。

【今译】

戴着红头巾的鸡人,高声呼叫天已破晓;尚衣局的女官们,向皇上呈上了绿色云纹的皮袍。深沉高大的宫殿中,千门万户次第开启;各国的朝臣纷纷齐集,向圣明的君王叩拜早朝。太阳刚刚升起,仙人掌在日光中摇动;御座前香烟缭绕,龙袍上的云纹似乎在浮飘。朝会结束,百官退下,马上要颁布五色诏书;在琤琤的珮玉声里,你回到中书省磨墨挥毫。

【评解】

唐人的和作,和意不和韵,且在和意上也多有变化。这首诗与杜甫的和作又不同,全诗紧紧围绕"早朝"的过程写,即使是尾联归结到对贾至的赞扬,也是作为早朝的余波,所以在结构上格外紧凑。诗首联写宫中清晨的情况,突出肃静,为早朝的热闹拉开序幕。中四句正面写早朝,通过细节的描写,表现场面的壮丽及帝王的庄严尊贵。宫门重叠,次第打开,万国官员,俯伏下拜,这两句从大处着墨,歌颂鼎盛气象,气魄雄壮。日光东射,仙掌摇动,香烟缭绕,龙袍飘浮,这两句从细微处下笔,渲染富贵雍容景况。尾两句写散朝后。全诗分写早朝前、早朝中、早朝后三个阶段,用语华丽典雅,第二联气势尤为宏大,历来为人称赞。但全诗过多描写衣饰,显得碎杂,确是一病。

和贾舍人早朝①

岑 参

鸡鸣紫陌曙光寒,莺啭皇州春色阑②。金阙晓钟开万户③,玉阶仙仗拥千官④。花迎剑珮星初落,柳拂旌旗露未干。独有凤凰池上客,阳春一曲和更难⑤。

【作者简介】

岑参(715—770),南阳(今属河南省)人,迁居江陵(今属湖北省)。天宝初进士,历官右率府兵曹参军,充安西节度使府掌书记、判官,官至嘉州刺史。他与高适齐名,为唐著名边塞诗人。诗想象丰富,色彩绚丽,明快感人。著有《岑嘉州集》。

【注释】

① 诗题原集作"奉和中书贾至舍人早朝大明宫"。　② 皇州:京城,指长安。　阑:阑珊,接近结束。　③ 金阙:宫门的楼观,此代指宫殿。　④ 仙仗:皇帝的仪仗。　⑤ 阳春:古歌曲名。宋玉《对楚王问》:"有歌于郢中者,其始曰《下里》、《巴人》,国中属而和者数千人……其为《阳春》、《白雪》,国中属而和者不过数十人。"后因以指高雅的乐曲。此指贾至原唱。

【今译】

曙光熹微,鸡鸣阵阵,大路上泛着轻寒;黄莺儿不住地啼唱,京城的春色已经阑珊。巍巍宫阙,晨钟敲响,千门万户,次第开放;洁白的阶除上仪仗摆开,簇拥排列着朝臣众官。百花盛开,仿佛迎接着官员的剑珮,清晨的启明星刚刚沉落;柳丝飘扬,似乎拂动着五彩旌旗,晶莹的露水还未晒干。只有你这位中书舍人,压倒群侪,意气高扬;一曲阳春白雪,叫我们和答,难上加难。

【评解】

岑参这首和作,历来评家最为赞赏,认为超过了杜甫等人所作。吴汝纶评说:"庄雅秾丽,唐人律诗以为正格。"施补华《岘佣说诗》推岑诗为第一,并云:"摩诘'九天阊阖'一联失之廓落,少陵'九重春色醉仙桃'更不安矣。诗有一日短长,虽大手笔不免也。"诗前六句写早朝,依顺序展开,由远及近,章法井然。首联写早朝路上,曙光鸡鸣,莺啭皇州。次联写早朝所在,宫门晨开,仙仗陈立。第三联正式写进宫早朝,星刚落,露未干,写早;花迎剑珮,柳拂旌旗,写朝。末联点题"和"字,盛赞原倡。因是朝省诗,作者极力在词藻的典丽上花工夫,注重气氛的渲染烘托。紫陌、皇州、金阙、玉阶、仙仗等词,莫不切合都城皇宫,华美工雅。第三联是名句,将花柳赋予人性,说花儿迎接朝臣,柳丝多情地拂动旌旗,热闹肃穆中带出臣子朝见时的欣喜,秀丽工整,鲜明绚烂。

上 元 应 制①

蔡　襄

叠笋青峰宝炬森②,端门方伫翠华临③。宸游不为三元夜④,乐事还同万众心。天上清光留此夕,人间和气阁春阴⑤。要知尽庆华封祝⑥,四十余年惠爱深⑦。

【作者简介】

蔡襄(1012—1067),字君谟,兴化仙游(今属福建省)人。宋仁宗天圣进士,历知谏院、知制诰、翰林学士、三司使,出知杭州,卒谥忠惠。善诗文,尤工书法。著有《蔡忠惠集》。

【注释】

① 诗题一作"上元进诗"。　② 宝炬:华美巨大的灯烛。　森:罗列。　③ 端门:宫殿的正门,即宣德门。　翠华:皇帝的仪仗。此代指皇帝。　④ 宸游:皇帝出游。　三元:正月十五为上元,七月十五为中元,十月十五为下元。　⑤ 阁:阻阁,收取。　⑥ 华封祝:《庄子·天地》载,唐尧游于华州,华州守封疆的封人向他祝颂多福、多寿、多男子。　⑦ 四十余年:宋仁宗在位四十二年,这首诗作于仁宗末年,故云。

【今译】

层层叠叠的灯烛高耸,像千万座山峰罗列,百姓们正伫立盼望,等候着皇上的车驾驰出端门。皇上亲自出来观赏,不只是为了庆祝上元佳节,为的是与民同乐,与百姓心心相连,情深意淳。天上的月亮似乎也被感动,今晚显得格外地明亮;人间一派祥和的气氛,摒去了春天的阴翳浮尘。要知道天下的百姓,为什么都仿效华封人祝颂天子,是因为皇上君临四十余年,对百姓广施仁惠,恩泽宏深。

【评解】

上元是重要节日,在唐宋时尤被重视。在这天,家家点彩灯、搭彩楼、鳌山,举行灯会,表演百戏。这天晚上,皇帝也乘辇出宣德门观灯,表示与民同乐。蔡襄这首诗是应皇帝命令而作,所以与一般写上元的诗不同,把重点放在描写升平气象,对皇帝歌功颂德上。诗只用首句铺写灯山彩楼的繁盛热闹,接着便紧紧围绕皇帝写。先写百姓等待皇上驾临,表示百姓对皇上的崇敬。然后解释皇上出游是与民同乐。接着,诗以眼前的清晖及节日气氛,从两个侧面写,以象征朝政的清明,皇上的贤明。最后,诗借百姓之口,对皇上祝颂,表示对皇上感恩戴德。诗是应制体,内容很空洞,但诗人能抓住眼前事作譬发挥,且写得流动不滞,颇多可借鉴之处。

上元应制①

王珪

雪消华月满仙台②,万烛当楼宝扇开③。双凤云中扶辇下,六鳌海上驾山来④。镐京春酒沾周宴⑤,汾水秋风陋汉才⑥。一曲升平人共乐⑦,君王又进紫霞杯⑧。

【作者简介】

王珪(1019—1085),字禹玉,华阳(今属四川省)人。宋仁宗庆历二年(1042)进士,历官翰林学士、参知政事、尚书左仆射兼门下侍郎,封岐国公。卒赠太师,谥文。他善文能诗,以词藻华丽著称。著有《华阳集》。

【注释】

① 诗题原集作"依韵恭和御制上元观灯"。 ② 华月:月亮的光华。 仙台:指宫中的楼台。 ③ 宝扇:皇帝仪仗中用以遮阳蔽尘的大扇。 ④ "六鳌"句:神话传说海上蓬莱等仙山是由鳌负载的。宋时元宵堆叠彩灯为山形,称鳌山,故此云山是海上移来。这两句,范晞文《对床夜语》认为是点化李商隐《新创河亭》"河蛟纵玩唯为室,海蜃遥惊耻化楼"句意。 ⑤ 镐(hào)京:西周京城,在今陕西长安县附近。 ⑥ 汾水:河名,在今山西省中部。 秋风:汉武帝曾巡游至汾水,在宴会上作《秋风辞》。 ⑦ 升平:指李德升所作《万岁升平》,宋时教坊逢节日演奏,以歌颂天下太平。 ⑧ 紫霞杯:刻有紫色霞纹的玉杯,是当时高丽国所进贡。

【今译】

冬天的积雪已经消融,明亮的月光照着华丽的楼台;楼上千万盏灯烛一齐点燃,日月宫扇分左右张开。双凤夹侍着天子的车辇,恍如从云端中飘飘飞下;五彩缤纷的鳌山,犹如六鳌从海上负来。臣子们聚集欢宴,恰似周武王在镐京大会群臣;皇上所作的锦词华章,远超过吟咏《秋风辞》的汉武文才。这时候歌颂太平的《升平》曲奏起,百姓们个个兴高采烈;君王也喜气洋洋,再次祝酒,举起了紫霞杯。

【评解】

　　元宵佳节,皇帝登上宣德门城楼观灯,即兴作诗一首,命王珪和作。因此,王珪这首诗除了写元宵赏灯的热闹盛况,又以各个角度写帝王的雍容华贵及辞章高妙,歌颂皇恩浩荡,天下太平。王珪长期担任馆臣,诗文多富贵气,工丽堂皇,犹如金玉珠玑,五彩缤纷,当时被号为"至宝丹",这首应制诗便是典型。首先,诗将皇帝观灯与天堂神仙相联系,构筑富丽缥缈的氛围。于是观灯之处犹如仙台;皇帝驾临,辇车犹如双凤夹侍的仙车,从云中飞下;辉煌的灯海鳌山,又如同蓬莱仙岛,呈现眼前。一切都显得超尘绝俗,雍容华贵。其次,诗着力对皇帝进行歌颂,但不直接措语,而是巧妙地用典,恰到好处地赞扬。侍臣陪宴,便以西周武王春宴群臣作比,既赞帝如武王般贤明,又说国势如周初一样鼎盛;对皇帝所作诗,又以汉武《秋风辞》比不上作赞美。这样写,都加深了诗的底蕴,颂而不谀,深曲不露。

侍　　宴①

沈佺期

皇家贵主好神仙②,别业初开云汉边③。山出尽如鸣凤岭④,池成不让饮龙川⑤。妆楼翠幌教春住⑥,舞阁金铺借日悬⑦。敬从乘舆来此地⑧,称觞献寿乐钧天⑨。

【作者简介】

　　沈佺期(656?—713),字云卿,相州内黄(今属河南省)人。唐高宗上元二年(675)进士,历官员外郎、中书舍人、太子少詹。他与宋之问齐名,诗格律精工,词句绮丽。原集已佚,明人辑有《沈佺期集》。

【注释】

① 诗题原集作"侍宴安乐公主新宅应制"。安乐公主为中宗女,时与韦后专擅朝政,后被唐玄宗杀。② 贵主:即公主。　③ 云汉:云端、银河。此形容别墅高耸入云。　④ 鸣凤岭:即岐山,在今陕西岐山县。传周兴时,有凤鸣于此山。　⑤ 饮龙川:当指长安附近的渭水。或云《尸子》有"有龙饮于沂"句,谓指山东的沂水。　⑥ 翠幌:绿色的帘幔。　⑦ 金铺:门上衔环的底座,常铸作虎头或龙、蛇状。　⑧ 乘舆:皇帝的车驾。　⑨ 称觞:举起酒杯。　钧天:即钧天广乐,传说中仙宫所奏的音乐。钧天是天帝宫殿所在地。

【今译】

　　帝皇家高贵的公主,喜爱供奉天上的神仙;新建的别墅高高耸立,仿佛上与白云银河相连。一座座山峰矗立,犹如鸣凤岭般挺拔秀丽;凿成的池水绿波荡漾,也不亚于饮龙川深澄清涟。妆楼中飘拂着绿色的帷幔,好像把春光永久地留住;舞阁上悬挂的金铺,犹如从太阳借来光辉,闪闪耀眼。我们这些臣子们,恭敬地跟随皇上来到这里,聆听着这一派钧天广乐,举杯祝贺皇上福寿绵绵。

【评解】

这首应制诗是陪侍中宗到安乐公主新建别墅游玩时奉命所作。由于安乐公主是中宗爱女,权倾朝野,诗人紧紧把握住这一点,将侍宴作为次要内容,主要写安乐公主新宅,以博公主欢心。在具体写宅时,诗又宕开一步入笔,从人写起。安乐公主好神仙,诗便从仙宫仙境的角度入手描绘,围绕"仙"字做文章,写别墅的华丽、气势,非人间凡宅可比。说宅中所见山峰如鸣凤岭,祥云缭绕;所凿新池,似饮龙川,清气笼罩;绿幔留春,金铺借日。通过比拟与夸张,赞赏了别业的秀丽与宏壮,也暗表了游览时惊羡的心情。最后,诗将游庄、侍宴作双收,表示对皇上及安乐公主的祝颂,收得平稳郑重。沈佺期以应制诗闻名,这首诗典雅庄重,措词得体,正体现出他应制诗的特点。

答丁元珍①

欧阳修

春风疑不到天涯,二月山城未见花②。残雪压枝犹有桔,冻雷惊笋欲抽芽③。夜闻归雁生乡思,病入新年感物华④。曾是洛阳花下客⑤,野芳虽晚不须嗟⑥。

【作者简介】

欧阳修(1007—1072),字永叔,别号醉翁,庐陵(今江西省吉安市)人。宋仁宗天圣八年(1030)进士,授西京推官,贬夷陵令。后历官枢密副使、参知政事。他是北宋诗文革新的领袖,提倡古文,为"唐宋八大家"之一。诗承韩愈,雄健而具有散文特点。著有《欧阳文忠公文集》。

【注释】

① 诗题原集作"戏答元珍"。丁元珍,名宝臣,景祐元年进士,时官峡州判官。　② 山城:指欧阳修当时任县令的峡州夷陵县(今湖北宜昌)。夷陵面江背山,故称山城。　③ 冻雷:天尚寒冷时的雷声。　④ 物华:美好的事物。　⑤ 洛阳:今河南洛阳市。宋为西京。欧阳修曾官西京推官。洛阳是著名牡丹产地,所以欧阳修在这里自称"洛阳花下客"。　⑥ 嗟:叹息。

【今译】

我真怀疑,温暖的春风,吹不到这遥远的天涯;已经是早春二月,这山城居然还见不到一朵花。有的是未融尽的积雪压弯了树枝,枝上还挂着去年的橘子;寒冷的天气,春雷震动,似乎在催促着竹笋赶快抽芽。夜间难以入睡,阵阵北归的雁鸣惹起我无穷的乡思;病久了又逢新春,种种景物都触动我思绪如麻。我曾在洛阳做官,见够了如锦似荼的牡丹花;这里的野花开得虽晚,又有什么可以感伤嗟呀?

【评解】

诗作于宋仁宗景祐四年(1037),欧阳修当时任峡州夷陵县令。诗写夷陵节令风物,借以遣发贬官远谪的牢骚。诗以调侃起,起得很巧,一问一答,用倒装法。欧阳修在《笔说》中认为是自己的得意之笔,有了下句,上句才显得工稳。方回在《瀛奎律髓》评中也说有了这两句,"以后句句有味"。接着,诗承"未见花"写山城早春,夷陵盛产笋、橘,诗便从此二者刻绘,结合"残雪"、"冻雷",说明节气来得晚,解释二月不见花的原因,"春风疑不到天涯"也就疑得突兀中有情理。以下,诗转入春思,听雁思归,病后感物,直接流露伤情,格调沉重凄怆。最后,诗又翻过一层,写自己不伤愁,而更让人感他伤愁的分量,又使诗不致过分沉闷低落。全诗写得抑扬顿挫,将景色与感情相互交错,有景语,有情语,也有议论,而布局自然绵密,陆贻典评说:"句法相生,对偶流动,欧公得意作也。"

插 花 吟①

邵雍

头上花枝照酒卮①,酒卮中有好花枝。身经两世太平日②,眼见四朝全盛时③。况复筋骸粗康健④,那堪时节正芳菲⑤。酒涵花影红光溜⑥,争忍花前不醉归⑦?

【作者简介】

邵雍(1011—1077),字尧夫,自号安乐先生、伊川翁,范阳(今河北省涿县)人,迁卫州共城(今河南省辉县)。他是宋代著名理学家,多次被召,称疾不赴,后隐居洛阳苏门山,卒谥康节。著有《伊川击壤集》等。

【注释】

① 卮:古代的一种酒器。　② 两世:六十年。古以三十年为一世。　③ 四朝:邵雍身历真宗、仁宗、英宗、神宗四朝。　④ 筋骸:筋骨,身体。　粗:大致。　⑤ 芳菲:草木芬芳茂盛。　⑥ 溜:闪动。　⑦ 争:怎么。

【今译】

头上的花枝映照入酒卮,酒卮中现出了美丽的花枝。我已经历了六十年太平日子,亲眼见到四朝皇帝的全盛时期。再加上我身体还算安康壮健,岂忍心放过百花开放的时节。酒中带着花影红光浮动,怎舍得不在花前喝醉方归?

【评解】

这首诗是一个老人对升平盛世的歌颂。他身经两世太平,享受四朝繁华,加上身体康健,家境富裕,因此对花饮酒,流连忘返,敞开心扉,赞颂着美好的生活。诗写得十分活泼跳荡,以花、酒为全诗脉络,反复吟咏。先写对花饮酒,酒中有花;次写心情愉快满足,身体壮健,对着百花盛开的春景,开怀畅饮;最后又写酒涵花影,醉饮花下,与首联呼应。诗不依格律,自由放浪,首尾还有意重复"花"、"酒"二字,显得流畅自然,活现出一个喝醉酒的老人表露的天真的醉态,洋溢着浓厚的欢乐气氛。全诗纯用口语,活泼浅俗,是邵雍诗的典型风格,被后人称为"击壤体",在宋诗中自成一派。

寓　　意①

晏　殊

油壁香车不再逢②,峡云无迹任西东③。梨花院落溶溶月④,柳絮池塘淡淡风⑤。几日寂寥伤酒后⑥,一番萧索禁烟中⑦。鱼书欲寄何由达⑧?水远山长处处同。

【作者简介】

晏殊(991—1055),字同叔,抚州临川(今属江西省)人。宋真宗景德年间进士,庆历中官至集贤殿学士,同中书门下平章事兼枢密使。诗词婉丽典雅,为时所称。原集已佚,仅存《珠玉词》及清人所辑《晏元献遗文》。

【注释】

① 寓意:有所寄托,但在诗题上又不明白说出。这类诗题多用于写爱情的诗。　② 油壁香车:古代妇女所乘坐的轻便车。车壁用油漆涂刷,装饰精美。　③ 峡云:巫峡上空的云彩。宋玉《高唐赋》记载,有巫山神女,与楚王相会,说自己住在巫山南,"旦为行云,暮为行雨,朝朝暮暮,阳台之下"。后常以巫峡云雨指男女爱情。　④ 溶溶:形容月光清澈如水。　⑤ 淡淡:形容春风和煦。　⑥ 伤酒:中酒,即喝醉。　⑦ 萧索:冷落、空虚。　禁烟:指寒食禁火。　⑧ 鱼书:古乐府有"客从远方来,遗我双鲤鱼,呼儿烹鲤鱼,中有尺素书"句,后因以"鱼书"代指书信。

【今译】

你乘坐的油壁香车辘辘远去,我们再也无缘重逢;像是巫峡的彩云倏忽飘散,你向西,我向东。你是否记得,盛开着梨花的小院里,似水的月光照看我们幽会;柳絮飘扬的池塘边上,我们在和煦的春风中倾吐情衷。往事如烟,我喝着酒打发走一天又一天,是那么地伤怀寂寞;眼前凄凉的寒食节,怎不令我加倍地思念你的芳踪?想写封信告诉你我的心意,又有什么办法到得了你的手中?这层层的山,道道的水,阻隔着你我,处处使人忧愁哀痛。

【评解】

这是一首情歌,诗人与情人由于某种原因分离,留下了无穷无尽的相思。面对寒食春景,他思绪起伏,写了这首勾心摄魄的感叹诗。诗从回忆入笔,想起当年相会时情景,而以"不再逢"三字,密合现状,借巫峡云雨典,感叹分离。接着,诗借景抒情。小院中梨花飘落,月光似水;池塘边,风儿轻拂,柳絮纷飞。这小院,这池塘,正是诗人与恋人相会的地方。这一派凄清的景象,正是诗人孤寂心情的吐露,写景正是为了写情,情与景在这里融成了一片。同时,梨花、柳絮,这些春天归去的象征物,也暗示了爱情的过去。两句十四字,包含了很丰富的底蕴。面对这眼前景,诗人进一步点破,写心中事。说自己借酒浇愁但无法排遣;又是寒食,所思不见,想写封信,可水远山高,阻隔重重,何由到达?诗便在这无力的呻吟中结束了,留下了一大片遗憾的空间,让人去愁思苦想。这首诗一名"无题",在风格上学李商隐的无题诗,运用含蓄的手法,表现自己伤别的哀思。诗在表现手法上,则将思想藏在诗的深处,通过景语作暗示,然后在景语中注入强烈的主观色彩,使诗显得格外幽迷怨旷。与李商隐诗风不同的是,晏殊这首诗清而不丽,也没有堆砌典故,呈现出一派淡雅与疏宕。

寒食书事

赵 鼎

寂寞柴门村落里,也教插柳纪年华①。禁烟不到粤人国②,上冢亦携庞老家③。汉寝唐陵无麦饭④,山溪野径有梨花。一樽竟藉青苔卧,莫管城头奏暮笳。

【作者简介】

赵鼎(1085—1147),字元镇,解州闻喜(今属山西省)人。宋徽宗崇宁进士,绍兴中两度任相,后受秦桧排挤,贬官,谪居潮州,绝食死。著有《忠正德文集》。

【注释】

① 插柳:宋时民俗,寒食节插柳枝于门上。 ② 粤人国:指岭南地区。时赵鼎谪居吉阳军(今海南崖县)。 ③ 上冢:上坟,扫墓。 庞老:东汉隐士庞德公,他曾在寒食日上坟去,司马徽来找他,他不在家。 ④ 麦饭:麦粒煮成的饭,旧时作为祭品。

【今译】

冷清寂寞的小村庄,茅屋的柴门紧关;门上也依俗插着柳枝,标志着岁月的更新往返。岭南的风俗与中原不同,没有寒食禁烟的习尚;但也像当年庞德公一样,带着家人扫墓进山。汉唐遗留的高冢大坟,见不到子孙供奉的麦饭;山中的小溪,野外的小路,到处是白色的梨花开放。我饮完一樽浊酒,就在青苔上随意一躺;不去理会那城头上,胡笳在苍茫暮色中悲响。

【评解】

这首寒食诗,前三联写景,采用抑扬映照的手法,突出景物的冷清与心中的不堪。寂寞柴门,荒凉萧瑟,是抑;柴门插柳,普度节日,是扬。粤地俗荒,不事禁烟,是抑;村民携家上冢踏青,是扬。古代陵墓,荒无人迹,是抑;山溪野径,梨花满树,是扬。诗全是低格调,在扬时所写也不过是山野景物的热闹,且无不带有凄凉气氛。最后诗以情结,说自己醉酒高卧,无视哀怨暮笳,是放达的低沉。这首诗是诗人被贬谪岭南时所作,诗描写岭南的偏僻闭塞与中原文明之地不同的习俗,点明自己的身世处境。从表面看,他是就事记事,感叹世事茫茫,表白自己随遇而安;实际上,诗人是对被放逐僻远荒地表示强烈的不平与悲哀,因此显得曲而多讽,意兴无穷。

清 明

黄庭坚

佳节清明桃李笑,野田荒冢只生愁①。雷惊天地龙蛇蛰②,雨足郊原草木柔。人乞祭余骄妾妇③,士甘焚死不公侯④。贤愚千载知谁是,满眼蓬蒿共一丘⑤。

【注释】

① 荒冢:无主的坟墓。　② 龙蛇:指各种爬行动物及虫类。　蛰:蛰伏冬眠。　③ "人乞"句:《孟子·离娄》载,有个齐国人,家有一妻一妾。他每天吃得醉醺醺地归来,说是富人请他喝酒,妻妾怀疑他,悄悄跟在他后面,发现他原来是向人乞讨祭礼用过的酒肉。　④ "士甘"句:《左传》载,介子推随晋文公出走,历尽艰辛。文公即位,凡跟随出亡的人都封高官,独忘介子推。介子推不愿表功,与母隐于绵山。后晋文公想起了他,多次派人征召,介子推不肯出山。晋文公令人放火烧山,企图逼他出来,不料他宁死不出,被烧死。传后世寒食节禁火即为纪念介子推。　⑤ 蓬蒿:均为草名,此泛指杂草。　丘:指坟墓。

【今译】

逢上了清明佳节,桃李盛开,仿佛在东风中含笑;郊野中,无人祭扫的坟墓,笼罩着一片凄愁。轰鸣的雷声震天动地,把蛰伏的动物纷纷惊醒;春雨滋润了大地,草木欣欣向荣,格外娇柔。卑鄙的齐人乞求祭祀的酒肉,回家还要向妻妾夸口;志士介子推藐视高官厚禄,宁愿烧死也不肯低头。贤明的君子,愚蠢的俗人,千年以后又有谁来评论?只剩下满眼丛生的杂草,一堆堆荒凉的土丘。

【评解】

这首诗是黄庭坚晚年所作,所以在表现手法上格外苍劲成熟,是典型的江西诗派诗。诗写清明节所见所思。首联一句述春天桃李烂漫、春意盎然的景象,一句写郊野冢冢、凄凉愁怨的氛围。两句都切合清明,但一句欢快,一句低沉,对比强烈。在一联中创造两个截然不同的意境,是黄庭坚诗的特色,极易使人通过大起大落,转入深层的思考。以下两联,分别承"佳节清明"与"野田荒冢"写,一联写景,一联议论,纵横变化,仍在一联中分写两个景象,合成一个整体。次联描摹春雷震动,万物复苏,春雨滋润万物,草木葱绿。出句气势刚健,对句绮丽清柔,各切所写。颈联抒发由清明扫墓产生的联想,分评无耻小人与忠臣节士,带有批判现实与自我表白的成分。尾联双收,议论与写景结合,以苍凉的笔墨,表达对世事的愤慨,吐露悲愤压抑。黄庭坚作诗,力戒平庸,用笔盘旋挺拔,富于跳跃,音节顿挫,这首诗便充分显示了这一特点。

清明日对酒

高翥

南北山头多墓田,清明祭扫各纷然。纸灰飞作白蝴蝶,泪血染成红杜鹃①。日落狐狸眠冢上,夜归儿女笑灯前。人生有酒须当醉,一滴何曾到九泉②。

【作者简介】

高翥(zhù),字九万,号菊涧,余姚(今属浙江省)人。终生隐居未仕。他是南宋江湖诗派重要诗人,著有《菊磵集》,已佚,后人辑所作为《信天巢遗稿》一卷。

【注释】

① 杜鹃:杜鹃花。传杜鹃悲鸣,直啼到口流血方止,所流血染红杜鹃花。此借用这一传说,形容上坟的人悲哀啼哭。　② 九泉:地底下。

【今译】

南边北边的山头,到处可见到一处处墓地;清明时节来到了,家家户户祭祀在坟前。烧化的纸钱灰随风飞扬,仿佛白蝴蝶在起舞盘旋;祭扫人所流的血泪,染红了满山的杜鹃。太阳落山,一片空寂,狐狸在坟冢上公然安眠;扫墓的儿女们回到家中,在灯前欢笑聊天。人生在世是多么短暂,有酒在手应当开怀一醉;死后儿女祭祀的酒浆,一滴也到不了长眠的九泉。

【评解】

这首清明对酒诗,前三联纪事写景,扣题"清明",末一联抒情感叹,扣题"对酒"。诗人主要想表达的是"今日有酒今日醉"、"对酒当歌,人生几何"的思想,因此通过清明上冢一事,进行映照衬托,为立论提供坚实的基础。诗步步深入,首联勾勒清明扫墓的盛况,次联写死者家人焚钱哀哭的状况,把气氛推向高潮。第三联陡跌,极写墓地的荒凉及子女祭祀完后聚集灯下欢笑的场面,以鲜明的对比,推出尾联人死以后,万物皆空的感受。全诗写得结构井然,起承转合十分分明。在写景时,以大笔浑写与工笔描写相结合,实写与虚写互为交错,使景物生动逼真,历历在目;尤其是"纸灰"一联,以其细微贴切而历来被人赞赏。

郊行即事

程　颢

芳原绿野恣行时①,春入遥山碧四围②。兴逐乱红穿柳巷③,困临流水坐苔矶④。莫辞盏酒十分醉,只恐风花一片飞。况是清明好天气,不妨游衍莫忘归⑤。

【注释】

① 恣:随意,无拘无束。　② 遥山:远山。　③ 柳巷:长满垂柳的小路。　④ 矶:水边大石。　⑤ 游衍:随意游玩,语出《诗·大雅·板》:"昊天日旦,及尔游衍。"

【今译】

原野上遍布着红花绿草,我漫步闲游,无拘无束;四周的山峰,远远耸立,在春风的熏染下一片碧绿。我兴致勃勃地追逐着落花,穿行在长满垂柳的小路;困倦了便坐在青苔斑驳的石上,对着淙淙流水,默默无语。一杯又一杯喝酒毫不推辞,一直到喝醉还不肯停住;心中却挂念着芬芳的花儿,只怕它们随风飘坠,纷纷似雨。更何况今天是清明佳节,又碰上晴朗的天气,因此上不妨纵情游乐,只要别快活得忘了归去。

【评解】

这首清明出游即事诗,描绘了一派令人陶醉的春日郊外风景图,抒发了自己沉湎美景中的喜悦欢快的心情。诗首联出齐题面,点出节令景物,一句写"郊行",一句以远景概括郊外春色。领联承首联的"恣行",写得很活泼自由。高兴时追逐落花,穿行柳巷;困倦时坐在水边石上休息。既写了情,又写了热闹的景。颈联以情为主,用饮酒惜花,表明对景物的留恋。尾联既承颈联,又遥应首联,以恣意游春、乐而忘返作结。诗写得轻快浅俗,即带有人们常说的"宋气"。如诗后四句都以虚字置于句首,增加了轻巧转折;颈联已写出不愿回家的心情,尾联又加深、明点,不怕重复。这些,都是宋诗,尤其是理学家的诗常有的风格,好在本诗没有理学家的酸腐气。

秋 千

僧惠洪

画架双裁翠络偏①,佳人春戏小楼前。飘扬血色裙拖地②,断送玉容人上天③。花板润沾红杏雨④,彩绳斜挂绿杨烟。下来闲处从容立⑤,疑是蟾宫谪降仙⑥。

【作者简介】

僧惠洪(1071—1128),字觉范,后改名德洪。俗姓彭,筠州新昌(今江西省宜丰县)人。宋哲宗元祐四年(1089)出家,历住汴京天王寺、庐山及江宁清凉寺。他是著名诗僧,又善画梅竹。著有《林间录》、《冷斋夜话》等。

【注释】

① 画架:指绘有彩纹的秋千架。 裁:截断,制作。 翠络:绿色的绳索。 ② 血色:鲜红色。 ③ 断送:打发。这里指秋千上扬。 玉容:容貌美丽。 ④ 花板:雕花的踏脚板。 ⑤ 闲处:空地,清幽之处。 ⑥ 蟾宫:指月宫。传月中有蟾蜍,因称月宫为蟾宫。 谪降仙:谓月宫嫦娥被贬谪下凡。

【今译】

画有彩饰的秋千架高耸,悬挂着两根绿色的绳索;春日里,一个漂亮的姑娘,在小楼前欢乐地荡着秋千。鲜红的裙子飘舞着,长长地拖到了地上;秋千高高地上扬,美丽的姑娘仿佛飞上蓝天。雕着花儿的秋千踏板,被飘坠如雨的红杏沾润;彩色的绳索倾斜着,似乎就挂在如烟的绿杨树巅。她玩够了,走下架来,从容悠闲地站在空地,我真怀疑是嫦娥,从月宫里贬谪到了人间。

【评解】

这首诗描写春天里美人打秋千,在细微的刻画中,表达自己对美人的赞美与欣赏。诗大概是诗人少年还未出家时所作,否则一个和尚写这样的诗,似乎有些不可思议。诗首联拉开序幕,交代秋千架及玩秋千的美人。次二联具体写荡秋千,每联都一句写上,一句写下,合着秋千的节奏,产生动感。领联写美人在秋千上的情景,以"拖地"、"上天",写出秋千的起伏低昂。颈联着眼于秋千本身,以杏雨洒红、柳烟飘绿作背景,写得十分繁富热闹,又通过沾花、挂树点出秋千的上下。尾联写美人玩毕秋千后的姿态,并直接以神仙作比,不仅赞人之美,也暗中挽合上文的荡秋千。诗写得精巧细微、浓艳绮丽,堆砌代词、形容词及比喻,是宋人学晚唐温、李及香奁体的结果。

曲　　江①（其一）

杜　甫

一片花飞减却春,风飘万点正愁人②。且看欲尽花经眼③,莫厌伤多酒入唇。江上小堂巢翡翠④,苑边高冢卧麒麟⑤。细推物理须行乐⑥,何用浮荣绊此身⑦。

【注释】
① 曲江:在长安杜陵西北五里,是当时游览胜地,有紫云楼、芙蓉园、慈恩寺等名胜,花卉环列,烟水明媚。　② 万点:指众多的落花。　③ 经眼:经过眼前。　④ 翡翠:即翠鸟,一种水鸟。红色羽毛的叫翡,绿色羽毛的叫翠。　⑤ 苑:指芙蓉苑,在曲江边。　麒麟:传说中的神兽,古代帝王大臣墓前常列石人石马及石麒麟。　⑥ 物理:事物变化的道理。　⑦ 浮荣:虚浮的名声与荣华。

【今译】
一片花瓣飞落,便带走了一分春天;眼前风儿飘落了万点花瓣,怎不使我忧愁万分？赶紧抓住时间欣赏花儿,它们不久就要凋尽;放开量喝着美酒,用不着担心喝得过度会伤人。江边精巧的小堂,有翡翠在那里筑巢;华丽的苑边高大的冢墓,如今倒卧着麒麟。细细推算万物变迁的道理,正应该及时行乐;用不着让浮名荣华,牢牢地羁绊此身。

【评解】
长安恢复后,杜甫随唐肃宗回到长安,官左拾遗。不久,他因上疏救房琯被肃宗疏远,因此心中闷闷不乐。这二首作于乾元元年(758)春天的《曲江》诗,反映的就是这一情况下的放浪消沉心理。这首诗首写自己见到春天的逝去产生了强烈的惜花心情,然后由春的逝去,进入伤时,从而不惜以醉消愁。下半首,先明写江边小堂及芙蓉苑,通过景物反映人事的变迁。原先热闹繁华之地,如今成了禽鸟栖息之场;富贵人家冢墓前的石麒麟,也倒卧在地。于是在一派衰景中,诗人产生了富贵如云过眼,人生几何,应及时行乐的消极颓丧心情。全诗主题突出,惜花与惜时、春事与人事前后贯穿。前三句全写落花,反复旋折,大违常规,却将第四句的伤愁衬得更加深沉。尾联的伤今惜时,稍嫌圆熟,为后来宋理学家诗人所模仿。

曲　　江（其二）

杜　甫

朝回日日典春衣①,每日江头尽醉归。酒债寻常行处有②,人生七十古来稀。穿花蛱蝶深深见③,点水蜻蜓款款飞④。传语风光共流转⑤,暂时相赏莫相违⑥。

【注释】

① 朝回:早朝归来。　典:典当。　② 酒债:赊欠的酒钱。　行处:所到之处。　③ 蛱蝶:蝴蝶。　④ 款款:形容蜻蜓上下缓飞之状。　⑤ 传语:寄语。　流转:运行。　⑥ 违:躲避。

【今译】

天天早朝回来,我都到当铺去典当春衣;为的是天天能在这曲江边,尽情地喝酒,一醉方归。欠人酒债是寻常小事,我所到之处都是如此;一个人能寿登七十,从古到今都是稀见罕事。一对对蝴蝶在百花深处,来来去去,时隐时现;一只只蜻蜓点着江水,上上下下,缓缓而飞。我想告诉这明媚的春光,且与我一起相从相伴,让我充分赏玩消愁,暂时不要急着流逝。

【评解】

这首诗是上首的继续,写自己如何"行乐"。仍借酒为媒,说自己朝回典衣喝酒,欠下酒债,不以为怀,想到人生短暂,因而不把贫困得失放在心上。这是"行乐"之一。"行乐"之二是徘徊江边,欣赏美景,满足于心灵的陶醉,因此由恋慕春光进而希望春光长在,使自己能满足地赏玩。诗的第二联常被后人引为巧对的典例,诗本身是流水对,音节流荡,又以"八尺为寻、倍寻为常"这一度量,借来对下句的"七十",出人意表。第三联是名句,写得很细,兴致高融,妙趣横生,缘情体物,已入化境。宋江西诗派的景联,专学此种。叶梦得《石林诗话》评此联锻炼之工说:"'深深'字若无'穿'字,'款款'字若无'点'字,亦无以见其精微。然读之浑然,全似未尝用力,所以不碍其气格超胜。使晚唐人为之,便涉'鱼跃练川抛玉尺,莺穿柳丝织金梭'矣。"

黄 鹤 楼①

崔颢

昔人已乘黄鹤去②,此地空余黄鹤楼。黄鹤一去不复返,白云千载空悠悠。晴川历历汉阳树③,芳草萋萋鹦鹉洲④。日暮乡关何处是⑤?烟波江上使人愁。

【作者简介】

崔颢(?—754),汴州(今河南省开封市)人。唐玄宗开元十一年(723)进士,官司勋员外郎。早年为诗浮艳,后转为雄浑豪宕。《全唐诗》录存其诗一卷。

【注释】

① 黄鹤楼:旧址在今武汉市蛇山的黄鹤矶上,现已重建。传说古仙人王子安乘黄鹤过此,因而得名。又说是费文祎乘黄鹤登仙,曾在此休息。　② 昔人:指乘鹤的仙人。　③ 历历:清楚,分明。　汉阳:在黄鹤楼西,武汉三镇之一。　④ 萋萋:茂盛貌。　鹦鹉洲:本为汉阳西南长江中的小洲,后沉没。东汉末黄祖为江夏太守,有人献白鹦鹉于此,祢衡因作《鹦鹉赋》,洲因以名。　⑤ 乡关:家乡。

【今译】

当年的仙人早已乘着黄鹤离去,这里仅仅留下这座黄鹤楼。黄鹤飞去后不再回返,千年以来,只见到白云飘浮荡悠。晴朗的江边汉阳的树木看得清清楚楚,茂盛的春草长满了鹦鹉洲。在暮色苍茫中我的家乡究竟在何处?江上浩渺的烟波撩起我无尽的忧愁。

【评解】

《唐才子传》载,李白登黄鹤楼,见崔颢这首诗,为之敛手,说:"眼前有景道不得,崔颢题诗在上头。"后来李白作《登金陵凤凰台》诗,就全仿崔诗。由此,这首诗受到众口交誉,严羽《沧浪诗话》认为"唐人七言律诗,当以崔颢《黄鹤楼》为第一"。诗写登楼眺望时所见所思。起首从楼名生发,将仙人乘鹤事坐实了写,以仙人不返、人去楼空,寄托怀古之思,从而引出世事变幻、白云悠悠的感叹,盘旋回互,荡人心肺。前半首,诗借鉴辘轳体,打破律诗限制,以气为使,情融景中,因此被沈德潜《唐诗别裁集》赞为:"意得像先,神行语外,纵笔写去,遂擅千古之奇。"后半首,诗转就整饬,工笔绘景,描写晴朗江面、历历绿树、茂盛春草,衬托上半苍茫缥缈的情思;然后因沉沉暮色、浩荡烟波,引出思乡怀归之情。这四句,工稳中显得流转自然,笔法与前截然不同,感情却与前密勿紧连。全首诗顺笔而下,曲折变化,情由境生,既展示了黄鹤楼上所见丰富瑰丽的景色,又表露了自己复杂寂寥的情绪,构筑了优美动人的艺术意境。

旅　　怀①

崔　涂

水流花谢两无情,送尽东风过楚城②。蝴蝶梦中家万里③,杜鹃枝上月三更④。故园书动经年绝⑤,华发春催两鬓生⑥。自是不归归便得⑦,五湖烟景有谁争⑧?

【作者简介】

崔涂,字礼山,江南人。唐僖宗光启三年(887)进士。多年漂泊各地,诗多写乱离羁旅之愁。《全唐诗》录其诗一卷。

【注释】

① 诗题一作"春夕旅怀",一作"春夕"。　② 楚城:指湖南、湖北一带原楚国的城市。　③ 蝴蝶梦:《庄子·齐物论》说庄子梦见自己化成一只蝴蝶,醒来后仍为庄子。后多以"蝴蝶梦"指虚幻的梦境。　④ 杜鹃:一名子规,叫声凄惨,声作"不如归去"。　⑤ 动:时常,往往。　经年:一年或超过一年。　⑥ 华发:白发。　⑦ 归便得:要回去即可回去。　⑧ 五湖:即太湖。春秋时越大夫范蠡辅勾践灭吴后,退位泛游五湖。后常以五湖指隐居之地。

【今译】

春水流逝,春花凋谢,两般儿都是那样地无情;我又一次送走了东风,漂泊在这楚地的小城。晚上我做了个梦,梦中回到远隔万里的家乡;梦醒后只有三更,月亮高照,耳边传来树上杜鹃凄厉的叫声。天天盼望故乡亲人的来信,可是往往音讯一断就是一年;春愁苦苦地缠绕,催逼我两鬓白发丛生。只是自己不想归去,归去便什么都迎刃而解;那烟雾弥漫的五湖景色,又有什么人会与我相争?

【评解】

　　这首诗写旅途中的感受。诗逐次展开。春末,面对着逝水落花,使他深感岁月无情;又一次送春归去,而自己未归,于是激起了怀乡之思。思乡的情绪是那么浓,便形之于梦寐,可梦醒后,更加感到愁思难以排遣。家乡如何,无法知道,连书信也难以收到,在期待中,愁白了双鬓。想归又不能决断,因而只能从心底发出感叹。诗前四句将情与景一起写,渲染旅愁春伤;后四句直抒胸臆,凄婉含蓄。尤其是尾联,在自责中,道出自己不得意而欲归隐,却又不甘心就此一事无成而归去的心理,道人所未道。第二联是评家交口称赞的名句,格调和谐,对偶工整。"蝴蝶梦"对"杜鹃枝"是巧对。"蝴蝶梦"一典,又写出了梦境的迷离,因此梦醒以后,见到三更明月,听到凄凉的杜鹃啼声,便分外空虚失望,痛苦哀伤。

答李儋元锡①

韦应物

　　去年花里逢君别,今日花开又一年。世事茫茫难自料②,春愁黯黯独成眠③。身多疾病思田里④,邑有流亡愧俸钱⑤。闻道欲来相问讯⑥,西楼望月几回圆。

【注释】

　　① 李儋:武威(今属甘肃)人,官殿中侍御史。　元锡,字君贶,曾任淄王傅。韦应物这首诗约写于兴元元年(784)春,时诗人由尚书比部员外郎刺滁州(今安徽滁县)已历一年。　②"世事"句:当时长安发生着朱泚叛乱,德宗仓皇出逃。韦应物曾派人去打听消息,当时还未回报,所以他心中十分焦虑。　③ 黯黯:心情低沉不快。　④ 田里:家乡。　⑤ 流亡:离乡逃难的百姓。　⑥ 问讯:这里指探望。

【今译】

　　去年百花开放的日子里,我与你们殷殷挥手告别;如今又是百花开放,我与你们分手已过了一年。世界上的事混混茫茫,有谁能够预先料到;在这春天我心神黯然,独个儿整天昏昏卧眠。疾病缠身令人格外难受,因此想早日辞官归去;辖下的百姓还有逃难在外的,实在有愧于朝廷赐予的俸钱。听说你们最近要到滁州来,特地写了诗给我;我在这西楼盼着你们,已不知见了几回月缺月圆。

【评解】

　　这首诗是回答友人寄诗问候的,所以从怀友写起,但具体入笔又宕开,由去年见面分手说到今天,道出离别后的思念,而以春花作维系,写得自然流转。以下两联,打破一般赠答怀友诗格局,将视线怀抱扩大,写国家动荡,将自己的感情与国家命运结合在一起。世事茫茫,春愁黯黯,一是客观,一是主观,看似浑写,却是实事,充满沉郁与伤感。而个人的"身多疾病"又因"春愁"而来,"邑有流亡"又因"世事茫茫"而起,自己欲离官而又因对百姓的疾苦不忍去,各类矛盾交织缠绕,诗人辗转伤感的情形便被突出了。尾联归结全诗,以盼望朋友到来,寄托自己沉挚深厚的友情。"身多疾病"一联一直被赞为一个好官的良心话,宋黄彻《䂬溪诗话》说:"余谓有官君子当切切作此语,彼有一意供租,专事土木而视民如仇者,得无愧色乎?"

江 村①

杜 甫

清江一曲抱村流②,长夏江村事事幽。自去自来堂上燕,相亲相近水中鸥。老妻画纸为棋局③,稚子敲针作钓钩。多病所需惟药物,微躯此外更何求?

【注释】
① 江村:指杜甫在成都浣花溪边的草堂所在的村庄。 ② 一曲:一弯。抱:环绕。 ③ 棋局:棋盘。

【今译】
一道清澈的江水,环抱着小村缓缓流淌;夏季的白天格外悠长,村中每件事都显得清幽闲旷。堂上梁间栖息的燕子,自由自在地上下飞翔;沙边水中嬉闹的鸥鸟,相亲相近,互相依傍。老妻拿出了纸张,悠闲自得地画着棋盘;小孩子正在做钓钩,把铁针又敲又打真忙。我近来疾病缠身,所需要的只是与药为伴;一个微不足道的人这样已经足够,难道还能有什么别的奢望?

【评解】
诗人在安史之乱后,来到成都,在浣花溪边建屋定居。环境清幽,生活相对稳定,他暂时得到了一分宁静,但贫困交加,身体多病,再加上为国效力的希望落空,又使他悲伤忧焚。这首诗表现的就是这一矛盾心理。诗首句写居处的环境,次句点出时间,强调江村的幽趣,呼应诗题,起领下两联。诗语调流走欢快,一个"抱"字炼得极工,后来王安石等人学杜便专学此种,如"一水护田将村绕"句即是。二、三联铺写"事事幽",通过自由自在的燕子、无忧无虑的沙鸥,表现和谐的幽趣,寄托与世无争的闲适心情;通过老妻画棋局、稚子敲钓钩,写与家人团聚之乐,与江村环境紧密相合。四句各写一景一事,而又连成一气;琢磨而出,又趣味天然,无迹可寻,是杜诗锻句的典型,成为宋江西诗派效仿的样板。末尾归到自身,写乐境中的悲苦,感叹穷愁多病,句意平直,情调则转入苍凉沉郁,这种结法,也很受后人赞许。

夏 日①

张 耒

长夏江村风日清②,檐牙燕雀已生成③。蝶衣晒粉花枝舞④,蛛网添丝屋角晴。落落疏帘邀月影⑤,嘈嘈虚枕纳溪声⑥。久判两鬓如霜雪⑦,直欲樵渔过此生⑧。

【作者简介】

张耒(1054—1114),字文潜,自号柯山,祖籍谯县(今安徽亳县),迁淮阴(今属江苏省)。宋神宗熙宁进士,历官太常少卿。他是"苏门四学士"之一,诗学白居易、张籍,平淡自然,多反映现实之作。著有《柯山集》。

【注释】

① 诗为张耒《夏日三首》中第一首。　② 江村:二字原作"村墟",也许是近似杜甫《江村》"长夏江村事事幽"句而误改。　③ 檐牙:屋檐下垂如牙障护屋檐的瓦。这里指屋檐下。　④ 蝶衣:蝴蝶的翅膀。　⑤ 落落:稀疏状。邀:邀请。这里是透入的意思。　⑥ 嘈嘈:杂乱的声音。虚枕:中间空心的枕头。　⑦ 判:原误作"斑",据《柯山集》改。判,同"拚",甘心。　⑧ 直欲:但愿,真心向往。

【今译】

我居住在江边的小村庄,夏日漫长,风清日爽。屋檐下的燕巢中,小燕儿羽翼已经丰满。五彩的蝴蝶在花丛中飞舞,采晒着花粉,伸开美丽的翅膀;阳光照射着屋角,蜘蛛正忙着牵丝结网。稀疏的帘子,仿佛邀请着月光透进小窗;倚靠着枕头躺在床上,耳边传来小溪流水哗哗乱响。很久以来,我已把世事看得很淡,不理会两鬓白发,似雪如霜;一心要做个樵夫或是渔翁,悠闲自得地打发剩余的时光。

【评解】

这首诗是诗人闲居乡村时作。夏日悠长,他无所事事,便细心地观赏起身边的景物,抒发对隐逸闲旷的生活的热爱。首句提纲挈领,振起全篇。日长风清,不仅是对夏景的总结,也是心情的流露。此后,檐下嬉闹的乳燕,花间翩飞的彩蝶,屋角忙碌的蜘蛛,都是在恬静的心情下观赏所见,所以格外精微细腻,泛动着生活的情趣。在这里,诗人已经把自己与自然融成一体,因此充分地感受着景物的静谧与和平。第三联,诗转写晚上,通过月光透进窗帘,枕上卧听溪声,写夜的安静,反衬心的平静。诗用"邀"、"纳"二字,把月影写成有情之物,把溪声变成有形物质,都表达得轻巧绵密,充满理趣。于是诗人想到与眼前幽寂自在的生活相对立的红尘扰攘、官场险恶,由衷地感叹,自己早就不在意时光催人老去,决心过着这陶然愉悦的隐居生活,直到生命终结。吴之振《宋诗钞》说张耒近体诗"蕴藉闲远,别有神韵",这首诗正具有这一特点,尽管诗在表面上幅度不大。

辋川积雨①

王维

积雨空林烟火迟,蒸藜炊黍饷东菑②。漠漠水田飞白鹭,阴阴夏木啭黄鹂③。山中习静观朝槿④,松下清斋折露葵⑤。野老与人争席罢⑥,海鸥何事更相疑⑦?

【注释】

① 题王维集作"积雨辋川庄作"。辋川:在陕西蓝田县终南山下,王维在辋川置有庄院,晚年即隐居庄内。　② 藜:一种野菜。东菑(zī):耕种一年的田名菑,此泛指田地。东菑即东面的田。　③ 阴阴:茂密幽深。按李肇《国史补》说此二句袭取李嘉祐"水田飞白鹭,夏木啭黄鹂"句。然宋人所见李嘉祐集即无此诗,

且李较王维年辈为晚。 ④习静:指坐禅之类,用以澄心息虑。 朝槿:即木槿,落叶灌木,花朝开暮谢。此言观朝槿的开落从而悟到世事的无常。 ⑤清斋:素食。 露葵:带有露水的葵菜。葵是多年生草本植物,茎可食。 ⑥"野老"句:《庄子·寓言》记,阳子居南到沛地去,途遇老子,教导他要去除骄矜。他去时,旅舍之人见他骄矜威容,先坐为之避席。回来时,他受老子教,和光同尘,人们毫不客气地与他争席而坐。这里用此典,表示自己心无名利,随俗不拘。 ⑦"海鸥"句:《列子·黄帝》说,海上有个人喜欢鸥鸟,鸥鸟围绕他周围达数百。后来他父亲叫他捕鸥鸟,鸥鸟就再也不肯飞到他身边来。此用此典,说自己毫无机心,村民们请不要猜疑他。

【今译】

　　绵绵雨天后,空疏的林中,炊烟升起,缓缓低低;是村民们在烧煮饭菜,准备送往东面的田地。苍茫广阔的水田上空,翩飞着点点白鹭;夏天浓密的树阴中,黄莺儿正在宛啭娇啼。我住在山里修养静寂的心性,从槿花的开落参悟了人生的妙谛;在松树下采摘带露的葵菜,作为自己清淡的斋食。山野村民已把我当作同类,与我争席,毫不客气;海鸥还有什么不放心,再对我猜测生疑?

【评解】

　　这首诗是王维七律的代表作。诗描绘辋川清幽的景物与村民淳朴的生活,表达自己心情闲旷,通过习静,参悟了世事的无常,从而与自然相融合,随俗返真,毫无机心。诗将理趣与景观结合在一起,绘景抒情,自然流畅,造句炼字,精妙工稳。如首句,以"空"字状久雨后林中疏朗迷濛,以"迟"字状雨天空气潮湿、炊烟散开缓慢,都很传神。次联由白鹭、黄鹂、水田、清阴构成一幅优美的图画,复以"漠漠"、"阴阴"一对双声字点染,动静相映,声色并茂,屡为后人称道。三、四联,或将理融入景中,或将典化入句中,委婉含蓄地表达自己厌恶红尘官场的浊秽,抒发回归自然、返朴归真的淡泊闲适的情趣,都颇具特色。

新　　竹①

陆　游

　　插棘编篱谨护持②,养成寒碧映涟漪③。清风掠地秋先到,赤日行天午不知。解箨时闻声簌簌④,放梢初见叶离离⑤。归闲我欲频来此,枕簟仍教到处随⑥。

【作者简介】

　　陆游(1125—1210),字务观,号放翁,越州山阴(今浙江省绍兴市)人。孝宗时进士,历官建康、隆兴通判。乾道八年(1172)入四川宣抚使王炎幕,从军南郑。后历官礼部郎中、宝谟阁待制。陆游是南宋最伟大的爱国诗人,"南宋四大家"之一,诗多写爱国激情,豪迈激荡,亦时有清新婉丽之作。著有《剑南诗稿》、《渭南文集》。

【注释】

　　①诗题陆游原集作"东湖新竹"。东湖在今浙江绍兴市东南。 ②谨:小心。 ③寒碧:指清凉碧绿的竹子。 ④箨(tuò):竹壳。解箨指竹子生长时将层层竹壳脱落。 ⑤离离:枝叶茂盛的样子。 ⑥簟

(diàn)：竹席。

【今译】

　　插上了荆棘，编好了竹篱，细心地保护着初生的竹子；新竹长成后，清凉绿碧，映照着水中的涟漪。清风阵阵吹进林中，使人感到新秋提前来到这里；炎炎赤日当头照射，中午来临，坐在林中也不觉不知。新竹脱下那层层笋壳，时常能听到簌簌的声响；刚展开梢头的新叶，便显出一派欣欣向荣的生机。今后离开官场赋闲归来，我要经常陪伴着你；在这浓郁的林翳中休息，随身带着枕头与竹席。

【评解】

　　陆游的七言律诗以气势排荡、雄浑悲壮为世所称，他的一部分写日常生活情趣的诗，又以清新工巧、轻柔绮丽著名。这首写新竹的诗是后一种，在陆游"六十年间万首诗"中属于不起眼的作品，由于描写细微具体，可作初学者入门的样板，所以被《千家诗》的编者选入。诗是咏物抒情，注意了对新竹环境的烘托，如把竹的绿称为"寒碧"，并把它置于清澈的水边，使之相得益彰，突出表现了竹子青翠、生凉的特点。诗还通过清风吹过，林中生凉，似乎秋天提早到来；赤日当空，午时也不感到炎热，来具体赞颂竹的特点，引出自己对竹林的喜爱。在描写上，诗不断变化角度，有外形勾勒，有自我感觉，还用了"解箨"、"放梢"等十分形象的动词，写竹子成长时期的状态，扣住题中的"新"字。这些，都表现出诗人高超的写作技巧。

夏夜宿表兄话旧

窦叔向

　　夜合花开香满庭①，夜深微雨醉初醒。远书珍重何由答②？旧事凄凉不可听。去日儿童皆长大，昔年亲友半凋零③。明朝又是孤舟别，愁见河桥酒幔青④。

【作者简介】

　　窦叔向，字遗直，扶风（今陕西省凤翔县）人。唐代宗时官左拾遗、内供奉，后官至工部尚书。诗工七言，原有集已佚，《全唐诗》辑存其诗九首。

【注释】

　　① 夜合花：即夜来香，多年生植物，花香浓郁，入夜尤甚。　② 远书：寄往遥远的地方的书信。　③ 凋零：凋谢零落。此指去世。　④ 酒幔：即酒幌、酒旗。

【今译】

　　夜合花盛开着，把浓郁的香气播满空庭；夜深人静，雨丝飘洒，我刚从浓重的醉意中清醒。山遥水远，多少次想给你寄信，可又怎么能到达你的手中？提起那些凄凉的往事，令人心碎，不堪卒听。我们分别时的那些孩子，如今都已长大成人；往时一起生活的亲友，半数却已经去世凋零。明天天一放亮，我又要乘上孤舟远去；心中有无限惆怅，不忍见河桥的酒旗青青。

| 七言律诗 |

【评解】

这首诗写与亲人久别重逢时的情感,先把人导入花开满庭、夜深酒醒、冷雨凄风这样宁静的环境,然后以顺畅朴素的语言,道出对床夜语话旧的内容。说的都是家常话,诸如音信隔阻,往事凄凉,人事变化等,与杜甫《赠卫八处士》"少壮能几时,鬓发各已苍。访旧半为鬼,惊呼热中肠"等铺叙一样,有异曲同工之妙。所说的都密切生活,所以读来很容易引起人们的共鸣。尾联极富情感,通过想象明早的分别,反衬今夜话旧的可贵;"又是孤舟别",一个"又"字,道出无限惜别情意,感人肺腑。唐诗人还有两首极负盛名的离别诗,所写情境都与本诗相仿。一是司空曙《云阳馆与韩绅宿别》,以"孤灯寒照雨,深竹暗浮烟"句,由景衬情;以"更有明朝恨,离杯惜共传"句,展望翌日的别离。一是李益的《喜见外弟又言别》,其话旧言别之句云:"别来沧海事,语罢暮天钟。明日巴陵道,秋山又几重。"这三首诗,都把重逢的欣喜与复别的悲伤写得入木三分,可合在一起读。

偶　　成

程　颢

闲来无事不从容,睡觉东窗日已红①。万物静观皆自得②,四时佳兴与人同③。道通天地有形外④,思入风云变态中。富贵不淫贫贱乐⑤,男儿到此是豪雄。

【注释】

① 睡觉:睡醒。　② "万物"句:这句是程颢主要思想的阐述。程颢认为"天下万物皆可以理照"、"万物皆备于我"(《两程遗书》),因此"天理二字都是自家体贴出来"(《上蔡语录》)。　③ 佳兴:美好的兴致。　④ "道通"句:在程颢看来,道即理,理既能生物,又能统辖万物,无所不在,"天有是理,圣人循而行之,所谓道也"(《两程遗书》)。　⑤ "富贵"句:《孟子·滕文公下》:"富贵不能淫,贫贱不能移,威武不能屈,此之谓大丈夫。"淫,惑乱。移,改变。

【今译】

空闲时对待万物都十分从容,一觉醒来,东窗已是日光通红。静观万物,都从自己心中得到体会;四时美好的兴致,我与人们相同。道理贯通天地与有形物质之外,思维深入宇宙风云变幻之中。富贵不能淫,贫贱不改乐,男子汉能做到这点,便是豪杰英雄。

【评解】

诗人是位理学家,主张天人合一,世间万物都是理所派生。这首诗即宣扬他的观点,是人们常说的道学家的语录体,随手挥洒,通俗圆活,充满议论。诗尾联是主旨,即提倡大丈夫要做到"富贵不能淫,贫贱不能移"。做到了这一点,便能修身养性,达到上述三联所说的,身闲心闲,一枕高卧;领略大自然的变化兴衰,知天命,乐大道,能以道观察万物,使自己顺应时世,适应自然。作为一首诗,在艺术上自然算不上上乘,但就其说理施教的功能来说,诗能将深奥的道理寓于对日常生活的态度中,简捷扼要,浅俗易懂,不能不说是成功之作。

游月陂①

程颢

月陂堤上四徘徊,北有中天百尺台②。万物已随秋气改③,一樽聊为晚凉开④。水心云影闲相照⑤,林下泉声静自来。世事无端何足计⑥,但逢佳节约重陪⑦。

【注释】
① 月陂:堤岸似月的湖。所在不详。 ② 中天:半空。 ③ 秋气:指秋天肃杀之气。 ④ 开:指斟酒、饮酒。 ⑤ 水心:水中。 ⑥ 无端:变化多端,没有穷尽。 ⑦ 陪:陪伴。此指赏玩。

【今译】
我在月陂堤上,四面眺望,来往徘徊;在那湖水的北边,耸立着一座高达云天的楼台。眼前的各种景物,都随着肃杀的秋气而改变;对着阵阵晚间的凉风,我喝上杯酒,聊以开怀。天上的白云缓缓地飘荡,影儿映在水中,分外悠闲自在;在寂静的夜色中,林间泉水的轻响,悠悠地传来。世间的事变化无常,不值得去认真计较;我只想碰上美好的节日,约上好友,重赏这清景天籁。

【评解】
这是首写景抒情诗,写游览月陂时所见所感。首联依游览诗惯例破题,写自己来到月陂,流连徘徊,并大略点出月陂景物。下两联写"游",领联说游时的气候节令,为下联作逗,一个"改"字,囊括了秋天的萧瑟景象,又逢夜晚,凉气袭人,更显出水面的空寂。颈联便着意刻绘水心云影、林下泉声,带出自己恬淡闲静的心情,与景相合。尾联因景的肃杀冷寞想到世事的盛衰变化,因为诗人心灵空寂,所以没有历来文士悲秋的情感,反生再游的向往。诗环环相扣,清新平淡。诗人毕竟是位大哲学家,在观景时带有自己的理趣。他曾说:"万物皆备于我,不独人尔,万物皆然,都自这里出去。"(《两程遗书》)所以能以自己的心支左景物,而不为景物所移。

秋 兴(其一)①

杜甫

玉露凋伤枫树林②,巫山巫峡气萧森③。江间波浪兼天涌④,塞上风云接地阴⑤。丛菊两开他日泪⑥,孤舟一系故园心⑦。寒衣处处催刀尺⑧,白帝城高急暮砧⑨。

【注释】
① 本诗是杜甫《秋兴八首》中的第一首。诗作于唐代宗大历元年(766),写客居他乡之感和怀念长安之情。 ② 玉露:洁白的露水。秋天,白露凝结为霜,故凋伤树木。 ③ 巫山:在今重庆巫山县东长江沿岸。

巫峡:长江三峡之一,在巫山边。巫山两岸皆山,水流湍急。萧森:阴晦萧条。　④兼:连接。　⑤塞:关塞。此指夔州(今重庆奉节)。　⑥两开:再次开放。杜甫自永泰元年(765)离开成都,经云安至夔州,至此已前后两年。"开"在这里双关,既指菊花开,也指引起泪下。他日泪:因思念往事而流下眼泪。　⑦孤舟一系:谓归舟长系。"系"在这里双关,既指舟长系,又指心被牵系。　⑧刀尺:剪刀、尺子,缝纫的工具。　⑨白帝城:在奉节县东白帝山上。　砧:捣衣用的石头。此指捣衣声。

【今译】
　　晶莹而寒冷的露水,摧残了火红的枫树林;远处的巫山与巫峡,更显得气象萧条阴森。江中的波涛翻滚,远远地与天相接;关隘上风云变幻,连接着大地一片阴沉。我在夔州已见到菊花两度开放,使我想起往事伤心地流泪;归舟长系,不再远去,也牢牢牵系住我思念故园的心情。寒衣还未做成,催着人赶快动起刀尺;站在高高的白帝城上,晚风传来了阵阵捣衣的砧声。

【评解】
　　这首诗是组诗的总纲,以下七首,都由本诗引发。诗从眼前的秋景写起。第一联点出时间是秋天,地点是夔州附近的巫山巫峡,以"露凋伤"、"气萧森"形象地展示萧瑟而引人伤神的秋意。次联进一步写秋景,以"江间"句承"巫峡","塞上"句承"巫山",用波浪连天、风云匝地显示景色的阴晦,把上句的"气萧森"具体化。这四句表面是写景,又体现了诗人对家国的忧伤,"影时事,见丧乱凋残景象"(《杜臆》)。第三联转到自己,点明羁旅乡思,写出心中的沉重。尾联把身世之感与客观景物紧密联系,因砧声想到寒衣,又以客地无衣想到作客的难堪。这四句表面写情,但情中有景,因为将景融入了情中,所以极为含浑。全诗情意深挚,气势磅礴。音节舒促相间,富有变化。用字造句,密散结合,有顺述,有倒装,有明舒,有暗点,使诗意象飞动,蕴含无穷,是杜甫七律的代表作。

秋　　兴(其三)

杜　甫

　　千家山郭静朝晖①,日日江楼坐翠微②。信宿渔人还泛泛③,清秋燕子故飞飞④。匡衡抗疏功名薄⑤,刘向传经心事违⑥。同学少年多不贱,五陵裘马自轻肥⑦。

【注释】
　　①山郭:山城。此指夔州城。　②翠微:山色青翠。此即指青山。　③信(shēn)宿:再宿,一连两夜。泛泛:在水面漂浮的样子。　④故:仍然。　⑤"匡衡"句:这句与下句都是四、三句格,前四字用典,后三字写自己。匡衡是汉著名经学家,曾任博士给事中,屡次上疏论事都得皇帝嘉赏,而杜甫却因上疏救房琯几乎被杀,因此感叹自己功名低微,不得重视。抗疏,上疏论事。　⑥"刘向"句:刘向是汉著名学者,成帝时被任命校中五经秘书,讲论五经于石渠阁。杜甫也曾有任中秘传经的心愿,但没能实现,所以感叹自己"心事违"。　⑦五陵:在长安西北的汉长陵、安陵、阳陵、茂陵、平陵。五陵一带是汉贵族集中地,贵族少年常于五陵聚会游冶。　轻肥:轻裘肥马。

【今译】
　　这千家万户,这山城,静静地沐浴着初升的阳光;我每天都是这样,坐在江楼,面对着缭绕的青山。渔民们在江上度过了一晚又一晚，小船儿仍然在波中自在地漂荡；清秋已经来临，燕子却没有离开，依旧在我面前，得意地飞翔。我想学匡衡上疏劝谏，没想到人微言轻，险遭不测；又想同刘向一样传授经书，可又难实现，前程渺茫。当年和我一起游学的少年们，如今个个春风得意，厚禄高官；在五陵聚会放达，穿轻裘骑骏马，意气高扬。

【评解】

这首诗写夔州清晨的景色与因此而引起的身世之感。与上一首一样，前四句写景，后四句写情，但用笔铸词各有千秋。首句写清晨日出，用一"静"字突出气氛，展现静态的人家、山城、初日这一系列景象，构成宁静冷寂的环境，为第二句蓄势。第二句在第一句的景中加入了江楼与人，说自己每天独坐江楼，面对青山，与上句组成一幅丰富的江楼独眺图，而诗人的寂寞低回也由场景的烘染得以体现。次联写眼中之景，捕捉动态，写渔人泛泛，表现自己对自由的羡慕；写燕子飞飞，当秋该去不去，又暗勾起难归的忧烦。这些曲折的心理，通过"还"、"故"二字，入微入妙地表达出来，令人击节赞叹。三、四联写身世之感，先以匡衡、刘向事，抒发感慨，表达自己追求济世匡时、致君泽民的不朽事业难以满足的失落，最后以同学少年作对比，又暗透对富贵利禄的鄙夷。全诗讲究词藻工丽与用典的工切，将景与情完美结合，融华赡与沉郁于一炉，成为后人模仿的典范。

秋　　兴（其五）

杜　甫

蓬莱宫阙对南山①，承露金茎霄汉间②。西望瑶池降王母③，东来紫气满函关④。云移雉尾开宫扇⑤，日绕龙鳞识圣颜⑥。一卧沧江惊岁晚，几回青琐点朝班⑦。

【注释】

① 蓬莱宫：唐宫殿名，原名大明宫，高宗时改蓬莱宫。　南山：终南山。在长安南。　② 承露金茎：承露金盘。金茎，指承露盘下的铜柱。承露盘是汉武帝建章宫中建筑，这里代指唐宫中建筑。　霄汉：天空。汉，银河。　③ 瑶池：见李白《清平调词》注。《汉武帝外传》载西王母曾在七月七日降汉殿与武帝相会。钱谦益认为这里的西王母是影射杨贵妃。　④ "东来"句：函谷关在长安东，《列仙传》载，老子西游，函谷关关令尹喜望见紫气东来，曰："应有圣人经过。"果见老子。　⑤ 雉尾：雉鸡的尾羽。唐宫扇用雉尾制，称雉尾障扇。开宫扇：玄宗时定制，群臣朝见时，皇帝上座前用宫扇遮蔽，坐定后撤扇露形。　⑥ 龙鳞：皇帝所穿衮龙袍上的龙纹。　⑦ 青琐：宫门。　点：同玷，玷污。是诗人自谦之词。　朝班：群臣朝见时排成的行列。

【今译】

雄伟壮丽的蓬莱宫阙，面对着巍峨的终南山；宫中矗立的承露金茎，高高地耸入霄汉。朝西望那缥缈的昆仑瑶池，那儿住着的西王母曾经下降；东边那一片蒸腾的紫气，是老子曾经路过的函谷关。带雉尾的羽扇缓缓移开，像缤纷的彩云飘动；龙袍闪耀似日光缭绕，我遥望着圣明的君王。自从我离朝卧病在江边，总是对深秋的景物无限感叹；有多少回，在梦中，进入宫门，加入朝班。

【评解】

这首诗是诗人在夔州回忆长安战前的繁盛。前六句写长安,通过回忆,写景、叙事、抒情。首联写宫殿的雄伟,重点放在高大的蓬莱宫与矗立的金茎,分别以"对南山"写巍峨,以"霄汉间"表其高耸。这样,整个长安宫殿的宏丽辉煌便如在眼前,足见诗人剪裁之功。次联选用两个神仙故事来进一步描绘宫殿的华丽,有意引导人们联想到仙宫神殿,浮想富贵豪华盛景。这四句,手法不同,但秩序井然,从面对南山写到西望瑶池、东眺函关,从宫外写到宫内,从顶端写到基脚,将宫殿的方位、气势写得十分完整。第三联由宫殿写到人,以朝会来表现,极写帝王威仪、臣子心理。这朝会众臣中,自然也包括了诗人自己,因此诗马上从回忆中拉回,以目前卧病沧江,无法再与朝会,感叹自己的孤寂,表达自己的伤愁,紧扣题"秋兴"。这首诗,前三联气象恢弘广大,尾联陡收急挽,有千钧之力。诗重笔写宫阙朝仪盛况,渲染升平,因为是写在乱后,更衬托出自己的悲哀。

秋　　兴(其七)

杜　甫

昆明池水汉时功①,武帝旌旗在眼中②。织女机丝虚夜月③,石鲸鳞甲动秋风④。波漂菰米沉云黑⑤,露冷莲房坠粉红⑥。关塞极天唯鸟道⑦,江湖满地一渔翁⑧。

【注释】

① 昆明池:在长安西南,为汉武帝元狩年间因伐昆明国而练习水战时所凿,周围四十里。　② 旌旗:武帝操练水师,建楼船,高十余丈,上插旗帜。　③ 织女:指昆明池边的织女石像。为了使昆明池上应天象,在池左右立牵牛、织女,以像天河。　机丝虚夜月:说织女像虽设有机丝,但不能织,只是徒对夜月。　④ 石鲸:昆明池有玉石刻的鲸鱼。　⑤ 菰(gū)米:水生植物,俗称茭白。秋结实如米,可煮食。　⑥ 莲房:即莲蓬。　⑦ 关塞:指巫山、夔州。　鸟道:只有飞鸟能飞越的险道。　⑧ 江湖满地:指到处漂泊。

【今译】

长安西南的昆明池,是数百年前汉代所开凿;遥想当年武帝练兵时的旌旗,似乎还在迎风招展,映入眼中。织女的石像机丝横陈,徒然对着这淡淡的夜月;石鲸在秋风的吹拂下,身上的鳞甲好似片片飞动。水面上漂浮着黑沉沉的菰米,活像是铺压着一片云彩;露水沾湿了湖中的莲蓬,粉红色的莲花已坠落无踪。遥望远方关塞连天,只有飞鸟才能度越;我在江湖漂泊,无休无止,如同是出没波间的渔翁。

【评解】

这首诗与上一首一样,也是前六句写长安,后二句写眼前。首联点明昆明池的来源,写得很壮美。但从诗人作此诗已在战后,长安已经破败,便很能理解诗人写昆明池,怀汉武帝,正是对盛世的怀念与向往。第二、三联写昆明池景物。一联写池畔,选取夜月下的朦胧景色,衬点出景物的宁静空灵。一联写水面,以"漂"、"冷"状动态,以"云"、"粉"拟多艳,以"黑"、"红"渲染色调,全面绘出秋天水面宽广优美的景色。最后,诗回到现实,注入"秋兴",眼中所见是连天关塞、重重阻隔,心中想到的是江湖浪迹、无地容身,满腔苦闷与沉痛,强烈地充溢于字里行间。正如杨伦《杜诗镜铨》所评:"'极天'、'满地'乃俯仰兴怀之意,言江湖虽广,无地可归,徒若渔翁之飘泊,昆明盛事,何日而能再睹也哉!"诗借汉言唐,是唐诗常用的手法。中四句分写两小景两大景,笔墨灵活,妙绪纷呈。末归结到自己,点明了前六句忆长安时的心情,顿变情调,将情与景、国家与个人的不幸融成一片,足称扛鼎之笔。

月 夜 舟 中

戴复古

满船明月浸虚空①,绿水无痕夜气冲②。诗思浮沉樯影里③,梦魂摇曳橹声中。星辰冷落碧潭水④,鸿雁悲鸣红蓼风⑤。数点渔灯依古岸,断桥垂露滴梧桐。

【注释】

① 虚空:广阔的空间。　② 无痕:没有波浪。　冲:逼人。　③ 樯:桅杆。　④ 冷落:稀疏冷清。
⑤ 红蓼:草本植物,生长水边,秋天开红花。

【今译】

小船洒满了皎洁的月光,沉浸在浩瀚缥缈的空间;碧绿的江水,水波不兴,夜间的寒意是那么地深重。高高的桅杆投下浓郁的阴影,我的诗思随着阴影起伏不定;摇曳的橹声悠悠扬扬,我的梦魂跟着橹声摇荡浮动。稀疏清冷的星星,倒映在深澄的潭水;一阵秋风掠过远处的红蓼,鸿雁悲怆的鸣声,响彻夜空。那古老的堤岸边,几点渔船的灯火闪烁不定;岸上梧桐凝结着露水,滴向断坍的小桥,叮叮咚咚。

【评解】

诗描写的是在秋天月夜泛舟所见,紧紧围绕"月"、"舟"二字,结合秋令,勾勒了一幅凄清静寂的画图,表现自己羁旅伤愁。首联"满船明月"直接点出"月","绿水无痕"暗示在舟中,出齐题,为全诗做好铺垫。颔联写自己在船上睡而复醒,诗思浮沉,将自己的情感与船的摇曳起伏、月的清辉联系在一起,构成蒙浑的诗境。颈联与尾联是月夜行船所见,采入一连串秋景,"碧潭"、"鸿雁"、"红蓼"、"垂露"、"梧桐",均与秋天密切相关。四句分写上下左右,视听交互,以舟为中心,以月光为背景色,景物繁富而格调荒凉凄冷。戴复古是江湖诗派重要作家,由于他长期浪迹江湖,对景物感受特别深刻,所以能将景物精练生动地组织在一起,通过细致入微的白描手法,使之惟妙惟肖地呈现在人们面前,不言情而情意深浓,达到了写景诗的很高境界。

长 安 秋 望①

赵嘏

云物凄凉拂曙流②,汉家宫阙动高秋③。残星几点雁横塞④,长笛一声人倚楼。紫艳半开篱菊静⑤,红衣落尽渚莲愁⑥。鲈鱼正美不归去⑦,空戴南冠学楚囚⑧。

【注释】

① 诗题一作"长安晚秋"。 ② 云物:犹言云气。 凄凉:一作"凄清"。 ③ 汉家宫阙:借汉言唐,指长安的宫殿。 动高秋:言宫阙高耸,掩映在云气中,随云流动而荡漾。 ④ 残星:天亮前残余的星星。 ⑤ 紫艳:艳丽的紫色。 ⑥ 红衣:红色的花瓣。 ⑦ 鲈鱼正美:《晋书·张翰传》载,张翰见秋风起,乃思吴中菰菜、莼羹、鲈鱼脍,叹道:"人生贵得适志,何能羁官数千里外以要名爵乎?"于是弃官回乡。这里用以指思乡之情。 ⑧ "空戴"句:《左传》成公九年载,晋侯观于军府,见钟仪,问道:"那个戴南方式样发冠的人是谁?"看守答道:"是郑国所献的楚国囚犯。"楚囚南冠表示不忘乡土,诗人是南方人,思乡而不得归,羁留长安,故云"空戴南冠"。

【今译】

凄凉清淡的云气,在曙光中飘浮;汉代修建的巍峨的宫阙,似乎随着秋天的流云晃悠。天空中残留着几点星星,一行大雁横飞掠过了关塞;远处传来一声长笛的声音,有个人儿独自倚在高楼。紫色的菊花半开着,靠着篱笆,一片幽静;水中的莲花落尽了红色的花瓣,泛漾着无边的忧愁。家乡的鲈鱼正是肥美的时候,我却羁留在这里不能归去;空怀有思乡的激情,处境局促,仿佛楚囚。

【评解】

这首诗写晨起登高所见的长安秋色。诗人满怀寂寥与伤愁,于是笔下的景物,莫不带上了惨淡惆怅的色彩。清晨的曙气飘浮,宫殿掩映在云气中,显得那么萧索凄清;天幕上还挂着几颗残星,闪着黯淡的光芒;大雁南飞,激起人无限的思乡情感,这时候又飘来一阵哀怨的笛声,令人触景生愁。紫菊幽静地开放,荷花已经凋谢,使人感伤,撩起无尽的愁思。于是诗人回思自己,欲归不得,又是那么地令人怅惘难受。工整的对偶,情景的交融,虚实的结合,典故的活用,使诗在即情绘景上取得了很高的成就。诗的第二联,以传神之笔写出苍凉恢廓的意境,又寓以凄凉深沉的情怀,景为人设,人在景中,承上文望中寥渺秋气,引下文的秋思羁愁,声色俱齐,收放无痕,《唐诗纪事》说杜牧对之"吟味不已,因目敁为赵倚楼"。

新　　秋①

无名氏

火云犹未敛奇峰②,欹枕初惊一叶风③。几处园林萧瑟里,谁家砧杵寂寥中④。蝉声断续悲残月⑤,萤焰高低照暮空。赋就金门期再献⑥,夜深搔首叹飞蓬⑦。

【注释】

① 诗原署杜甫作,但杜甫集中未见。 ② 火云:炎夏日落时出现的火红色云彩。 奇峰:指火云的形状。 ③ 一叶风:吹落第一张树叶的秋风。 ④ 砧杵:捣衣的工具。 ⑤ 残月:天亮前的月亮。 ⑥ 金

门:金马门,汉宫门名。汉时征召人才,集金马门,由皇帝召见选用。　⑦ 飞蓬:蓬草为多年生草本植物,花如絮,成熟后随风而飞。此指生活如蓬草飘忽不定。

【今译】

如同山峰般变幻的火云,还没有完全收敛;我斜靠着枕头养神,忽然听到那初次吹下落叶的秋风。在这萧瑟的秋声中,此时有多少园林花树正在凋谢;寂静的夜幕里,谁家的捣衣声,传入我的耳中。一钩残月悄悄照着,树上的知了发出断续的悲鸣;萤火虫高低乱飞,划破了深沉的夜空。我写好了诗赋,想再次去金马门献给皇上;在这深夜,伤心地搔着头,感叹一生漂泊,犹如飞蓬。

【评解】

诗题是"新秋",诗便不仅仅写秋,还处处照顾到"新"字。首联欲擒故纵,先从夏日炎热的火云写起,然后说到第一阵秋风,益显出秋之"新",且以"初惊"二字,突出了气候变化之快。以下四句,着力渲染秋色。诗人是在家中"欹枕",所以大多从听觉上来写。耳听着秋风萧瑟,刮遍园林;寂静的夜色中,传来阵阵捣衣声;残月下,秋蝉断断续续地悲鸣;萤火虫在窗外飞过,划破暮色。这四句,除了末句是眼中所见,其余都是从风中飘来的各种声响,都是由"一叶风"延伸出来。有实事,有想象,有远声,有近音,共同构成寂寞萧条的秋景,形象感人。尾联是由秋景而产生的悲伤情绪,低沉索寞,与前三联景句连成一气。全诗情景交融,结构严谨,风格沉郁,与杜甫诗风相近,其误题杜甫作,原因或即在此。

中　秋

李　朴

皓魄当空宝镜开①,云间仙籁寂无声②。平分秋色一轮满③,长伴云衢千里明④。狡兔空从弦外落⑤,妖蟆休向眼前生⑥。灵槎拟约同携手⑦,更待银河彻底清。

【作者简介】

李朴,字先之,虔州兴国(今属江西省)人。宋哲宗绍圣年间进士,官虔州教授、秘书监。著有《章贡集》。

【注释】

① 皓魄:皎洁的光华。此代指月亮。　② 仙籁:天上仙界的声音。　③ 平分秋色:七、八、九月为秋,八月十五为秋的中间,故云平分秋色。　④ 云衢:云路。此指云在空中飘动所经之路。　⑤ 狡兔:指传说中居住在月亮中的玉兔。　弦:月有上弦月、下弦月,这里指月的边缘。空从弦外落,即让月不亏。　⑥ 妖蟆:传月中有蛤蟆,能食月,使月亏。　⑦ 灵槎:槎即木筏。《博物志》载,有个住在海边的人,常见每年八月有槎来。一次他乘了上去,到达天河,见到牛郎织女。

【今译】

皓洁的月亮升上天空,宛如打开了一面玉镜;万籁俱寂,月明风息,连云间的仙乐也悄然无声。今天正是平分秋色的日子,月亮如车轮般圆满;它久久地伴着空中的云彩,把千里大地照得通明清澄。那狡黠的玉兔空自跳出弦外,月亮仍然是那么地团圆;那妖异的蛤蟆也不要出现,以免月亮蚀去它的光明。我准备约上几个朋友,乘上通到天堂去的灵槎;但是还须耐心等待,等到那银河彻底澄清。

【评解】

这首诗的诗题是"中秋",而把笔墨主要集中在写中秋的月亮。首句写月亮出来,用"皓魄"、"宝镜"二代词,一形容其亮,一形容其色与形,是咏物诗惯用的手法。次句写天空静寂,益显出月的精神,这就是所谓的烘云托月法。第三句点题,揭出时令;第四句烘染月光的皎洁。前四句全作具体描写,将月色写得很饱满,因此后四句转入虚写,化用神话,从侧面写满月。狡兔落去,蟾蜍不生,既写了月的圆,又寄托但愿月长圆的向往;因此最终用乘槎上天的传说,扣紧八月十五,又引发由月色美好而产生的漫游天宫的愿望。诗形象地描绘了月的形与色,又通过浮思遐想,加倍写出月夜的迷人,因此读来清气袭人,趣味深长。

九日蓝田崔氏庄①

杜 甫

老去悲秋强自宽②,兴来今日尽君欢③。羞将短发还吹帽④,笑倩旁人为正冠⑤。蓝水远从千涧落⑥,玉山高并两峰寒⑦。明年此会知谁健?醉把茱萸仔细看⑧。

【注释】

① 九日:指九月初九重阳节。民俗于此日登高,插茱萸辟邪。这里指乾元元年(758)九月初九,时杜甫任华州(今陕西华县)司功参军。 蓝田:今陕西蓝田县,去华州八十里。 崔氏庄:崔氏东山草堂。崔氏即王维表弟崔兴宗,是位隐士。 ② 强:勉强。 ③ 尽君欢:为君而尽欢。指登高痛饮。 ④ "羞将"句:用孟嘉事。《晋书·孟嘉传》:孟嘉为桓温参军。九月九日,桓温设宴龙山,席上风将孟嘉帽子吹落,孟嘉在酒酣中竟不知觉。 ⑤ 倩:请。 正冠:把帽子戴正。 ⑥ 蓝水:即灞水。源出蓝田县蓝田水,合溪谷之水,流入灞水。 ⑦ 玉山:即蓝田山,因产玉而名。山在县东,与华山云台峰并峙,故云"两峰寒"。 ⑧ 茱萸:亦名越椒,味辛,可入药。周处《风土记》载俗以九月九日"折茱萸房以插头,言辟恶气而御初寒"。又,吴均《续齐谐记·九日登高》:"汝南桓景随费长房游学累年,长房谓之曰:'九月九日汝家当有灾,宜急去,令家人各作绛囊,盛茱萸以系臂,登高饮菊花酒,此祸可除。'"

【今译】

老来对秋天更感到伤悲,只能勉强振作,自我放宽;今天偶然兴致勃勃,登高饮酒,为君尽欢。头发稀疏令我羞愧,最怕山风吹落帽子;因此含笑央求旁人,时时注意,为我正冠。蓝水冲出千山万涧,潺潺地流到跟前;玉山与云台峰并矗,高入云端,隐隐生寒。明年今日重阳佳会,不知道我们是否都还健在?想到这,喝醉了酒,把茱萸看了又看。

【评解】

这首诗写贬官华州时的心情。首句是总摄,全诗都围绕"老"、"悲愁"、"强自宽"来写,笔力矫健,盘旋变化,是杜甫七律中的名作。"蓝水"一联,忽于写情叙事中夹入写景,看似与前后不相统属,实质借景移情,关联全篇,尤见作意。这种写法,被宋江西诗派诗人奉为不二法门。宋诗人杨万里对这首诗创意结构最为欣赏,在《诚斋诗话》中作了精细的分析,对赏鉴本诗很有帮助,因引于此:"唐律七言八句,一篇之中,句句皆奇,一句之中,字字皆奇,古今作者皆难之……老杜《九日》诗云:'老去悲秋强自宽,兴来今日尽君欢。'不徒入句便字字对属,又第一句顷刻变化,才说悲秋,忽又自宽,以'自'对'君'甚切……'羞将短发还吹帽,笑倩旁人为正冠。'将一事翻腾作一联,又孟嘉以落帽为风流,少陵以不落为风流,翻尽古人公案,最为妙法。'蓝水远从千涧落,玉山高并两峰寒。'诗人至此,笔力多衰,今方雄杰挺拔,唤起一篇精神,自非笔力拔山,不至于此。'明年此会知谁健,醉把茱萸仔细看。'则意味深长,悠然无穷矣。"

秋　　思

陆　游

利欲驱人万火牛①,江湖浪迹一沙鸥②。日长似岁闲方觉,事大如天醉亦休。砧杵敲残深巷月,井梧摇落故园秋③。欲舒老眼无高处,安得元龙百尺楼④?

【注释】

①　火牛:战国时,燕国伐齐,连下七十余城,仅留即墨一城未攻下。齐将田单集中了千余头牛,角上绑尖刀,尾上系着浸过油的芦苇,夜间点火烧着芦苇,牛受惊冲入燕营,齐兵随之,大败燕兵。　②　沙鸥:一种水鸟。　③　井梧:井旁所种的梧桐。　④　元龙百尺楼:《三国志·陈登传》载,陈登字元龙,有大志。名士许汜去看望他,他不予理睬,独自睡床上,让许汜睡床下。后来许汜把这件事告诉刘备,刘备说:"方今天下大乱,你只知求田问舍,不以国家利益为怀,元龙当然不理你。如果我是陈元龙,就让你睡地下,我睡在百尺高楼上。"

【今译】

尘世间的利欲,像万头火牛驱赶着人东奔西走;我却浪游江湖,犹如水边自由自在的沙鸥。过一天如同过一年,这滋味只有空闲无事才能体会;如天般大的事,喝醉了酒也一样被抛在脑后。深巷中阵阵捣衣声,到月亮快要落下时方才停止;井边的梧桐叶纷纷飘落,我知道家乡也已是新秋。我想用昏花的老眼尽力远眺,可找不到可以登高的地方;心中止不住感叹,到哪里去寻觅陈元龙的百尺高楼?

【评解】

诗前两联叙事,写自己远离利欲,自在闲适,随心所欲,浪迹江湖,空闲无事,饮酒作达。这两联写得疏放豪爽,尤其是首联,通过自己犹如沙鸥般自由自在,与被利欲所驱的人作对比,突出了自己的清闲。第三联转入写景。陆游以工于对偶闻名,这联不仅字句声调对得极工,且将秋景分解到二句中,使诗连成一气,通过凄凉萧条的声色,隐喻自己的心情,自然过渡到尾联想登高望远的伤愁中。尾联是全诗点睛,元龙百尺楼,从诗面上看是供登临用,实际上诗人是通过典故,以元龙自况,表达自己英雄失路、报国无门的悲伤,写得十分含蓄。由此而反观前几联,便能品味出诗人所作的达语,所写的景物,包含寄托着无数的苦闷与牢骚。

|七 言 律 诗|

与朱山人①

杜甫

锦里先生乌角巾②,园收芋栗未全贫③。惯看宾客儿童喜,得食阶除鸟雀驯④。秋水才深四五尺,野航恰受两三人⑤。白沙翠竹江村暮,相送柴门月色新。

【注释】
① 诗题一作"南邻"。朱山人:杜甫在乾元、上元年间居住成都草堂时的邻居。 ② 锦里先生:指朱山人。锦里是成都地名,因成都为锦官城而得名。 角巾:四方有棱角的头巾,为平民所戴。 ③ 芋栗:芋头、栗子。 ④ 阶除:门前的台阶。 驯:指见人不惊飞。 ⑤ 野航:乡村的小船。 受:容纳。

【今译】
锦里先生戴着顶乌角巾,田园里能收获芋栗算不上很贫。儿童见惯了宾客个个笑脸相迎,在阶除上啄食的鸟儿遇人不惊。门前的小河秋天水深才四五尺,小小的渡船正好坐上两三个人。江村的傍晚沙滩洁白竹林深翠,送客走出柴门,月光是多么皎洁澄清。

【评解】
诗赞扬邻居朱山人淳朴好客的高贵品质,可分前后两段。前四句写朱山人的品格。他布衣潇洒,安贫乐道,家中儿童见惯了客人来往,门前的鸟雀也习惯于人来人往而驯熟不惊。这样写,把朱山人淡泊名利与好客的性格写得具体而生动。后四句从好客写到送客,意脉流畅而跳脱自然。五、六句写秋水、野航,使空间拓展,逆접七、八两句月下送客,写得静谧安详。诗疏散流荡,顺着朱山人的身份品格展开,写其迎客与送客的过程,变化转折而内容丰富。三、四句用倒装,于齐整中变化,使节奏加快。五、六句又极纡徐,嵌入虚词"恰"、"才",与数字结合,叙事中渗入主体感觉,表出事外意象。末两句,则通过景色的清丽幽静,衬托主人的淡泊。这些,都表现出诗人剪裁之功。

闻 笛①

赵嘏

谁家吹笛画楼中②,断续声随断续风。响遏行云横碧落③,清和冷月到帘栊④。兴来三弄有桓子⑤,赋就一篇怀马融⑥。曲罢不知人在否,余音嘹亮当飘空。

【注释】
① 此诗《千家诗》题赵嘏作,但今存赵嘏集无此诗。 ② 画楼:装饰华美的楼阁。 ③ 响遏行云:谓声音美妙嘹亮,使流动的云彩停止。语出《列子·汤问》:"(秦青)抚节悲歌,声振林木,响遏行云。" 碧落:天

空。　④帘栊:窗户。帘指帘子,栊,窗棂。　⑤桓子:东晋桓伊,字叔夏,号子野,擅吹笛。《世说新语》载,王徽之与桓伊素不相识,一次相遇于清溪,王徽之遣人求桓伊奏笛。桓伊不以为忤,下车踞胡床吹三曲而去,二人不交一言。弄,曲一支曰弄。　⑥马融:东汉人,字季长,官南郡太守。博学多才,是著名经学家。擅文知音,曾著有《长笛赋》。

【今译】

不知道是谁吹起了笛子,在那远处华丽的小楼;断断续续的笛声,追随着断断续续的清风。声音高昂时直冲云霄,连浮动的云彩也被止住;声音清幽时伴着清冷的月光,悄悄地透进我的帘栊。兴致到来时连吹了三曲,就像是晋代的名士桓伊;我草就赞赏的诗歌,不禁追思作《长笛赋》的马融。这时候笛子已经停下,不知道那人是否还在楼上;那嘹亮清越的余声,仍然久久地回旋在空中。

【评解】

这首闻笛诗,经诗人精心结撰,写得首尾整饬,绵密工稳,意味悠长。笛声与琴曲相同,随着人的心境改变,很难描绘具体。诗人却化难为易,先说明是听远处的笛声,次将笛声与风声的断续结合,留下很大的刻画余地。然后,通过"响遏行云"突出它的高昂激荡,以"清和冷月"象征它的低幽婉转,都十分形象,给人以巨大的想象空间。第三联,诗人转换角度,改用典虚写。先把吹笛人与桓伊相比,说明吹笛人的技术高超、乐声感人,又用马融作《长笛赋》事,说出自己的赞美。结尾用宕笔,勾勒一派沉浸在乐曲中的神飞意驰的状况,使诗意也与笛声一样回荡不定,余韵袅袅。值得一提的还有,诗是赞笛声,同时也通过听笛与吹笛人作思想上的交流,但诗始终将吹奏者隐在幕后,使诗蒙上一层与夜间笛曲同样缥缈神奇的色彩。

冬　　景

刘克庄

晴窗早觉爱朝曦①,竹外秋声渐作威。命仆安排新暖阁②,呼童熨帖旧寒衣。叶浮嫩绿酒初熟,橙切香黄蟹正肥。蓉菊满园皆可美③,赏心从此莫相违。

【注释】

①觉:睡醒。朝曦:清晨的阳光。　②暖阁:设有火炉的小阁。　③蓉:木芙蓉,秋末开花。

【今译】

清晨一觉醒来,我特别喜爱那透进窗来的晨曦;竹林外寒风萧瑟,是肃杀的秋气正在作威。我赶忙叫来了仆人们,去收拾好过冬的暖阁;又谆谆叮嘱小童儿,熨烫好旧的棉衣。刚酿好的美酒,浮动着嫩叶一样的碧绿;煮熟的肥壮的螃蟹,颜色金黄,犹如橙子,散发着香气。满园开遍了芙蓉和菊花,令人爱羡把玩不已;真应该尽情地欣赏,切莫错过了大好时机。

【评解】

这首诗写的是秋末的景色,诗题作"冬景"或有误。一般写秋天的诗歌,总着眼于萧瑟冷清的景物,藉以抒发悲秋之感。这首诗一反常格,充满朝气。诗着眼于日常闲适的生活,说天气变寒,秋风作威,诗人便安排暖阁,准备寒衣,饮酒持蟹,赏菊观花,表现了自己对生活的热爱,大有魏晋名士之风,写得清新活泼,情趣盎然。宋诗人喜欢刻绘细小景物,对色彩的运用尤为经心。这首诗就成功地运用色彩,反映心理动态,搭配得十分和谐。特别是颈联,将新酿的酒比作碧绿的嫩叶的颜色,把螃蟹的蟹黄比作切开的橙子,都神似新异。而尾联黄色的菊花又与秋气中凋零的黄叶相浑,强调了季节色,也颇显匠心。

小 至①

杜 甫

天时人事日相催,冬至阳生春又来②。刺绣五纹添弱线③,吹葭六管动飞灰④。岸容待腊将舒柳⑤,山意冲寒欲放梅⑥。云物不殊乡国异⑦,教儿且覆掌中杯⑧。

【注释】
① 诗题原作"冬景",据杜甫集改。小至,冬至后一日。 ② 阳生:阳气初生。古人将季节的转换视为阴阳二气的消长,夏属阳,冬属阴,冬至为阴气已尽,阳气将生。 ③ 五纹:五彩花纹。此指五色丝线。 弱线:短短一根线。 ④ 葭:芦苇。此指葭灰。 六管:管,杜甫集作"琯"。古人以玉制成十二管,分六律、六吕,以应节令,管中置葭灰,至某一节气,相应的管中灰便会飞出。 ⑤ 岸容:水边景象。 腊:十二月。 ⑥ 山意:山中景物意态。 ⑦ 云物:云烟景物。 乡国:家乡。 ⑧ 覆:倾倒。即饮尽。

【今译】
自然界的变化与人世间的事,生生不息,逐日相催;冬至到了,阳气复生,春天不久也要回归。白天变长,女工们忙着刺绣,五色丝线天天可增添一段;象征节气的六吕管内,飞出了代表冬至的葭灰。岸边的杨柳正等候腊月过去,将吐出嫩黄的新芽;山里的梅花冲破寒冷,马上要绽开满树的花蕊。眼前这烟岚景物,与我家乡没有什么两样;吩咐小儿对景开怀,把手中的酒再干上一杯。

【评解】
诗写晚冬,扣题很紧。首联点出时令已届冬末,春天即将到来,以时事代序、日月相催,暗示今年时日无多,以"冬至阳生春又来"将"日相催"具体化,写得一气流走,内容与形式完美地统一。次联应首联的"人事",表现得很细微。冬至后,白天渐长,诗人以刺绣每天可多绣一小段线来表达,机杼旁运,道人未道;玉管飞灰,是很微末的感受,诗人用以说明气候变更,也立意新颖。第三联应首联中的"天时",写冬至时自然界变化,但又化实为虚,用"将舒柳"、"欲放梅"六字,准确地表达时令,透出春意。尾联写自己的感受,是一般写景记事诗常格,但杜甫结得沉稳,以勃勃兴致,照应前面所写春天将到时大地微露的生机。全诗层层紧扣,脉络分明,尤其在虚字的把握上极为准确,使全诗境界顿开,情景皆到。

梅　花①

林　逋

众芳摇落独暄妍②,占尽风情向小园③。疏影横斜水清浅④,暗香浮动月黄昏⑤。霜禽欲下先偷眼⑥,粉蝶如知合断魂⑦。幸有微吟可相狎⑧,不须檀板共金樽⑨。

【作者简介】

林逋(967—1028),字君复,钱塘(今浙江省杭州市)人。终身未仕未娶,隐居孤山,植梅养鹤,人称"梅妻鹤子"。卒后赐谥和靖。他的诗出入晚唐而平淡清隽,在宋初别具一格。著有《林和靖诗集》。

【注释】

① 诗题一作"山园小梅"。　② 众芳:百花。　摇落:凋谢。　暄妍:明媚艳丽。这里形容梅花开得很盛。　③ 占尽:即"尽占",独占。　④ 疏影:指梅的枝干。　⑤ 暗香:指梅花清淡的香气。　黄昏:指月光朦胧昏暗。　⑥ 霜禽:寒天的禽鸟。也可解作白色的鸟,以与梅花的白相衬。　⑦ 合:应该。　断魂:伤感悲切。　⑧ 微吟:低声吟诵。　狎:亲近。　⑨ 檀板:用檀木做成的拍板,歌唱时用来打拍子。这里代指音乐唱歌。　金樽:名贵的酒杯。这里代指酒。

【今译】

百花早已凋谢,只有你,还是那么地明媚烂漫;小园中美丽的风光,全都被你独揽。你那疏朗的树枝,横斜着,倒映在清澈的水面;月色朦胧,一味幽香,弥漫了整个空间。寒天的鸟儿,想飞落枝头,又止住冲势,频频偷看;春天的彩蝶,倘若知道你的芳郁,岂不要为自己深深伤惋?幸而有我,低吟着诗儿,与你相亲相伴;又何须俗人打着檀木拍板,高举金樽,把你赏玩?

【评解】

这首咏梅诗,前六句着题写梅,后两句抒发情感。首联作概括性描写,用一个"独"字、一个"尽"字,将梅花的天姿及引人入胜的神韵呈现出来,点出梅的高洁傲岸的品格。次二联放手写梅,描摹梅花的形态、香气,又通过霜禽、粉蝶作衬,一实一虚地写出梅的迷人。末联是对梅的赞赏,铺叙感受。"疏影"一联是传颂的名句,普遍认为代表了咏梅诗的最高成就。诗把梅花置身于水边、月下两个与梅花色彩、香气相得益彰的环境中,将梅的形态、清香写深写透,且韵味无穷。因此,"疏影"、"暗香"二词后来成为咏梅的固定语,姜夔创新调咏梅,即以之作词牌名。陈与义《和张矩臣水墨梅》云:"自读西湖处士诗,年年临水看幽姿。晴窗画出横斜影,绝胜前村夜雪时。"认为压倒了唐齐己《早梅》诗名句"前村深雪里,昨夜一枝开"。细心的评论家中也不乏挑刺的人,如有人认为林逋这诗是抄袭了五代时江为的"竹影横斜水清浅,桂香浮动月黄昏"句。王诜甚至说这诗移到咏桃李或杏花都可以。不过这些非难,丝毫没有影响林逋这首诗的传布及成就。

左迁至蓝关示侄孙湘①

韩　愈

一封朝奏九重天②,夕贬潮州路八千③。欲为圣明除弊事④,敢将

|七言律诗|

衰朽惜残年⑤！云横秦岭家何在⑥？雪拥蓝关马不前。知汝远来应有意,好收吾骨瘴江边⑦。

【注释】

① 左迁:降职。韩愈于元和十四年(819)正月上书谏迎佛骨,触怒唐宪宗,由刑部侍郎贬官潮州刺史。这首诗是南行途中作。 蓝关:蓝田关,在今陕西省蓝田县南。 侄孙湘:韩愈之侄韩老成的长子,字北渚。 ② 朝奏:早晨进奏的谏章。 九重天:指深宫。此代指皇帝。 ③ 潮州:州治在今广东省潮阳。离长安八千里。 ④ 圣明:皇帝。 弊事:有害的事。指迎佛骨劳民伤财。 ⑤ 敢:岂敢,一作"肯"。 ⑥ 秦岭:指长安南面的终南山。 ⑦ 瘴江:指岭南一带的江河。南方湿热多瘴气,故云。此即指潮州。

【今译】

早晨把一封奏章呈达皇上,晚上就被贬官潮州,路隔八千。本意是想为朝廷革除有害的政事,岂敢因为身老多病顾惜晚岁余年！云雾横锁着秦岭家乡不知在何处？大雪封阻了蓝关马儿踟蹰不前。知道你远来相送自有深情厚意,你准备好收拾我的骸骨,在那瘴江边。

【评解】

诗写遭贬途中的感慨。首联破题写被贬缘由,气势磅礴。以"朝奏"、"夕贬"、"九重天"、"路八千",进行鲜明对比,写遭贬得罪之快及贬所之远,概括力极强。次联写对现状的不满,用流水对,说自己为除弊事,死犹不悔,一气而下,呼应上联。李光地《榕树诗选》云"尤妙在许大题目,而以'除弊事'三字了却",称赞了诗的含蓄不露。第三联转接,一句写远眺,一句写眼前,"云横"、"雪拥",境界雄阔,状出广与高,通过景物,表达心中的不平。尾联即景叙事,扣紧诗题,交代后事,低回凄恻,令人不堪卒读。全诗将深沉的感情与悲壮的景象结合在一起,既得杜诗沉郁顿挫的特点,又如吴汝纶所评,"大气盘旋,以文章之法行之","开宋诗一派"。

干　戈①

王　中

干戈未定欲何之②？一事无成两鬓丝③。踪迹大纲王粲传④,情怀小样杜陵诗⑤。鹡鸰音断人千里⑥,乌鹊巢寒月一枝⑦。安得中山千日酒⑧,酣然直到太平时⑨。

【作者简介】

王中,字积翁,宋末人,生平不详。

【注释】

① 干戈:两种兵器名,此代指战争。 ② 之:去,至。 ③ 丝:蚕丝。形容头发白。 ④ 踪迹:此指生平经历。 大纲:大致相同。 王粲:汉末人,建安七子之一,他生当战乱,漂泊无依,曾去荆州依附刘表。 ⑤ 小样:略微相似。 杜陵:指杜甫。杜诗多反映战乱及忠君报国之作。 ⑥ 鹡鸰(jí líng):鸟名。亦作脊令。《诗·小雅·常棣》有"脊令在原,兄弟急难"句,后因以之比拟兄弟。 ⑦ "乌鹊"句:化用曹操《短歌行》"月明星稀,乌鹊南飞,绕树三匝,无枝可依"句,及《庄子·逍遥游》"鹪鹩巢于深林,不过一枝"句。 ⑧ 中山

千日酒:《搜神记》载,中山人狄希能造千日酒,人饮后千日不醒。 ⑨酪然:大醉的样子。

【今译】

　　战争尚未结束我能到哪里去?一件事也没做成,已经两鬓如丝。生平经历大致与王粲一样,心中情思约略和杜甫相似。兄弟间音讯全无,远隔千里;我暂住这儿,如寒月下的乌鸦栖息一枝。从什么地方可觅来中山人酿的千日酒,酪酊醉去,醒来已是天下太平之时。

【评解】

　　这首诗是诗人自述身遭战乱,颠沛流离的悲伤,语语沉痛,字字不堪。这样的诗,在《千家诗》中是比较少见的。首句"干戈未定"是对大环境的描述,次句"一事无成"是对自身的总结,开门见山地说明下面所述种种凄惨遭遇的原因,起得十分沉痛压抑。以下两联,分述自己的苦难。颈联用王粲及杜甫事,一说明自己漂泊无依的身世,一表明自己关心国家而报国无门的情怀,用典十分贴切,加深了诗的意蕴。颈联变换手法,用比喻写自己的目前处境,说自己远离家乡,与亲人音讯隔断,如栖于寒枝的乌鸦,凄凉孤独。尾联用中山千日酒事,表达自己向往太平,更衬出眼前的悲伤痛苦。宋末时,一部分诗人身罹战乱,纷纷以诗歌描写现实,抨击黑暗,抒发爱国热忱,涌现了一批具有真情实感的好诗。王中是宋末不起眼的小诗人,而通过这首诗,我们仍然能直接感受到那个时代的文学气息。

归　　隐

陈抟

　　十年踪迹走红尘①,回首青山入梦频。紫绶纵荣争及睡②,朱门虽富不如贫③。愁闻剑戟扶危主④,闷听笙歌聒醉人⑤。携取琴书归旧隐,野花啼鸟一般春。

【作者简介】

　　陈抟(906—989),字图南,号扶摇子,真源(今河南省鹿邑县)人。五代中曾应进士举不第,归隐武当山,又移华山修道。宋太宗时曾入朝,赐号希夷先生。著有《指元篇》等。

【注释】

　　①红尘:人世。此指奔走于功名利禄。　②紫绶:系在官印上的紫色丝带。此代指做官。争及睡:陈抟以爱睡闻名,他常一睡百余日不起。　③朱门:用朱红漆漆的大门,代指富贵人家。　④剑戟:均为兵器。此代指战争。　危主:政权将不保,处于危难中的君主。　⑤聒(guō):喧扰。

【今译】

　　我为了追求功名利禄,在人世间奔波了十年;如今醒悟,常常梦到,当年隐居的青山云岭。做大官虽然荣耀,怎比得上一枕高卧;住在深宅大院固然富贵,还是不如安心清贫。辅佐着朝不保夕的君主,难免听到战争便忧心如焚;喝醉了酒,昏昏沉沉,喧闹的笙歌更使人烦闷。带上了琴背上了书,我回到旧时隐居之地;那儿的野花啼鸟,仍然和原先一样春色迷人。

【评解】

陈抟在五代乱世中追求名禄多年,一事无成,终于幡然醒悟,决心回山隐居,作了这首诗表明自己的志向,也对世人进行劝诫。诗通过自身的经历,向世人披露做官的种种不堪,阐明隐居之乐。中国古代崇尚隐居避世,因为隐士多勘破名利,远离红尘,恬淡安闲,多味道之语,所以隐士又往往被人与神仙相联系。陈抟就是个著名隐士而被人传为成仙的人物,所以这首诗多豁达超脱之句。诗的主题很明确,即宣扬避世高蹈、逍遥度日的乐趣。在具体写时,通过与忙于功名利禄的人对比,结合自身体会,所以格外令人信服。诗纯用议论,已开宋以议论为诗的风气,好在诗在议论中多方举例,使诗活泼流利,无沉闷腐气。

时世行赠田妇①

杜荀鹤

夫因兵死守蓬茅②,麻苎衣衫鬓发焦③。桑柘废来犹纳税,田园荒尽尚征苗④。时挑野菜和根煮,旋斫生柴带叶烧⑤。任是深山更深处,也应无计避征徭⑥。

【作者简介】

杜荀鹤(846—904),字彦之,号九华山人,池州石埭(今属安徽省)人。曾官宣州田頵从事,晚年依朱温。诗专攻近体,语言浅近,诗意平易。著有《唐风集》。

【注释】

① 诗题一作"山中寡妇"。 ② 蓬茅:犹蓬居,茅草屋。 ③ 麻苎:大麻和苎麻。此指用粗麻织的布。 ④ 征苗:唐德宗时实施的青苗税。此借指田赋。 ⑤ 旋斫:现斫,现砍。 ⑥ 征徭:赋税和徭役。

【今译】

丈夫战死她独守着简陋的茅屋,穿着粗麻衣服,鬓发枯焦。桑蚕荒废仍然要纳丝税,田园无收田赋必须照交。时常挑些野菜连着根儿煮食,现砍了湿柴带着叶子焚烧。尽管她住在深山最幽深的地方,还是没法逃避重税苦徭。

【评解】

这首诗是诗人代寡妇控诉悲惨的遭遇,反映唐末民不聊生的情况。以七律写乐府题材,是杜荀鹤的创举。首联概括出寡妇的身份及憔悴的外貌。次联写她的处境,说明贫困的原因。第三联具体写寡妇生活的艰苦,选用了有代表性的细节,用"加一倍"写法,说她吃野菜已够苦,尚"和根煮";刚砍下的柴难以燃烧,还要"带叶烧",突出强调了寡妇种种不堪之处。尾联采用一般乐府手法点题明义,对寡妇进行同情感叹,并一针见血地指出官府对人民的沉重压迫及社会制度的不合理,扩大了诗的意蕴。诗写得很精炼,以短篇代替了乐府歌行的长篇叙事,却又面面俱到。这种流丽古朴而又通俗无华的诗体,便是后来宋严羽《沧浪诗话》所称的"杜荀鹤体"。

送 天 师①

宁献王

霜落芝城柳影疏②,殷勤送客出鄱湖③。黄金甲锁雷霆印④,红锦韬缠日月符⑤。天上晓行骑只鹤⑥,人间夜宿解双凫⑦。匆匆归到神仙府,为问蟠桃熟也无⑧。

【作者简介】

宁献王,即朱权(1378—1448),明太祖第十七子,封宁王,卒谥献。他是明代著名戏曲家,著有戏曲十二种及《太和正音谱》等。

【注释】

① 天师:张天师。为天师道开创者张道陵的后代,居江西贵溪县龙虎山,世代承袭,元时累加褒封,掌天下道教事。 ② 芝城:江西波阳县别称,以县北芝山得名。 ③ 鄱湖:鄱阳湖,在江西省北部。波阳县在湖西岸。 ④ 黄金甲:指盛放印章的金匣。 雷霆印:能呼召雷霆的金印。 ⑤ 红锦韬:用红绸做的口袋。日月符:能驱遣日月的符箓。 ⑥ 骑只鹤:传古仙人多骑鹤,如王子乔曾骑鹤驻嵩山。 ⑦ 双凫:《后汉书·王乔传》云:王乔有仙术,常从所官县赴朝。每次去时,人们总见有双凫从东南飞来,有人张网捕之,但得一双鞋,这鞋正是朝中赐与王乔的。 ⑧ 蟠桃:仙桃,传三千年一熟,西王母曾以之赐汉武帝。

【今译】

秋天到来,白霜降落,波阳城中的杨柳影儿稀疏;天师你今天要离开这儿,我殷勤地把你送出鄱阳湖。你随身带的黄金装饰的匣中,盛着能呼召雷霆的金印;那红色的锦袋里边,放着能驱使日月的仙符。清晨,你上天去漫游,骑着的是仙禽白鹤;晚上,你回到人间住宿,解下鞋子变化的双凫。如今你匆匆忙忙地离开,是要回到你的神仙洞府;为的是去查问一下,那天上的蟠桃是否成熟。

【评解】

朱权崇奉道教,与龙虎山张天师过从甚密。这首送张天师的诗,以布局严密、内容贴切见长。诗在首联写出送行的时间地点后,便围绕张天师的身份,化用典故、传说,驰骋想象,对张天师进行颂扬。于是张天师所佩金印被称为"雷霆印",威力无边;所带的符箓被赞为"日月符",妙用无穷。他成为骑鹤来往、化鞋为凫的仙人,所居为神仙府,所吃为仙桃。一词一句,都与仙家道术有关,使诗带有缥缈迷离之况。送行诗贵在切合行者身份,有真情实感,否则便易堆砌常词,落入俗套。这首诗虽然内容空洞,也无感情可言,但在掌握张天师身份上还是成功的。

送 毛 伯 温①

明世宗

大将南征胆气豪,腰横秋水雁翎刀②。风吹鼍鼓山河动③,电闪旌旗日月高④。天上麒麟原有种⑤,穴中蝼蚁岂能逃⑥。太平待诏归来日,朕与先生解战袍。

【作者简介】

明世宗,即朱厚熜(zōng)(1507—1566),庙号世宗,建元嘉靖,在位三十余年。登位初尚能努力治国,后宠用严嵩,迷信道教,政治腐败。

【注释】

① 毛伯温:字汝厉,吉水(今属江西省)人。正德进士,嘉靖时官至兵部尚书兼右都御史。 ② 雁翎刀:宋乾道年间所制形如雁羽的刀。此代指宝刀。 ③ 鼍(tuó)鼓:用鼍皮蒙的鼓。鼍即鳄鱼,皮坚韧,做鼓面声音特别洪亮。 ④ 日月:指旌旗上所绘日月图案。 ⑤ 麒麟:传说中瑞兽。后多以喻杰出的人物。《晋书·顾和传》:"和二岁丧父,总角便有清操,族叔荣雅重之,曰:'此吾家麒麟,兴吾宗者,必此子也。'"杜甫《徐卿二子歌》:"孔子释氏亲抱送,并是天上麒麟儿。" ⑥ 蝼蚁:蝼蛄与蚂蚁。此指安南的叛军,喻他们微不足道。

【今译】

大将军出师南征胆壮气豪,腰间挂着秋水般明净的宝刀。风声中战鼓咚咚震得山河颤动,绘着日月的旌旗招展似电光闪耀。你似天上的麒麟下凡才能出众,敌人如洞穴中的蝼蚁厄运难逃。战争结束你奉命凯旋的日子,我亲手为你脱下沾满尘灰的战袍。

【评解】

这首诗是嘉靖帝送毛伯温南征安南时所作。嘉靖帝虽然在历史上是一个昏庸的君主,但这首诗仍具有帝王气度,恢宏广大,语气不凡。诗以送别原因入题,然后由此生发,层层深入。先写其人的英武,通过写刀来烘托;次写军队的雄壮,通过鼓声、旌旗渲染。然后,诗由毛伯温及其所率军队,引出此次南征的必然胜利,但仍不直写,而是通过贴切的比喻来说明。最后呼应起首的送,写胜利归来。诗对联工整,笔墨凝练,气势壮阔,出自帝王之手,确是难得。

五言绝句

春　晓

孟浩然

春眠不觉晓,处处闻啼鸟。夜来风雨声,花落知多少①?

【作者简介】

孟浩然(689—740),襄阳(今湖北省襄樊市)人。一生未仕。诗多写山水,清旷冲淡,天然洗练,与王维齐名,世称王、孟。著有《孟浩然集》。

【注释】

① 知多少:犹云不知多少,极言其多,是唐人常用句法。

【今译】

春宵梦酣,不知不觉,清晨早到;一觉醒来,到处是鸟儿在鸣叫。昨晚曾听见风声雨声,不知道花儿被吹折打落多少?

【评解】

这首五绝是家喻户晓的名作,写的是诗人在春天的早晨睡醒时片刻间的感受,表现得起伏跌宕,兴味横生。一、二句写睡醒之初,两句互为补充。"不觉晓"说春宵好睡,也衬托鸟鸣之多,因为正是这处处啼鸟,此起彼伏,唤醒了他的好梦。三、四句是醒后的回顾,鸟啼说明天已放晴,便令人想起昨晚听到的风雨声,因此关心起门外的花。末句以问句而出,活泼空灵,加深了对花的关切。全诗罩住一个"晓"字写,全用听觉,虽有惜花之思,但情调清新,洋溢着欢快的生活情趣因此唐汝询《唐诗解》评说:"如此等语,非妙悟者不能道。"

访袁拾遗不遇①

孟浩然

洛阳访才子②,江岭作流人③。闻说梅花早,何如此地春!

【注释】

① 诗题一作"客中访袁拾遗不遇"。袁拾遗,不详。　② "洛阳"句:是实写,又暗用潘岳《西征赋》称贾谊为洛阳才子典。贾谊为汉著名政治家,文学家,曾因直谏贬长沙王太傅。　③ 江岭:指江西与广东交界处的大庾岭。岭上多种梅,因地暖,开放很早。　流人:被贬谪流放的人。唐岭南地区是专门流放罪臣的地方。

【今译】

来到洛阳访问袁才子,没想到已被流放远赴岭南。听说那儿的梅花开得很早,可又怎么比得上这里的春光。

【评解】

诗写访友不遇,因为不遇不是不在家而是遭流放,所以诗充满伤感与不平。诗看上去很平稳,直写其事,实际上很见锤炼之功。首句切题"访",暗用贾谊典,是赞袁拾遗,又暗逗遭贬。次句点题"不遇",交代友人已被流放。才子而为流人,愤激已蕴句中。第三句由次句生发,写袁拾遗所处岭南,梅花早放,似有慰意;但末句一收,说异乡不如故乡,波澜顿起,益显深沉。诗两句写人,两句写时地,分别一扬一抑;全首用对偶,内容也互为对比,精神发越,含意深挚。

送 郭 司 仓①

王昌龄

映门淮水绿②,留骑主人心。明月随良掾③,春潮夜夜深。

【作者简介】

王昌龄(698—757?),字少伯,长安(今陕西西安市)人,一说太原(今属山西)人。唐玄宗开元十五年(727)进士,历官校书郎、江宁令,晚年贬龙标尉。诗以七言绝句成就最高,句奇格俊,雄浑自然。原集已佚,明人辑有《王昌龄集》。

【注释】

① 郭司仓:管粮仓的官吏,名不详。 ② 淮水:即淮河。 ③ 掾(yuàn):府州县属官通称。这里指郭司仓。

【今译】

绿色的淮水照映着屋门,殷殷挽留征骑是主人的一片诚心。明月伴随着你程程远去,思念你,如春潮一夜更比一夜深。

【评解】

王昌龄的绝句以俊逸含蓄著称,胡应麟《诗薮》说他的诗"言情造极",这首诗便集中反映了这一特色。诗写依依惜别之情。前两句写留客,淮水映门,暗示深情,又点出送别之处;留骑即留人,作一转折,方为不直。后两句写送,一句写郭司仓远去,一句写自己别后对郭司仓的思念,以明月、春潮作比,意味深长;春潮又呼应首句。前两句是实写,后两句是虚写,虚实结合,把别情写透。第三句写明月伴随郭司仓远去,化用齐瀚《长门怨》"将心寄明月,流影入君怀"句,衬入景语,是说月随人而入孤寂,更是说诗人的思念伴随其远去,含蕴无限。有趣的是,后来李白送王昌龄贬官龙标时也如此述说:"杨花落尽子规啼,闻道龙标过五溪。我寄愁心与明月,随君直到夜郎西。"

洛 阳 道①

储光羲

大道直如发②,春日佳气多。五陵贵公子③,双双鸣玉珂④。

【作者简介】

储光羲(707—760),兖州(今属山东省)人。唐玄宗开元十四年(726)进士,官监察御史。因受安禄山伪职,乱平后贬死岭南。他是著名山水田园诗人,诗思缜密,风格质朴,远中含淡。著有《储光羲集》。

【注释】

① 本诗是诗人《洛阳道五首献吕四郎中》之三。　② "大道"句:用鲍照《代陆平原君子有所思行》句:"驰道直如发。"　③ 五陵:见杜甫《秋兴》(其三)注。　④ 玉珂:马勒上的玉石装饰品,行走时碰击作响。

【今译】

大道宽阔,笔直如发,春天天气和暖晴朗。居住五陵的贵族公子,双双骑着骏马,玉珂叮当。

【评解】

这首诗写豪富公子冶游的情况,是诗人即目所见。诗前两句写明时间地点。大道宽广笔直,春天到来,和风拂人,风景秀丽。这样的地方,这样的气候,自然最适宜跑马游赏,于是人物出现了,那些贵族公子,骑着骏马,驰骋道上,传来阵阵清脆的玉珂声。这一形象,在春的背景中,格外令人瞩目。《洛阳道》是乐府"横吹曲辞",这首诗即带有明显的乐府特点,写得截决爽朗,节奏很强。值得注意的是诗人注目豪富公子,决不是单纯地写实,而带有强烈的批判意识,正如唐汝询《唐诗解》所说"盖有(左思《咏史》)'世胄蹑高位,英俊沉下僚'之意"。

独 坐 敬 亭 山①

李 白

众鸟高飞尽,孤云独去闲②。相看两不厌,只有敬亭山。

【注释】

① 敬亭山:一名昭亭山,在今安徽省宣城县北。　② 孤云:指天上唯一的一片云彩。

【今译】

众多的鸟儿都已远飏高飞净尽,一片云彩飘飘而逝,是那么地悠闲。彼此之间看着,谁也不觉得谁讨厌,只有我和你——凝然伫立的敬亭山。

【评解】

诗人坐在敬亭山中,面对幽静的青山,感到无比适意。这时候,飞鸟已经高飞,连天上唯一飘浮的云也飘走了,一切都仿佛是凝固静止的,只剩下他与青山相对。于是他把自己与青山融合,把山也看作有情之物,相互交流着情感。渐渐地,他把一切世情名利都抛到了脑后,心中一片空明,变得与山一样无情无感。诗看似流走自然,正体现了李白诗"清水出芙蓉,天然去雕饰"的特点。细味全诗,针线绵密,"尽"字、"闲"字,实与"不厌"相维系;而鸟、云尽去,又为"独坐"张本;前两句写出"独坐"神理,后两句是"独坐"所感,偏说"两不厌",不言"独",都使人感到警妙异常。

| 五言绝句 |

登鹳雀楼①

王之涣

白日依山尽②,黄河入海流。欲穷千里目,更上一层楼。

【作者简介】

王之涣(688—742),字季凌,并州晋阳(今山西省太原市)人,迁绛州(今山西省新绛县)。曾官衡水主簿、文安县尉。他是盛唐著名边塞诗人,与高适、王昌龄齐名,作品多散佚。

【注释】

① 鹳雀楼:一名鹳雀楼,旧址在今山西永济县。共三层,前瞻中条山,下临黄河,因时有鹳雀栖其上,因名。 ② 依:靠,傍。

【今译】

太阳依傍着群山已经西沉,滔滔黄河向着海口汹涌奔腾。要想把千里内的景物尽收眼底,就得再登上这高楼的上一层。

【评解】

王之涣的诗仅流传下来六首,但大都脍炙人口,这首诗是其中佼佼者。诗前两句写登楼所见,一句写远景,遥望群山,白日下坠;一句写近景,俯视楼下,黄河东流。景象壮阔,气势雄浑,高度概括了万里河山的壮伟。后两句即景生意,以虚托实,反点前两句还只是在第二层所见,把人们的思绪推引到更高的境界,把景物在想象中加倍地扩大,诗人积极进取、高瞻远瞩的胸襟也表现了出来。此外,又阐述了"站得高望得远"的道理。这样,诗不仅把景物写深写活,且将理与景物、情事融化在一起,紧密无痕。在创作艺术上,全篇用对,一为工对,一为流水对,互相配合,一气流走,所以沈德潜《唐诗别裁集》赞说:"四语皆对,读去不嫌其排,骨高故也。"

观永乐公主入蕃①

孙逖

边地莺花少②,年来未觉新。美人天上落,龙塞始应春③。

【作者简介】

孙逖(696?—761),河南(今河南省洛阳市)人。唐玄宗开元中官中书舍人、典制诰,官终太子少詹事。《全唐诗》录其诗一卷。

【注释】

① 永乐公主:东平王外孙杨氏。开元五年(717)契丹王李失活入朝,玄宗封杨氏为永乐公主,嫁李失活。蕃:同"番",指西域少数民族。这里指契丹。 ② 边地:边塞。 ③ 龙塞:即龙城。此泛指少数民族居住

之地。

【今译】

边塞上黄莺鲜花稀少,新年到来,不见有新春气象。美人入蕃仿佛从天而降,龙城才开始让人感觉到春光。

【评解】

这是首应制颂圣诗。公主和蕃,对朝廷来说常被称作盛事,实际上是种不得已的政策,所以写这事的诗,多立足于称扬公主、歌颂朝廷,同时暗表对公主的同情。孙逖这首诗没有什么新意,但结撰颇巧。诗紧扣"入"字写,前两句极摹边塞的荒凉,莺花稀少,逢春而不见春的气象,是实写,也表同情。后两句全从"未觉新"上翻出,说公主到了边地,为边地带来了春光。诗义双关,"天上"既是形容称赞公主之美,又暗点唐朝,"春"既指人之美致使春意盎然,又指唐朝对边邦的怀抚。这样写,便得应制诗之正。

伊 州 歌①

盖嘉运

打起黄莺儿②,莫教枝上啼。啼时惊妾梦,不得到辽西③。

【作者简介】

盖嘉运,生平不详,《全唐诗》收《伊州歌》十首,注云"西凉节度盖嘉运所进",内不见本诗。本诗《全唐诗》署金昌绪作。金昌绪,生平不详,余杭(今浙江杭州市)人。

【注释】

① 题一作"春怨"。伊州,乐曲名,属商调。 ② 打起:指赶走。 ③ 辽西:辽河以西地区,是当时东北边重地。此指其夫征戍之处。

【今译】

赶走你这讨厌的黄莺儿,不让你在枝上吵闹鸣啼。你啼时惊醒了我的好梦,使我不能做梦远赴辽西。

【评解】

这首小诗,写一个思念丈夫的女子,清晨被莺啼吵醒,便把丈夫不归的怨气,发泄到鸟儿身上。诗突兀而起,说要赶走黄莺,令人不知所云;次句说明赶走的目的,是不让它啼。何以如此呢?三、四句接着回答,是因为莺啼惊醒了好梦,使自己梦不到在辽西戍守的丈夫。诗用的是民歌体,爽朗活泼,一气而下,句句相扣,把闺中少妇思念丈夫的心情淋漓尽致地表现了出来。对此,历来评家都赞赏备至,尤其着意于布局上的特点,如张端义《贵耳集》说:"作诗有句法,意连句圆,'打起黄莺儿'云云,一句一接,未尝间断。作诗当参此意,便有神圣工巧。"王世贞《艺苑卮言》也说:"'打起黄莺儿'云云,不惟语意之高妙而已,其句法圆紧,中间增一字不得,着一意不得,起结极斩绝,而中自纡缓,无余法而有余味。"

|五言绝句|

左掖梨花①

丘 为

冷艳全欺雪,余香乍入衣②。春风且莫定,吹向玉阶飞。

【作者简介】

丘为,嘉兴(今属浙江省)人。唐玄宗天宝年间进士,曾官太子右庶子。卒年九十六岁。诗以五言见长,多写田园风物。原集已佚。

【注释】

① 左掖:宫廷的左边,即门下省所在。　② 乍:忽而。

【今译】

梨花的冷艳完全超过了雪花,它的余香飘散,倏忽浸染了人们的衣衫。春风啊,你暂时不要停止,吹向皇宫的玉阶,洒下那片片花瓣。

【评解】

这是首咏物诗,描绘宫中的梨花。第一句写梨花的色与光彩,梨花色白,故以"冷艳"形容,梨花盛开,满树堆锦,因以"欺雪"二字描绘。第二句写梨花的香,用"余香"、"入衣",组成动感,让读者自己去体会。风吹梨花是极绮丽的景色,三、四句便写落花,变换手法,说希望春风不要停住,把花瓣吹落阶砌。这样写,不仅表示对落花的欣赏,又切合诗题咏宫中梨花。大凡咏物诗,贵在不仅仅表现所咏对象的体态习性,同时要得其神,并要求在咏物外有所寄托,即物达志。这首诗从各个角度描摹了梨花,不即不离,精彩倍出,允称合作。同时,诗人以梨花自喻,表示自己有高洁的情操,又以希冀春风暗指自己希望得到皇帝的赏识,表现得含蓄蕴藉。

思君恩

令狐楚

小苑莺歌歇,长门蝶舞多①。眼看春又去,翠辇不曾过②。

【作者简介】

令狐楚(766—837),字谷士,宜州华原(今陕西省铜川市)人。唐德宗贞元七年(791)进士,元和中官至中书侍郎同平章事。诗以绝句见长,含蓄精练,尤善写宫怨闺情及边塞从军事。《全唐诗》收其诗一卷。

【注释】

① 长门:汉宫名。汉武帝陈皇后宠衰后居长门宫中,后多以指失宠宫女所住处。　② 翠辇:皇帝乘坐的小车,饰有翠鸟的羽毛。

【今译】

小园里黄莺的歌声已经停歇,长门宫外对对蝴蝶翩翩起舞。眼看着又一个春天已经逝去,君王乘坐的车子不曾在这里暂住。

【评解】

这首绝句写失宠的宫女寂寞哀怨的心情,极力描摹她的凄凉来突出她的"思"。前两句渲染环境,点明所咏者身份。小苑中黄莺的歌唱已经停止了,宫门外,对对蝴蝶飞舞着。这是实写,十分凝练。莺歌歇,即春已去,暗点帝王的恩泽宠爱已成过去;莺歌、蝶舞,在句中是一虚一实,诗人又以之作昔日承恩时宫女歌舞欢乐的反照,这样,宫女现今的孤独无聊就很深刻地表现了出来。三四句即景起兴,写她的"思",直述她因春已去而皇帝的车驾却未曾来过,可见其哀哀欲绝,以眼泪洗面的情形。诗的潜台词很清楚,她天天盼着君王来,从初春盼到春归,始终没能如愿;一个"又"字,更把一年的春扩展为多年的春,多年的四季,她的哀怨绝望便被无限量地放大与加深了。

题袁氏别业①

贺知章

主人不相识,偶坐为林泉。莫谩愁沽酒②,囊中自有钱。

【作者简介】

贺知章(659—744),字季真,晚号四明狂客,越州永兴(今浙江省萧山县)人。武后时进士,官至秘书监。天宝初请为道士,求还乡里,玄宗诏赐镜湖一曲。诗以绝句见长,清浅自然。著有《贺秘监集》。

【注释】

① 诗题一作"偶游主人园"。别业:即别墅。　② 谩:空自,多余。

【今译】

我与主人素不相识,偶尔来此一坐,是为了观赏林木山泉。今天用不着为买酒而发愁,我的口袋里正巧装满了铜钱。

【评解】

贺知章性格旷达,又喜饮酒,杜甫《饮中八仙歌》有"知章骑马似乘船,眼花落井水底眠"句。这首小诗是他生活的一个片段的自我写照。诗说自己见到一素不相识的人家林泉优美,便径自进入坐着玩赏。对着美景,自然想到了杯中物,这位有"金龟换酒"逸事的诗人今天恰恰又用不着为酒钱发愁,于是更加兴致勃勃起来。诗以短短数句将自己豪放洒脱的性格展示出来,写得直截明快,形式与内容结合完美。读这首诗,很容易使人想到晋王徽之的故事:王徽之爱竹,有一次在江南见到一家人家园中的竹林长得很好,他便旁若无人地走入,坐在竹林前赏玩起来。贺知章事与王徽之事相类,由此可见唐名士对魏晋风度的继承关系。

夜送赵纵

杨炯

赵氏连城璧①,由来天下传。送君还旧府②,明月满前川。

【作者简介】

杨炯(650?—692),华阴(今属陕西省)人。幼有文名,举神童,历官校书郎、宏文馆学士、盈川令。他与王勃、卢照邻、骆宾王合称"初唐四杰",诗多五律,才气宏放,语言精严。著有《盈川集》。

【注释】

① 连城璧:价值抵得上好几座城的玉璧。此指战国时赵国得到的和氏璧,秦王曾表示要用十五座城与赵国交换。 ② 旧府:家乡的故居。

【今译】

你如同赵家价值连城的和氏璧,一向为人珍视,天下敬仰。今天我送你回你的故乡,眼前的平川,洒满了明亮的月光。

【评解】

诗题是"夜送赵纵",诗便竭力写"夜"及"送"。前两句写明送的对象,故意用曲笔,不作正面介绍,而以战国时赵国的连城璧作譬,既切合赵纵的姓及籍贯,又带出对他的推崇,次句赞璧就与赞人浑和一气。这样运笔用典,经盛唐诗人们琢磨,渐成固定修辞手法,如杜甫《送张司马南海勒碑》"不知沧海上,天遣几时回",便用张骞泛槎事切其姓与出使事。后两句具体写夜送,"明月满前川"是实况,好在语意双关,用平淡凄清的景语,表达了自己依依惜别的心情,有有余不尽之味。

竹 里 馆①

王 维

独坐幽篁里②,弹琴复长啸③。深林人不知,明月来相照。

【注释】

① 竹里馆:王维辋川别业中一处。 ② 幽篁:幽深的竹林。 ③ 啸:撮口作声。

【今译】

独自一人坐在幽深的竹林里,弹了会琴,又发出阵阵长啸。在这深林中,没有什么人知道;只有天上的明月,把我照耀。

【评解】

诗人独自坐在竹林深处,陪伴着他的是幽篁、明月,他便弹琴、长啸。四句诗句句是白描,似乎随意写出,甚至于将"深林"与上"幽篁"重复,既不着意写景,更不刻意写独坐时的情思。但将四句诗合在一起品味,便使人觉得诗呈现出一派清幽绝俗的意境,体会到诗人布局的匠心。诗的背景是幽林,因此诗人安排了月光,人不知而月相照,又扣紧"独坐"二字;写静夜而以弹琴、长啸来衬托,更显得竹林的静谧。音响与幽静的交互,光影明暗的衬映,都蕴含着令人自然而为之感叹的美感,诗人淡雅澄净的心灵也就与景悠然相会,融合为一了。黄叔灿《唐诗笺注》说诗"妙绝天成,不涉色相",可谓点睛之论。

送朱大入秦①

孟浩然

游人五陵去②,宝剑值千金③。分手脱相赠④,平生一片心。

【注释】

① 朱大:作者的友人,生平不详。　② 五陵:见前杜甫《秋兴》(其三)注。　③ "宝剑"句:用曹植《名都篇》句。千金,极言价值昂贵。　④ 脱:解下。

【今译】

老朋友出游前往五陵,腰间宝剑价值千金。分手时解下赠我,以表平素肝胆相照,无限深情。

【评解】

这首送别诗,写朱大的豪侠与自己与朱大的情谊。王士源《孟浩然集序》说孟浩然"救患释纷,以立义表",《新唐书》也说他"少好节义,喜振人急难",因此,这首诗又是孟浩然任侠之气的体现。诗首句破题,"游人"点朱大;五陵在长安,切"入秦",又因五陵是游侠浪游之地,隐指朱大的为人,引出第二句"宝剑值千金"。第二句为朱大占身份,又强调剑的价值,三、四句写赠剑便显出朱大的豪气与二人之间的深厚感情。诗层层展开,慷慨激宕,正如宋顾乐《唐人万首绝句选》所评:"从'入秦'生出首句,字字有关会,一语不泛说。落句五字,斩绝中有深味。"

长 干 曲①

崔　颢

君家何处住?妾住在横塘②。停船暂相问,或恐是同乡。

【注释】

① 原诗共四首,这里选的是第一首。长干曲,乐府《杂曲歌辞》旧题,来源于长干当地的民歌,多半写情。长干,在今江苏省南京市秦淮河之南。　② 横塘:在今南京市西南,近长干里。

【今译】

喂,小伙子,你住在什么地方?姑娘我就住在长干附近的横塘。把船儿停下来问你一声,也许我们俩是同乡。

【评解】

崔颢这组《长干行》是联章体,一问一答,这首是姑娘的问语。这女子以船为家,长年漂泊,内心寂寞,也许是听见了邻船小伙子的话带有自己家乡的口音,顿感亲切,便主动去问对方,并先作了自我介绍。诗纯用白描,活泼生动,全用口语表达,读来亲切感人。通过这一问,主人公的形象与内心活动,都呼之欲出。清王夫之《夕堂永日绪论》称赞说"墨气所射,四表无穷,无字处皆其意也",是绝句中"咫尺有万里之势"的佳例。

咏　　史

高　适

尚有绨袍赠①,应怜范叔寒②。不知天下士③,犹作布衣看④。

【作者简介】

高适(702?—765),字达夫,一字仲武,渤海蓨(今河北省景县南)人。早年浪游,唐玄宗天宝中及第授封丘尉,历官淮南节度使、西川节度使,终散骑常侍。他是著名的边塞诗人,与岑参并称,所作音节浏亮,气势奔放,风骨遒劲。著有《高常侍集》。

【注释】

① 绨袍:用粗丝织成的较厚的衣服。　② 范叔:战国时范雎。范雎本是魏大夫须贾门客,后须贾在相国魏齐前说范雎坏话,魏齐怒,差点将范雎打死。范雎更名张禄,逃到秦国,官至宰相,威震天下。后须贾出使秦国,范雎故意穿破衣服去见他,须贾可怜范雎,送给他一件绨袍。及知范雎即张禄,大惊,托人谢罪。范雎因绨袍事,终于没杀须贾。　③ 天下士:指能治理天下的奇士。　④ 布衣:普通人。

【今译】

须贾还能够送给范雎一件绨袍,完全是因为可怜他贫寒。可笑他不知道面对的是能治理天下的奇士,仍然把范雎当作普通百姓相看。

【评解】

诗前两句写史事,后两句因事而议论,这是咏史绝句的习惯写法。诗咏范雎、须贾事,妙在抓住送绨袍一事做文章,起得突如其来,概括力极强,然后才一针见血地指出,须贾的送衣,只是侧隐之心的偶然发露,并不是欣赏范雎的才能;由此出发,他为"天下士"被埋没而表示深深地愤慨。诗写得浑成一气,足抵一篇史论,吴逸一《唐诗正声》特别指出:"'尚有'、'应怜'、'不知'、'犹作'八字,俱下得有力。"而"尚有"与"犹作"前后呼应,"绨袍"、"寒"、"布衣"又自然贯串,可见章法。高适年轻时落魄不遇,这首诗又是借范雎事发端,抒发世人轻才、不识贤达的感慨,有无限身世遭遇之叹。

罢　相　作①

李适之

避贤初罢相①,乐圣且衔杯②。为问门前客,今朝几个来③?

【作者简介】

李适之(?—747),一名昌,唐宗室。开元中官刑部尚书,天宝元年(742)拜相,遭李林甫陷害罢免。后出为宜春太守,自杀。《全唐诗》录存其诗二首。

【注释】

① 避贤:避位让贤。语出《史记·万石君传》:石庆自惭不任职,上书曰:"愿归丞相侯印,乞骸骨归,避贤者路。" ② 乐圣:谓爱酒。《三国志·徐邈传》说徐邈称清酒为圣人,浊酒为贤人。 衔杯:指饮酒。李适之好饮,《旧唐书》说他"雅好宾客,饮酒一斗不乱"。 ③ "为问"二句:汉翟公为廷尉,宾客盈门,及罢官,门可罗雀。此即用此典意。

【今译】

避位让贤我刚被免去宰相职务,喜爱饮酒如今正可尽情喝个够。我要问那些曾经奔走我门前的客人,今天又有几个前来登门问候?

【评解】

孟棨《本事诗》介绍这首诗写作缘起说:"宰相李适之,疏直坦夷,时誉甚美。李林甫恶之,排诬罢免。朝客来,虽知无罪,谒问甚稀。适之意愤,且为诗曰'避贤初罢相'云云。"可见诗为抒发满肚子不平与牢骚所作。前两句写自己免相后,借酒浇愁。"避贤"二字是堂皇话,实为讥刺、愤慨。后两句写当年门下客人裹足不来,妙在以反问出之,写出世态炎凉、人情冷暖。诗写得坦露质朴,后人多嫌其不够"雅",即不够含蓄敦厚。杜甫《饮中八仙歌》这样写李适之:"左相日兴费万钱,饮如长鲸吸百川,衔杯乐圣称避贤。"末句即用本诗前两句。诗的出名,原因恐即为此。

逢 侠 者

钱 起

燕赵悲歌士①,相逢剧孟家②。寸心言不尽③,前路日将斜。

【注释】

① "燕赵"句:语出江淹《诣建平王上书》:"燕赵悲歌之士。"燕赵,燕国与赵国,地当今河北、山西一带。悲歌士:慷慨悲歌的豪侠之士。 ② 剧孟:汉代著名的侠士,洛阳人。此借指洛阳人家。 ③ 寸心:方寸之心。即内心、心事。

【今译】

与你这位燕赵来的悲歌慷慨之士,相逢在大侠剧孟的家乡洛阳。心中无限不平匆匆诉说不尽,转眼夕阳西下,依依分别,各奔前方。

【评解】

诗人在洛阳与这位豪侠之士相逢,二人相见恨晚,互相倾吐着心事与抱负,可是转眼红日西斜,分手在即,他无限留恋,写下了这首小诗。诗写得斩截铿锵,前两句化用有关侠客的典故,说明对方气格,对侠士作了侧面的烘染,起了不赞而深赞的作用。后两句写惜别,情景交融,流露深沉的感慨,蕴藉感人。"寸心言不尽"是全诗主句,使前两句既写侠士,也成为自己的写照;二人各抱不平,所以"言不尽",因为"言不尽",才觉得日斜到来的快,更突出离别的惆怅。吴逸一《唐诗正声》评说:"多少感慨,不是莽莽作别者。"道出了诗的主旨。

| 五 言 绝 句 |

江行无题①

钱 珝

咫尺愁风雨②,匡庐不可登③。只疑云雾窟④,犹有六朝僧⑤。

【作者简介】

钱珝(xǔ),字瑞文,吴兴(今属浙江省)人。钱起曾孙。唐昭宗乾宁五年(898)进士,官中书舍人,贬抚州司马。诗以绝句见长,精炼秀朗。《全唐诗》录存其诗一卷。

【注释】

① 诗原署钱起作,据《唐音癸签》改正。诗为《江行无题》一百首第六十九首,为诗人贬官抚州途中所作。　② 咫尺:形容距离很近。八寸为咫。　③ 匡庐:即庐山,在今江西省九江市南。传说时有匡姓兄弟结庐山上,因名匡山、庐山、匡庐山。　④ 云雾窟:云雾环绕遮蔽的洞穴。　⑤ 六朝:指建都于南京的吴、东晋、宋、齐、梁、陈六个朝代。庐山在历代多僧人隐修,东晋时高僧慧远曾讲道山中,盛极一时。

【今译】

这满眼的风雨令我发愁,庐山近在咫尺,却不能去攀登。我只怀疑那云雾遮蔽的洞窟,还栖息着六朝的高僧。

【评解】

诗写舟行经过庐山脚下时的感想。前两句说遇上了风雨天,因而庐山虽近,却无缘一登。一个"愁"字,道出心中无限遗憾。无法登,诗人便只能远望,从望中表现对山的神往,因此后两句自然地由实写转入虚写。诗人由山下所见云遮雾绕的景象,想到山中幽寂深邃的洞穴,联想山中栖息的高僧,于是设疑这些高僧是否还在。这两句,不仅写出庐山的特点,又表达了自己超凡出尘的情趣。"疑"字下得神妙,使诗更觉缥缈虚幻,与景相扣,且拓展了诗的内涵,引导人们发挥想象。

答李浣①

韦应物

林中观易罢②,溪上对鸥闲。楚俗饶词客③,何人最往还④?

【注释】

① 李浣:生平不详。从诗中看,刚从楚地回来。　② 易:指《易经》。　③ 词客:诗人。楚地是屈原的故乡,所以作者说该地多诗人。　④ 往还:交游往来。此指相互倡和。

【今译】

坐在树林里看了会《易经》,又悠闲地来到溪边,与鸥鸟相伴。楚地自古以来诗人最多,不知道你与谁倡和最为频繁?

【评解】

李浣从楚地回来,写诗给韦应物,询问他的近况,韦应物便写了这首诗回答。前两句是诗人自己生活的写照,读读书,欣赏溪上风光,淡泊名利,悠闲自在。诗人摘取了两个片段,概括了自己生活的舒适容与,道出自己的满足与隐趣。后两句是问对方楚地的生活,不问其他事,单问交游作诗,问得不俗,既推崇对方的人品,又表明了自己的胸襟,一石二鸟,含意丰富。诗写得很平淡,但境界深远,清幽萧散,无纤毫烟火气,正表现了韦诗的本色。

秋 风 引①

刘禹锡

何处秋风至?萧萧送雁群②。朝来入庭树,孤客最先闻③。

【注释】
① 秋风引:为乐府琴曲歌辞。　② 萧萧:风声。　③ 孤客:独居他乡的人。

【今译】
秋风啊,你从什么地方吹来?你萧萧作响,送来了南下的雁群。清晨,你又吹动了庭院中的树木,是我,独居异乡的人最早听闻。

【评解】
诗首句即题设问,下得飘忽突兀,振起全篇,暗点诗人对时序暗换、秋季突来的惊悸与伤悲。秋风从何来,无人能答,诗人也不答,直接宕开,说萧萧秋风送来了南下的雁群。雁在古代的诗词中总是与寄书信连在一起,带出思亲情绪,这句也隐含此意,逗起思归。第三句又接首句,由天上拉回到眼前,写秋风吹动庭树。诗用浑笔写景,隐括草木枯黄、落叶飞坠的景象,含意丰富。结句以淡语述深情,强调自己独在异乡,归思缠绕,黯然销魂。这句历来为评家注目,如黄叔灿《唐诗笺注》说:"谁不闻而曰'最先闻',孤客触绪惊心,形容尽矣。若说不堪闻,便浅。"李锳《诗法易简录》说:"妙在'最先'二字为'孤客'写神,无限情怀,溢于言表。"全诗都用偏笔,始终在秋风上作文章,用笔曲折,语意深厚,将孤客思归写得淋漓尽致。

秋夜寄丘二十二员外①

韦应物

怀君属秋夜②,散步咏凉天。空山松子落,幽人应未眠③。

【注释】
① 丘二十二:丘丹,嘉兴(今属浙江省)人。他是诗人丘为的弟弟,官仓部员外郎。二十二是他在族中排行。　② 属:正当,在。　③ 幽人:隐居避世的人。这里指丘丹,时隐居临平山中学道。

【今译】
在这深秋的夜晚,我苦苦地把你思念;一边走一边吟着诗句,凉气袭人,寒风拂面。你住的空山定然也是如此幽静,松子开裂坠落声响在耳边;而你,此时此刻,也一定在想着我,难以入眠。

【评解】

这首诗写得语浅意长,韵味隽永,被施补华《岘佣说诗》赞为"清幽不减摩诘(王维),皆五绝之正法眼藏",历来被作为韦应物五绝的代表作。诗用了对照并举的办法,由此及彼。前两句写自己秋夜怀丘员外,后两句写丘员外思念自己。诗人是由己度人,以一根感情的线索,把两个远隔的地方统一到一个时空中来,使眼中景与意中景并连,将自己的情与对方的情相融,加深了自己怀人感情。在取景上,诗特别注意了景与情的配合,秋夜、凉天、空山一起构成幽静清旷的环境,在这样的环境中,诗人与友人一散步,一未眠,暗点怀人情思。于是景与情会,情因景生,使诗含蓄不尽,令人玩味。

秋　　日

耿　沣

返照入闾巷①,忧来谁共语?古道无人行,秋风动禾黍②。

【作者简介】

耿沣,字洪源,河东(今山西省永济县)人。唐代宗宝应二年(763)进士,官大理司法、左拾遗。他是"大历十才子"之一,诗洗练工稳。原集已佚,明人辑有《耿沣诗集》。

【注释】

①　返照:夕阳的余晖。　闾巷:里中小巷。　②　禾黍:均为农作物,此泛指庄稼。

【今译】

夕阳的余晖照射着里中的小巷,忧愁萦绕,可谁能共诉衷肠?古老的道路上没人行走,秋风吹动着田里的庄稼,无限凄凉。

【评解】

诗人离群索居,无限凄凉。眼前是淡淡的夕阳照着空巷,一片冷寂;村外,古老的道路无人行走,荒凉不堪,萧瑟的秋风吹动着庄稼,不禁使人悲从中来,无法排遣。可叹的是,他连一个可以交谈的朋友也没有,只好把心中的压抑着的伤感,借这首小诗倾吐一二。诗尽力描摹景物的衰败寂寥,用以衬托渲染自己的心事,格调伤婉低沉,读后使人黯然神伤。唐汝询《唐诗解》评说:"模写索居之况,情景凄然。"刘永济《唐人绝句精华》也对本诗十分推崇,认为"二十字中有一片秋天寥沉之气"。

秋　日　湖　上

薛　莹

落日五湖游①,烟波处处愁。浮沉千古事②,谁与问东流③?

【作者简介】

薛莹,生平不详,唐文宗时人。《全唐诗》录存其诗十首。

【注释】

① 五湖:太湖的别称。　② 浮沉:指世事兴衰变化。　③ 谁与:即"与谁",有谁。

【今译】

夕阳西下,我在太湖中泛舟漫游;烟波浩荡,处处勾起我心中牢愁。千古以来,人世间兴衰变化不定,有谁去询问那东去的滔天洪流?

【评解】

这首诗是诗人抒发游太湖所产生的感慨,是写景抒情,也可看作凭吊怀古。诗人在太阳下山时泛舟湖上,眼前是烟雾迷濛、波涛滚滚。处在这样广袤的境界中,人便自然会觉得自己渺小,从而产生人生短暂,世事如过眼云烟的思想,激起无边的愁绪。太湖是古时吴越争战之地,最出名的事是范蠡功成名就后携西施隐居湖上的事。因此,诗人由自身进而推溯千古,那古代豪杰,如今安在?唯见烟波荡荡,逝水东流,谁去关心呢?从而更增重了愁绪。诗借景抒情,自然流转,概括了古今游太湖人的共同情感,所以特别感人。明代唐寅有首《泛太湖》诗,后半云:"鸱夷(即范蠡)一去经千年,至今高韵人犹传。吴越兴亡付流水,空留月照洞庭船。"可作本诗后两句的注解。

宫　中　题

文宗皇帝

辇路生秋草①,上林花满枝②。凭高何限意③,无复侍臣知。

【作者简介】

文宗皇帝,唐文宗李昂(809—840),公元827—840年在位。他力图改变宦官专权的局面,起用李训、郑注等人谋诛宦官,事败被软禁。

【注释】

① 辇路:皇帝车驾行走的道路。　② 上林:上林苑,汉宫苑,此代指唐宫中园林。　③ 凭高:登高望远。

【今译】

宫中的辇路上长满了秋草,上林苑里花儿开遍了花枝。登高远望我有无限的心思,可叹再没有一个侍臣得知。

【评解】

《明皇杂录》载,唐玄宗从蜀中回京,皇位已被儿子夺去,他被幽居南内,曾登勤政楼,见烟云满目,不胜欷歔。无独有偶,过了八十年,唐文宗被宦官软禁,登高凭眺,也激起无穷感慨,写了这首绝句。诗前两句写景。首句说自己来往的辇路,已经长满了秋草。路上长草,说明没有人行走,暗示了自己失去了自由。第二句说上林苑中花开满枝,又用繁华景象作对,花好而人不好,花虽好而无人赏,通过强烈的反差,表达自己心中的难受与愤怒。后两句直抒心意。"凭高何限意",浑说一句,含蓄深厚。无人知,是感叹自己被隔绝,无人告诉,也是叹臣子对他的处境无能为力,满含凄伤。诗写得委曲周转,细致地反映了一位至高无上的皇帝沦为任人摆布的傀儡的复杂心理,很耐咀嚼。

寻隐者不遇①

贾岛

松下问童子②,言师采药去。只在此山中,云深不知处。

【注释】
① 这首诗《全唐诗》一作孙革作,题作"访羊尊师"。　② 童子:指隐士的家童。

【今译】
在松树下我问遇到的童子,童子说他师父已经出门采药去。就在眼前这座山中,白云深重,不知在哪一处。

【评解】
这首诗写诗人去拜访一位隐居山中的朋友,朋友正巧采药去了,没能碰到。诗的情节非常简单,但写得意味深长,读后令人神往。诗用问答体,首句直述,省却问语,下三句全是童子的回答,用语浅显,但一波三折。诗人一问,童子告知师父采药去了,诗人一失望;既而童子又告知在山中,诗人以为可找到,振奋起来;童子又说"云深不知处",诗人再次失望。这样层层深入,把"不遇"二字写深写透,而隐者超凡脱俗的气度也仿佛呈现在读者面前了。读中国古代访友诗,我们可以发现,诗人对访友往往是由兴致而发,有时候并不在乎主人在不在,因此,形诸于诗,遇有遇的乐趣,不遇有不遇的情趣,对扑空很少有抱怨的。贾岛这首诗也是如此,没找到人,产生失望,但马上被另一种兴致所代替,津津乐道起不遇而望云的趣味来。

汾上惊秋①

苏颋

北风吹白云,万里渡河汾②。心绪逢摇落③,秋声不可闻。

【作者简介】
苏颋(tǐng)(670—727),字廷硕,武功(今属陕西省)人。武后时进士,历官监察御史、紫微侍郎,封许国公。唐玄宗开元中为相。以文名,与张说齐名。诗典雅秀赡。著有《苏许公集》。

【注释】
① 汾上:汾水之上。汾水源出山西宁武县,西南流经河津县入黄河。汉武帝时,汾阴发掘到上古黄帝所铸宝鼎,武帝大喜,行幸河东,祠后土,作《秋风辞》:"秋风起兮白云飞,草木摇落兮雁南归。""泛楼船兮济汾河,横中流兮扬素波。"这首诗首二句即化用《秋风辞》句。　② 河汾:指汾水流经山西西南入黄河的一段。

③ 摇落:宋玉《九辩》:"悲哉秋之为气也,草木摇落而变衰。"指草木枯黄凋落。

【今译】

北风劲吹,白云飘飞,我行程万里,渡过河汾。满怀伤情正碰上这草木凋伤的季节,满耳萧瑟秋声,令我不忍听闻。

【评解】

诗写渡过汾水时的感触。前两句化用汉武帝《秋风辞》,密切眼前景物,紧扣题"秋"字,写得萧瑟凄凉,中人肺腑。"万里"二字,加入行程的遥远与艰辛,诉出自身的不堪,点出"惊秋"的原因。后两句主要写"惊"。行程万里,心绪不宁,正逢草木摇落,心情更为萧索黯伤。"摇落"二字是写草木,更是写心绪,互为感触,突出了秋声有情,难以听闻。诗急起急收,一气而下,但含蓄不尽。宋顾乐《唐人万首绝句选》赞为"大家气格,五字中最难得此"。沈德潜《唐诗别裁》也评说:"一气流注中仍复含蓄,五言佳境。"前选刘禹锡《秋风引》以"孤客最先闻"作结,曲折地道出听秋声引起的思乡之情;这首诗结句直说"秋声不可闻",也令人倍感萧瑟。二诗分别从正反两方面说,都取得了很好的艺术效果。

蜀 道 后 期①

张 说

客心争日月②,来往预期程③。秋风不相待,先至洛阳城。

【作者简介】

张说(667—730),字道济,洛阳(今属河南省)人。武后时举贤良方正第一,历官中书侍郎、中书令、尚书右丞相,封燕国公。以文名,诗工五言,高华精整。著有《张燕公集》。

【注释】

① 后期:到预定的日子没能回归。　② 日月:指时间。　③ 预:算定。

【今译】

漂泊异乡,珍惜每一天时间,来往都预先安排好日程。偏偏秋风不肯等我,竟抢先到达了洛阳城。

【评解】

这首五绝写自己出使四川归程耽搁后的思归情绪。本来算好了到家的日子,如今不能实现,诗人心中自然不快,更何况碰上了秋风萧瑟的日子,于是对"后期"加倍抱怨。诗前两句将游子思归的情绪很形象精辟地写出来,前是因,后是果,突出一个"争"字,加深了因"后期"而产生的焦急心理。三、四句,如果直叙,便应讲到"后期",可是诗人避直为曲,转过一层,不写自己落后滞留,却去埋怨秋风捷足先登,早早吹到自己家所在的洛阳。这样一转,含蓄婉转地把迟归的埋怨与无可奈何的惆怅更为深刻地表现了出来,因此吴逸一《唐诗正声》评说:"诗意巧妙,非百炼不能,又似不用意而得者。"

|五言绝句|

静 夜 思

李 白

床前明月光,疑是地上霜。举头望明月,低头思故乡。

【今译】

床前洒满了皎洁的月光,使人几乎错认是地上的浓霜。抬起头凝望着那一轮明月,低下头思念起远方的家乡。

【评解】

诗人旅居外乡,半夜醒来,忽见月光照在床前,几乎错认是皑皑白霜;继而明白过来是月光,便不由自主地抬头望月,转而触动愁思,低下头想念起家乡来。诗写半夜里偶然的触动,景情天然凑拍。诗以月光为中心,先引出"疑"而举头,后激发"思"而低头,极其细腻地刻画出客子的心理活动,既明白如话,又蕴藉感人。前人指出,李白这首诗是脱胎于南朝民歌《子夜秋歌》:"秋风入窗里,罗帐起飘飏。仰头看明月,寄情千里光。"不难看出,李白诗保存了民歌流利圆转的语调,但在摹情绘景上胜过前人许多。所以黄叔灿《唐诗笺注》说:"即景即情,忽离忽合,极质直却自情至。"胡应麟《诗薮》则推为"妙绝今古"之作。

秋 浦 歌①

李 白

白发三千丈,缘愁似个长②。不知明镜里,何处得秋霜③!

【注释】

① 这首诗是李白在天宝十三载(754)在宣州所作《秋浦歌》十七首中的第十五首。秋浦,唐县名,在今安徽省贵池县西。 ② 缘:由于。 个:这样。 ③ 秋霜:形容头发白。

【今译】

我的白发竟然长有三千丈,这是因为愁也和白发同样的长。真不明白在那明镜中,怎么会照出我鬓发如同秋霜。

【评解】

诗通过写白发,表达壮志未酬的惆怅。在结构上用倒装,突出白发、愁思。诗人是因为照镜,见了白发,分外惊讶,产生种种感想,因此逆折而上,抓住主体,劈首写白发竟然有三千丈,以奇怪震人。为什么会如此呢?诗第二句就作出回答,是因为愁之多之长。这样一写,读者的心便被紧紧抓住了。因而王琦说:"起句怪甚,得下文一解,字字皆成妙义,洵非老手不能。寻章摘句之士,安可以语此!"李白诗以夸张为特色,带有强烈的主观色彩。一般诗写愁,都喜用比喻,李白在这里却抛开了任何比喻,直接以"长"来说缘愁而生的白发,形成了奇特而令人不敢想象的夸张,取

123

得了振聋发聩的效果。

赠乔侍御①

陈子昂

汉庭荣巧宦②,云阁薄边功③。可怜骢马使④,白首为谁雄?

【作者简介】

陈子昂(661—702),字伯玉,梓州射洪(今属四川省)人。武后光宅中进士,历官麟台正字、右拾遗。他作诗力倡汉魏风格,所作高峻雄浑,寄兴遥深,尤以五言见长。著有《陈拾遗集》。

【注释】

① 乔侍御:乔知之,时任侍御史。　② 巧宦:在仕宦中善于钻谋取巧的人。　③ 云阁:即云台。东汉明帝建云台,绘功臣二十八人像于台中。　边功:在边疆所立功。　④ 骢(cōng)马使:东汉桓典官侍御史,刚正不阿,权贵畏惮。他常骑骢马,京中为之语云:"行行且止,避骢马御史。"但他因此而受压制,久未升迁。骢马,毛色白与青相间的马。

【今译】

汉廷中推赏的是那些善于钻营的官员,云台绘像鄙薄的是立功边塞的战将。可怜刚正不阿骑着骢马的御史,头发花白,一片雄心,为谁逞扬?

【评解】

陈子昂与乔知之曾经一起参加远征契丹的战斗,但是二人都屈在下僚,前途渺茫。因此,陈子昂在这首诗中,借汉言唐,对乔知之的遭遇表示不平,也抒发自己身世之感。诗前两句即隐指北征往事,皇上不重视边功,只欣赏那些善于钻谋的小人,因此乔知之落落不遇。这意思,在陈子昂《西还至散关答乔补阙知之》诗中也表示过:"功业云台薄,平生玉佩捐。"可见感慨之深。后两句,从乔知之官职上生发,用桓典比乔知之,十分贴切,既表达了对乔知之的推崇赞扬,又暗中追本溯源,指摘使乔知之不得意的奸臣权宦。诗虽全用汉事,却句句与现实切合,在同情中,不难看出诗人还饱含着对国家前途的忧虑,正如唐汝询《唐诗解》所说:"此见时不可为,故白首沦落,非拙于用世也。"诗写得气格雄浑沉着,悲愤之气充斥字里行间,正是陈子昂诗风的具体反映。

答武陵太守①

王昌龄

仗剑行千里,微躯敢一言②。曾为大梁客③,不负信陵恩④。

【注释】

① 诗题原集作"答武陵田太守"。　武陵,今湖南常德市。　② 微躯:微贱的身躯。谦词。　③ 大梁

战国时魏国的国都,在今河南省开封市西。　④ 信陵:信陵君,魏国公子,名无忌。为人仁而下士,士无贤不肖皆谦而礼交之。不以富贵骄人,士争归之,门下食客有三千人。

【今译】

我凭仗着一把宝剑行走天下,太守啊,请允许我临别时说上一句话:曾经在好客如信陵君的您门下作客,对您的大恩大德我一定会好好报答。

【评解】

诗的内容很简单:诗人在武陵太守那儿作了一阵客,受到太守的礼遇,心中非常感激,因此在告别时,特意作了这首诗,表达由衷的谢意。这样的诗,很容易写得俗媚。好在诗人是位绝句圣手,又擅写边塞义侠,便借游侠起兴,突兀一句,豪放雄奇,大有睥睨天下之气,诗便超出常格,紧摄人心。以下,诗拈出信陵君好客典与首句呼应,拳拳设誓,增加了诗的力度与涵容,转折自然。通过这样表达,诗人自己与武陵太守的形象在简洁的语言中凸现纸上,分外饱满,情感也充溢回荡,新人耳目。

行军九日思长安故园①

岑　参

强欲登高去②,无人送酒来③。遥怜故园菊,应傍战场开。

【注释】

① 诗原有注云:"时未收长安。"知作于至德二载(757)秋,时岑参官右补阙,从肃宗于灵武、凤翔。　行军:行营。　长安故园:岑参为南阳人,久居长安,故称为故园。　② 强:勉强。　登高:古时重阳节有登高饮菊花酒的风俗。　③ 送酒:《南史》载,陶渊明曾九月九日无酒,出宅边丛菊中坐,正好太守王弘送酒来,遂畅怀大醉而归。

【今译】

勉强想要去登高,没个人儿给我把酒送来。怜爱远在长安故园的菊花,应该是依傍着战场盛开。

【评解】

这首重阳诗,将节日思家与对国事的忧虑合在一起写,朴素质实中包蕴无限情韵,耐人咀嚼寻味。首句想去登高是对重阳的自然反应,但加了个"强"字,便道出在战乱中的凄清情怀。由欲去登高,诗人便想到了酒,非但无酒,且无人送酒,就愈加显得孤寂无聊。诗用陶渊明重阳节无酒而王弘送酒典,十分切合,又不露痕迹。由送酒,诗人又想到赏花,好在又与佳节思乡连在一起,想起故园的菊花;由故园的菊花,逼出末句长安被陷的情况,深痛之至。"遥"字在诗中起强调作用,加意渲染自己远离家园及对家园的思念,振起下句的推测。"战场"二字,扣题"行军",点出战乱,是加倍写法,感叹尤深。

婕妤怨①

皇甫冉

花枝出建章②,凤管发昭阳③。借问承恩者④,双蛾几许长⑤?

【作者简介】

皇甫冉(722—767),字茂政,其先安定(今甘肃省泾川县)人,后避地寓居丹阳(今江苏省镇江市)。唐玄宗天宝十五载(756)进士,历官无锡尉、右补阙。诗擅近体,风格清迥。著有《皇甫补阙诗集》。

【注释】

① 婕妤(jié yú)怨:古乐府曲名。婕妤是汉宫中女官名,此指汉成帝时的班婕妤。她贤而有文才,初有宠,后赵飞燕得宠,她退侍太后于长信宫,作赋自伤。后世多借其事写宫怨。 ② 花枝:指打扮得绮丽多姿。建章:建章宫,汉宫名。 ③ 凤管:箫,其制长短不齐,形如凤翼。或云其声如凤,故名。此泛指箫声。昭阳:昭阳宫,汉成帝时赵飞燕之妹赵合德所住。 ④ 承恩:受到皇帝恩宠的人。 ⑤ 蛾:蛾眉。古代重细而长的眉,因以蛾的触须来形容眉的美丽。

【今译】

那人儿出了建章宫打扮得花枝招展,昭阳宫传来阵阵乐声,悦耳悠扬。我想问一下那受到皇上恩宠的人儿,她的蛾眉究竟画得有多长?

【评解】

这是首宫怨诗,借班婕妤之口,写失意宫人见到别人得宠时心中的幽怨。"怨而不怒"是中国诗歌的准则之一,尤其是牵涉到君王,更要求如此,这首诗便很好地把握了这一尺度。诗前两句是看别人得宠,分写两个场面。第一句写打扮得花枝招展的宫女走出皇帝所住的建章宫,第二句写住在昭阳宫中的赵合德正在歌舞欢乐。这样从对面写,曲折错落,含蓄有致,她自己心中的失落与怨愁便得到了充分流露。后两句写怨切题,如直接指责,诗就流于刻露,好在诗人抓住一个细节,以问语出之:那新承恩露的宫人,眉毛究竟画得多长?言下之意很明白:那美人究竟有多美,君王如此喜欢她?完全是不服气的醋话,往深处想,显然还带有鄙薄对方不完全是由于美貌而是靠献媚得宠的意思在内。问得新鲜蕴藉,语浅意深,隐而不露,尤见作者巧思。

题竹林寺①

朱放

岁月人间促②,烟霞此地多。殷勤竹林寺③,更得几回过?

【作者简介】

朱放,字长通,襄州(今湖北襄阳市)人。曾隐居镜湖、剡溪间。唐代宗大历中,为曹王节度参谋。《全唐诗》编存其诗一卷。

【注释】

① 竹林寺：所指不详。江西庐山、江苏丹徒、河南辉县等地均有竹林寺。　② 促：短暂。　③ 殷勤：此指留恋不舍。

【今译】

岁月匆匆，人生是那么地短暂；而这里的风光无限，令人叹赏。我在竹林寺里流连忘返，今生今世，还能来几次游览？

【评解】

诗人在幽静的竹林寺中徘徊游览，无边的景物纷至沓来，使诗人深深陶醉，流连忘返。由景的迷人，他不禁感叹人生短暂，不能长留此间，将来是否还能来到这里又属未卜，因此心潮翻涌，题了这首小诗。诗人是因为景物繁富，从而产生人生短暂的想法，但诗用倒装，将感情提前，强调岁月匆促，景物之美及诗人的留恋就更被突出，同时他寄情山水的孤高品格，也从诗中流出。后两句抒发感叹，与前两句密切相连，自然流转，更加深了前两句的留恋之意。诗结构绵密，句随意出，一气呵成，感人至深。

三　闾　庙①

戴叔伦

沅湘流不尽②，屈子怨何深③！日暮秋风起，萧萧枫树林。

【作者简介】

戴叔伦（732—789），字幼公，润州金坛（今属江苏省）人。唐德宗贞元进士，历官东阳令、抚州刺史、容管经略使。他是唐德宗朝著名诗人，清词丽句，为时传诵。有《戴叔伦集》。

【注释】

① 诗题一作"过三闾庙"。三闾庙即三闾大夫屈原庙。屈原投汨罗江死后，后人建庙纪念他。　② 沅湘：二水名，均在今湖南境内。屈原自杀前作《怀沙》，中有"浩浩沅湘，分流汨兮，修路幽蔽，道远忽兮"句。　③ 屈子：即屈原。《史记·屈原贾生列传》云："信而见疑，忠而被谤，能无怨乎？屈平之作《离骚》，盖自怨生也。"是本句所本。

【今译】

沅水与湘水滔滔不尽，屈原的怨恨似水一般深沉。傍晚袅袅的秋风吹起，摇动着落叶飘飞的枫树林。

【评解】

这首诗是历代诗人凭吊屈原作品中的名篇。诗首句借景起兴。沅湘是屈原被放后游历之地，也是三闾庙所在，诗人既写实景，又以江水的深长，暗示屈原含冤投江的深沉的哀愁亘古不尽。次句以浑重的语气，直抒胸臆，寄托心中悲慨。后两句宕开，写眼前秋景，说秋风吹起，枫林萧萧。这一派景色，正浓缩了屈原《九歌·湘夫人》中"袅袅兮秋风，洞庭波兮木叶下"及《招魂》"湛湛江水兮上有枫，目极千里兮伤春心"句，由今景追思当年，感叹景物依旧，人事不长。全诗处处用典用句,但含浑不觉,一缕幽思,缭绕回互,言外自有一种悲凉感慨之气。李锳《诗法易简录》云:"咏古人必能写出古人之神,方不负题。此诗首二句悬空落笔,直将屈子一生忠愤写得至今犹在,发端之妙,已称绝调。三、四句但写眼前之景,不复加以品评,格力尤高。"

易 水 送 别①

骆宾王

此地别燕丹,壮士发冲冠。昔时人已没②,今日水犹寒。

【作者简介】

骆宾王(640?—?),婺州义乌(今属浙江省)人。历官武功、长安主簿,迁侍御史,谪临海丞。从徐敬业起兵讨武后,兵败后不知所终。他与卢照邻、王勃、杨炯同为初唐四杰,工七言歌行与五律。著有《骆临海集》。

【注释】

① 诗题骆宾王集作"于易水送人"。易水,在今河北省易县。《史记·刺客列传》载,荆轲为燕太子丹刺秦王,临行,太子丹及宾客送于易水,高渐离击筑,荆轲和而歌,为变徵之声,士皆垂泪。荆轲又歌道:"风萧萧兮易水寒,壮士一去兮不复还!"复为羽声慷慨,"士皆瞋目,发尽上指冠"。　② 没:死去。

【今译】

就在这里,荆轲告别了太子丹,他慷慨激昂,怒发冲冠。当年的勇士早已死去,眼前的易水,仍然是刺骨的寒。

【评解】

诗人送别的也许是一位远赴沙场、视死如归的勇士,而送别的地方恰巧是战国时太子丹送别荆轲的地方,因此诗前两句干脆直接怀古,追述往事,写得悲壮激烈。"此地"二字,语意双关,既吊古,又括今,因此诗面不写今日送别,已为今日送别增色。三、四句一收,感叹往事已矣,易水犹寒。"水犹寒"借"易水歌"词,含蓄不尽,同陶渊明《咏荆轲》"其人虽云没,千载有余情"一样,赞壮士精神,千古不灭,又借以勉励对方。诗通篇浑成,凝练含蓄,苍凉劲达。清毛先舒《诗辩坻》对之极为推崇道:"借轲、丹事,用一'别'字映出题面,余作凭吊,而神理已足。二十字中游刃如此,何等高笔!"

别 卢 秦 卿①

司空曙

知有前期在②,难分此夜中。无将故人酒③,不及石尤风④。

【作者简介】

司空曙,字文明,广平(今河北省永年县)人。唐德宗时官水部郎中。他是"大历十才子"之一,诗长于抒情,五律精练蕴藉,绝句清畅婉转,为时所称。著有《司空文明诗集》。

【注释】

① 诗题一作"留卢秦卿",作者一作郎士元。卢秦卿,生平不详。　② 前期:后会之期,即预期、预约。　③ 无将:不要使。　④ 石尤风:《江湖纪闻》载,有石氏女嫁为尤郎妇。尤郎出外经商不归,石氏忆夫而死。临死发誓要化作大风,阻止商旅远行,让天下妇人免除丈夫远行之苦。后商旅遇打头逆风即称为石尤风。

【今译】

我明知道咱俩后会有期,但今夜里还是难舍难分。你不要使我这杯挽留的美酒,比不上那阻止商旅远行的石尤风。

【评解】

这首留别诗,构思十分奇特。诗起得很突兀,后会有期,本是离别时的安慰话,诗人特意把这意思提到句首,作为陪衬,然后句句深入。后会有期,还是不能相会,惜别的情意更加深厚了。后两句明知不可留,但希望友人暂时不要走,再留一会儿,化直说为曲说,化庄语为谐语,反激对方,不要让自己这挽留的酒比不上石尤风,转折有味,将"难分"写透。诗一翻历来送别诗祝对方一帆风顺、多多保重的常格,把力气用在"留"上,更见恋别情深。全诗没有一句景语,单写情事,绵密真至。黄生《唐诗摘抄》认为"精切灵动","中唐第一"。方南堂《辍锻录》云:"仅二十字,情致绵渺,意韵悠长,令人咀含不尽。似此等诗,熟读数十百篇,又何患不能换骨。"

答　　人

太上隐者

偶来松树下,高枕石头眠。山中无历日,寒尽不知年。

【今译】

偶然来到松树底下,枕着块石头安然入眠。山里没有计时的日历,只知寒天将尽,不知今日何年。

【评解】

据《古今诗话》载,这位诗人不知姓名,隐居终南山中,自称太上隐者,有人问他来历,他不予答复,却写下了这首诗。诗是为自己写照,说自己无拘无束,自由自在,随意行到松树下,要睡了就枕石而眠,只知道寒来暑往,不知道何世何年。诗随口而出,但含意丰富,既写出了自己旷然淡逸的胸怀,又写出了山中的隐趣。读这首诗,很容易使人想起南朝著名隐居诗人陶弘景的《答诏问》诗:"山中何所有?岭上多白云。只可自怡悦,不堪持寄君。"二诗都形式活泼,语浅意深。

五言律诗

幸蜀回至剑门①

唐玄宗

剑阁横云峻②,銮舆出狩回③。翠屏千仞合④,丹嶂五丁开⑤。灌木萦旗转⑥,仙云拂马来⑦。乘时方在德⑧,嗟尔勒铭才⑨。

【作者简介】

唐玄宗,即李隆基(685—762),睿宗延和元年(712)即位,励精图治,使唐中兴。后任用奸邪,沉湎声色,酿成"安史之乱",逃往四川,传位肃宗。《全唐诗》辑其诗为一卷。

【注释】

① 幸蜀:天宝十四载(755)安史乱起,翌年玄宗逃往四川。至德二年(757)十月,唐军收复两京,玄宗由蜀回长安,经过剑门,写了这首诗。 剑门:县名,在今四川省剑阁县东北,因剑门山得名。 ② 剑阁:剑阁县大小剑山间的栈道,亦称剑门关。 ③ 銮舆:帝王车驾。 狩:打猎。这里是说出外避难。 ④ 翠屏:形容山势陡峭壁立,犹如绿色屏风。 合:重叠回环。 ⑤ 丹嶂:紫红色的高山。 五丁:传蜀郡本与中原隔绝,秦惠王许嫁五美女给蜀王,蜀王派五丁力士开山去迎娶。见《华阳国志》。 ⑥ 萦:环绕。 ⑦ 仙云:指变化莫测的彩云。 ⑧ "乘时"句:用《史记》中吴起谓魏国之宝"在德不在险"典。张载《剑阁铭》:"兴实在德,险亦难持……勒铭山阿,敢告梁益。"诗即用铭中句。 ⑨ 勒铭才:指张载。晋安平人,官中书侍郎,博学善文。

【今译】

剑阁高峻,远望如云横长空;我的车驾出狩,如今在还京途中。青山陡峭壁立,犹如一道道重叠的屏风;紫红色的峰峦,是古代五丁开凿的遗踪。旌旗在丛生的林木环绕中曲折前进,五色彩云在我的马头边飘动。顺时立势唯有以德服人,张载这话说得多好,我禁不住感叹无穷。

【评解】

这首诗写道路中所见所感。因为此行是结束逃难的生活回长安去,心中自然有如释重负、轻松自如的感觉;又因为国难刚过,自己的皇位已被儿子夺去,心里又有说不出的沉重。诗便把这些复杂的心理,寄托在景中。首联照题,写自己在巍峨险陡的乱山丛中向长安行去。起得高屋建瓴,笔势斩绝,然而从"出狩回"三字,仍可揣测他自我掩饰时的难受。中两联写剑门的险要难行。一联写静,一联写动,互相映衬,把剑阁的高峻与曲折写得十分逼真饱满。蜀道之难,又象征着国运之艰;旗转云拂,又显出归程中悠然的快意。最后,由山的险,及张载的《剑阁铭》,他发出了治国所凭依的在于德而不在于险的感叹,表明了自己帝王的身份。全诗写得兴象融浑,尤其是中间两联四个动词"合"、"开"、"转"、"来",将自然界的景物与行进中的感觉密切相合,使人读后有身临其境的感觉。

| 五言律诗 |

和晋陵陆丞早春游望①

杜审言

独有宦游人②,偏惊物候新③。云霞出海曙④,梅柳渡江春。淑气催黄鸟⑤,晴光转绿蘋⑥。忽闻歌古调⑦,归思欲沾巾⑧。

【作者简介】

杜审言(约645—708),字必简,祖籍襄阳,迁巩县(今属河南省)。唐高宗咸亨年进士,官至修文馆直学士。他是杜甫的祖父,是今体诗的奠定者之一,所作气魄宏伟,风格高古。与李峤、崔融、苏味道共称"文章四友"。原集已佚,明人辑有《杜审言集》。

【注释】

① 晋陵:唐县名,故址即今江苏省常州市。 陆丞:晋陵县丞,名不详。 ② 宦游:在外乡做官。 ③ 偏:特别,最。 物候:指自然界的景物随季节推移而发生的变化。 ④ 海曙:此指东方破晓时的曙光。 ⑤ 淑气:温暖和煦的春气。 ⑥ 晴光:晴朗的阳光。这句化用江淹《咏美人春游》"江南二月春,东风转绿蘋"句。 ⑦ 古调:格调高古的作品。此指陆丞原作。 ⑧ 沾巾:泪湿衣巾。这里代指流泪。

【今译】

唯独是离乡背井在外做官的人,对季节的转换,万物的变化特别敏感注意。海边清晨的云霞五彩缤纷,似乎与旭日同时升起;梅柳枝头喧闹的春意,由江南渐渐向江北推移。温暖和煦的春天的气息,像是催促着黄鸟尽情地鸣啼;晴朗的阳光普照着大地,使绿蘋的色彩越来越浓丽。忽然见到你格调高古的诗篇,激起我无尽的乡思,泪下沾衣。

【评解】

诗写游春时所产生的旅愁乡思。首联不写景,由自身对春光的感受入笔,为下文蓄势,纪昀评为:"起句警拔,入手即撇过一层,擒题乃紧,知此自无通套之病。"以下二联,铺写"物候"之"新",组织了清丽的辞藻、工整的对偶,写出江南早春繁富绮丽的风物,同时与自己游春的心情相结合,观察入微,绘笔传神。尾联切题"和晋陵陆丞",点明诗旨"归思",挽合首句"宦游"。全诗写得抑扬顿挫,首尾二联遥相呼应,中二联开阖变化,都表现了诗人高深的写作技巧。诗在炼字上尤见功夫。如首联的"独"、"惊"二字,富有浓厚的感情色彩,为全诗定调。次联的"出"字、"渡"字,一状云霞与海日同时展现,一状春天到来物象由南向北逐渐变换,都很传神。第三联的"催"字、"转"字,更为人赞赏,巧妙地写出物态的变化,体现了诗人精细的创意。因此,胡应麟《诗薮》认为初唐五言律,当以此首为第一。钟惺《唐诗归》指出,像这样格律严谨、工于炼字的诗,"开诗家齐整平密一派门户"。

蓬莱三殿侍宴奉敕咏终南山①

杜审言

北斗挂城边②,南山倚殿前。云标金阙迥③,树杪玉堂悬④。半岭通佳气⑤,中峰绕瑞烟⑥。小臣持献寿⑦,长此戴尧天⑧。

【注释】
① 诗题杜审言集作"蓬莱三殿侍宴奉敕咏终南山应制"。 蓬莱三殿:指大明宫中的麟德殿,殿三面,南有阁,内宴多于此举行。 奉敕:奉皇帝命作诗。 终南山:在长安南五十里,宫中可望见。 ② 北斗:北斗星。此语双关,据《三辅黄图》,长安城南为南斗形,城北为北斗形,因此长安又号斗城。 ③ 云标:云端。 ④ 玉堂:汉殿名。此代指宫殿。 ⑤ 佳气:吉祥的云气。 ⑥ 瑞烟:五色祥云。 ⑦ 持献:以终南山向皇帝祝寿。语本《诗·小雅·天保》:"如南山之寿。" ⑧ 尧天:盛世。语出《论语·泰伯》:"唯天为大,唯尧则之。"意为天最高大,只有尧能以天为准则推行教化。后多用以称颂帝王功德及太平盛世。

【今译】
北斗星高高地垂挂在城边,终南山紧紧地倚傍在蓬莱殿前。巍峨的金阙像是在云端飘浮,高耸的宫殿恍如在树梢挂悬。氤氲佳气在半山腰浮动游荡,五色祥云在峰顶上回绕盘旋。小臣我以终南山来向皇上祝寿,但愿永远沐浴圣恩,感戴尧天。

【评解】
诗首联破题,采用双起式,用北斗垂挂城边,衬出蓬莱殿、长安城的雄伟,从而引出次句终南山的高峻。两句各有主体,但宫殿同时又是为写山作铺垫,写山时又不忘结合宫殿,结构十分绵密。以下两联,一联写殿,一联写山。写殿时,以云天这一广阔背景作衬,显出其高;又以树梢作参照,形出其广。写山时,则纯用白描,注目山上瑞气祥云,从而引出尾联的祝寿颂德的主旨,暗用"南山"典而妙合无痕。诗在内容上无足取,但诗人以娴熟的技巧弥补了内容的空泛,写得高华秀赡,句律森严。胡应麟《诗薮》说此诗"气象冠裳,句格鸿丽,初学必从此入门,庶不落小家窠臼"。

春夜别友人①

陈子昂

银烛吐清烟,金樽对绮筵②。离堂思琴瑟③,别路绕山川④。明月隐高树,长河没晓天⑤。悠悠洛阳道⑥,此会在何年?

【注释】
① 诗原有两首,这里选的是第一首,约作于武后光宅元年(684)春。当时陈子昂离开家乡四川射洪,准备赴洛阳谋取功名。 ② 绮筵:丰盛的宴席。 ③ 离堂:饯别的地方。 琴瑟:朋友间的友情与聚会的欢乐。语出《诗·鹿鸣》:"我有嘉宾,鼓瑟吹笙……我有嘉宾,鼓瑟鼓琴。" ④ 以上数句,化用谢朓《离夜》诗"离堂华烛尽,别幌清琴哀"句。 ⑤ 长河:银河。 ⑥ 洛阳:今河南省洛阳市,为唐东都。

【今译】
银烛升起了袅袅青烟,我高举起酒杯,对着丰盛的别宴。在这离别之处,眷恋着彼此的情意;分手后,我将跋涉在迂回的道路山川。明月已悄悄西坠隐入高高的树后,耿耿银河也在曙光中消失不见。到达洛阳的路程是那么地漫长,我们再次相会不知在哪一年?

【评解】

诗写别离,从别离的筵席上落笔。首联以工整的对偶、华丽的词藻,写出筵席的丰盛隆重,既赞美了朋友的深情,又衬托出离别的不堪。次联即由此生发,即景传情,一句表达对主人感情的珍惜,一句想象别后的凄凉,准确地传达出自己惜别的情怀。随后,诗转入室外,写明月、银河,关合夜宴,度出留恋不舍,通过饮宴时间之长,暗示别情之深;通过天将晓,暗示离别在即,含蓄而耐人寻味。最后,诗直陈别离,展望将来,沉郁厚重,缴足全篇。整首诗回环感染,虚实相间,风格深厚和雅。不追求一字一句之警策,注重情景的浑融,婉曲而深切地道出离愁,正如纪昀《瀛奎律髓》评所说:"此种诗当于神骨气脉之间得其雄厚之味,若逐句拆开,即不得佳处。如但摹其声调,亦落空腔。"

长宁公主东庄侍宴①

李 峤

别业临青甸②,鸣銮降紫霄③。长筵鹓鹭集④,仙管凤凰调⑤。树接南山近⑥,烟含北渚遥⑦。承恩咸已醉⑧,恋赏未还镳⑨。

【作者简介】

李峤(645—714),字巨山,赵州赞皇(今属河北省)人。弱冠登进士,历官监察御史、麟台少监同凤阁鸾台平章事、地官尚书,官至同中书门下三品,封赵国公。后遭贬卒。他以文名,诗精五律,对偶工整,刻画精微,典丽高雅。集久佚,明人编有《李峤集》。

【注释】

① 诗题原作"侍宴长宁公主东庄应制"。长宁公主,唐中宗韦后所生,嫁杨慎交。其庄规模巨大,华丽峻伟,帝及后多次临幸。这首诗作于景龙四年(710)四月。 ② 青甸:京城近郊为甸。青为东方之色,长宁公主的别墅在东郊,故称青甸。 ③ 鸣銮:指皇帝出行。銮,帝王车驾所用的铃。 紫霄:此指皇宫。 ④ 鹓鹭集:鹓鹭群飞有序,因此喻朝官班列。 ⑤ 仙管:指箫管。 凤凰调:传萧史善吹箫,引来凤凰,萧史与妻弄玉乘凤凰仙去。此喻音乐美妙动听。 ⑥ 南山:指终南山。在长安南。 ⑦ 北渚:指渭水。渭水在长安之北。 ⑧ 承恩:承受皇上的恩典。此指赐宴。 ⑨ 镳:本为勒马的工具,俗称马嚼子。此借指马。

【今译】

公主的别墅坐落在东郊外,君王离宫临幸,一路鸣响着车铃。长长的筵席上朝臣整齐地排列,管弦吹奏着乐曲,悠扬动听。高大的树木与南山相连相近,烟气笼罩,遥接着渭水之滨。承受皇恩臣子们个个尽情喝醉,留恋着美景,还不肯上马返程。

【评解】

李峤是律诗圣手,所作中规合矩,格律森严,为时人称道。这首诗因为是应制诗,更注意形式上的严整,写得庄重华丽,面面俱到,可作学诗样板。诗依时序展开,先写皇帝临幸东庄,次应题写侍宴,再次照应东庄景物,最后总结全诗,环环相扣,紧密工到。应制诗照例要称颂皇上,诗在措笔时时刻把握住自己臣子的身份,诗面所用均是堂皇正大的词语,如鸣銮、紫霄、长筵、仙管,都很富丽得体。因为东庄的主人是位得宠的公主,诗又通过对东庄的描写,暗寓对公主的赞颂。

"树接南山"、"烟含北渚",极写东庄景致,气势阔宏大;末句"恋赏未还镳",一语双关,既赞东庄,又颂皇恩。

恩赐丽正殿书院宴应制得林字①

张说

东壁图书府②,西园翰墨林③。诵诗闻国政④,讲易见天心⑤。位窃和羹重⑥,恩叨醉酒深⑦。载歌春兴曲⑧,情竭为知音。

【注释】

① 丽正殿书院:即丽正书院,是唐玄宗开元十三年建,聚四方学士于此著述研讨。当时张说以宰相掌院事。这首诗是在建院庆典上奉帝命所作。 得林字:分到以"林"字作为韵脚。 ② 东壁:即壁星,二十八宿之一,在东,故名东壁。相传主文章及图书。陶弘景《星经》:"东壁天下图书之秘府也。" ③ 西园:在邺都,三国时曹丕、曹植常在此招集文士饮酒赋诗,后世称为"西园雅集"。 翰墨林:笔墨如林,即人才济济,名士荟萃。 ④ 诗:即《诗经》。古人以诵《诗》作为入仕前必修,通过习《诗》而理解治国之要,所以孔子曾令子孔鲤学《诗》,又有"登高能赋可以为大夫"的话。 ⑤ 易:即《周易》。 天心:指阴阳五行及天道运行的规律。 ⑥ 和羹:用调味品调和羹汤。语出《书·说命》:"若作和羹,尔惟盐梅。"是商王武丁命傅说为相时所说的话,意谓要求他治理国家如调鼎中之羹,使之协调。后因用此比喻宰相辅佐君王治理国家。 ⑦ 叨:谦词。 ⑧ 载歌:乃歌。 春兴曲:充满春意的曲子。指本诗是出于内心欢欣而作。

【今译】

书院的兴建,上应主管人世文章图书的东壁星;这里聚集着天下的英才,如同曹氏兄弟的西园,名士如林。大众诵读着《诗经》,明白了治理国家的道理;研讨讲习着《周易》,揣摸阴阳五行和天意天命。我窃居着宰相的高位,心中惭愧没有什么建树;受到皇帝的赏识,现在又蒙赐宴,恩如海深。在这欢乐的时刻,我作了这首充满春兴的诗篇;为的是竭尽我感激的心情,呈献给皇上,我的知音。

【评解】

这首应制诗分前后两段。前四句写丽正殿书院,后四句写侍宴作诗。丽正殿书院是皇帝与大臣讲经研习学问的地方,所以前四句称扬书院为天下文章图书的藏府,上应天星;是文人荟萃的场所,英才济济。帝王与臣子在这里通过研习,讨论国政的得失,更好地治理国家。这四句全用对句,平稳工整,通过用典记事,突出书院的性质,渲染祥和气氛。后四句,风格转为轻快,写出自己身膺重责,得到皇上的信任赏识,因而作诗歌颂,表白心中对皇帝的感戴。这四句,在凝练的笔墨中透出自己欢乐的心情,但写得含蓄隽永,无谀媚低俗之态。全诗叙事井井有条,用典用事贴切自然,在记事抒情中处处不忘颂扬帝德,因此在应制诗中一向被认为是成功的作品。

送 友 人

李白

青山横北郭①,白水绕东城②。此地一为别,孤蓬万里征③。浮云游子意,落日故人情。挥手自兹去④,萧萧班马鸣⑤。

【注释】
① 郭:外城。　② 白水:指流水清澄。　③ 蓬:蓬草,枯后根断,随风飘飞。　征:远行。　④ 自兹:从此。　⑤ 萧萧:马鸣声。　班马:分道离群之马,离别的马,此指友人所骑的马。

【今译】
葱郁的群山绵亘在城北,清澈的河水环绕着东城。我们在这里分别以后,你就像一棵蓬草,飘飞向万里远程。你的行踪犹如天上的浮云聚散无定,我的情谊就像西坠的太阳难舍难分。我们挥动着手就此告别,马儿也依依不舍,发出萧萧悲鸣。

【评解】
这首诗,通过环境的描写,气氛的渲染,表达依依惜别之情。首联用工对,依送别过程展开。诗人送友人出城,眼前是青山绿水,在清丽跳脱的画面中,隐以山长水远寄托绵绵离情,丝丝怅惘。次联转写情,以孤蓬远飞,表达对友人此去的关心,自然而诚挚。第三联是名句,将情与景糅合在一起写。浮云、落日,是实景,分别接以"游子意"、"故人情",便将景带上了主观情感,于是浮云便象征着友人漂泊生涯,落日徐徐下降,又暗道自己凄凉心情。最后,诗直接写离别,又随手牵入马鸣萧萧作衬,写尽苍凉凄苦心意。诗以自然明快的语调写凄凉别情,措语迥出人表。在整个有声有色、有动有静的画面中,洋溢着无限深意,令人一唱三叹,这就是大家的大手笔。

送友人入蜀

李　白

见说蚕丛路①,崎岖不易行。山从人面起,云傍马头生。芳树笼秦栈②,春流绕蜀城③。升沉应已定④,不必问君平⑤。

【注释】
① 见说:听说。　蚕丛:传说中古代蜀国的开国君王,此代指蜀地。　② 秦栈:自秦(陕西)入蜀的栈道。　③ 蜀城:成都。　④ 升沉:仕途的得意与失意。　⑤ 君平:汉严遵,字君平,隐居不仕,卖卜成都。日阅数人,得百钱足以过日,则关门下帘读《老子》。

【今译】
听人说起四川的道路,崎岖不平,难以通行。山迎着人面重叠而起,云靠着马头不断涌升。茂盛的绿树笼罩着栈道,春水上涨,围绕着成都城。咱们的前途都已成定局,用不着再去询问严君平。

【评解】
这首送别诗,集中描绘蜀道的艰险与优美,将惜别与安慰相融合,同时寄托自己不得志的感慨。首联以"见说"起,扩大想象虚拟的成分,起得雄浑平正,为下奇崛之笔打下基础。以下两联,一写蜀道难,一说蜀中风景佳处。写艰难时,生动地突出蜀道陡峭、险峻的特点,点出友人此行的不易,高步瀛《唐宋诗举要》引吴汝纶评说:"能状奇险之景,而无艰深刻画之态。"恰如其分地道出了这联的特点。写风景宜人时,通过茂盛的林木、春天的江水,在写景中注入畅快顺意的心情,令人神往。这两联,一联奇险,一联浓丽,对偶又很工整,把劝与慰都表现得很婉转。尾联折入议论,说仕途失意,是写友人,也是自诉,用成都严君平典,贴切"入蜀",是牢骚话,但又抑遏不露。诗写得一张一弛,以平实起,转入奇险,又归纤徐,最后又呈平实;于工丽中见神运之思,一向被推为"五律正宗"。

次北固山下①

王湾

客路青山外,行舟绿水前。潮平两岸阔②,风正一帆悬③。海日生残夜④,江春入旧年⑤。乡书何处达?归雁洛阳边⑥。

【作者简介】

王湾,洛阳(今属河南省)人。武后先天年间(712—713)进士,官荥阳主簿,调洛阳尉。他是开元年间著名诗人,作品已佚,《全唐诗》录存十首。

【注释】

① 诗题一作"江南意"。北固山:在今江苏省镇江市北。山临大江,林木葱郁,是登览胜地。 ② 潮平:即平潮,潮涨满而未退一段时间。 ③ 风正:风顺而平和。 ④ 残夜:天将明未明时。 ⑤ "江春"句:谓立春在腊月。 ⑥ "归雁"句:暗用鸿雁传书典,说欲托雁给家乡洛阳的亲人送信。

【今译】

我行进在江南的水路,依傍着葱郁的青山。我的船飘飘荡荡,眼前是碧绿的水湾。江中的潮水已经涨满,两岸显得分外开阔宽敞;风儿也正顺,船儿稳稳向前,鼓着风帆。残夜还未过尽,一轮红日从海面上喷薄而出;立春节令已到,虽是腊月,江面已感到春暖。想给家乡的亲人寄封信,可又没有办法投送;遥望着一行大雁往北飞去,飞向我的家乡洛阳。

【评解】

诗人远离家乡,新年将尽,眼见江南的青山绿水,油然而产生思乡羁愁,写下了这首五律。首联以工对起,青山、绿水,是触目所见,诗人用此概括大环境,辅以"客路"、"行舟",将景、情、事包揽一尽,起得工稳流丽。次联承上写江上景象,远近结合,恢宏疏阔而又纤徐从容,观察入微,描写神似,是著名的景联。第三联点明行旅时间,以"海"、"江"对举,切合北固山地点,一句写夜色未尽的黎明,一句写立春已过未到除夕的时节;写景则气势磅礴,纪时则微妙细致;同时贯以深沉的情思,使诗蕴含丰富,意味悠长。尾联述客愁乡思,寄意归雁,直中用曲,又与首联呼应,余情不尽。本诗是王湾的代表作,"海日"一联,是被誉为"形容景物,妙绝千古"(胡应麟《诗薮》)的名句。唐殷璠《河岳英灵集》说张说曾"手题政事堂,每示能文,令为楷式"。唐郑谷也有诗赞说:"何以海日生残夜,一句能令万古传。"可见诗在当时影响之大。

| 五言律诗 |

苏氏别业

祖咏

别业居幽处,到来生隐心①。南山当户牖②,沣水映园林③。竹覆经冬雪④,庭昏未夕阴。寥寥人境外,闲坐听春禽。

【作者简介】

祖咏,洛阳(今属河南省)人。开元十二年(724)进士,未入仕。他一生贫病,与王维交谊最深,诗风亦相近,清新洗净,颇见锻炼之功。诗集已佚,明人辑有《祖咏集》。

【注释】

① 隐心:隐居的念头。 ② 南山:终南山,在长安南。 户牖(yǒu):门窗。 ③ 沣(fēng)水:发源于秦岭,北流经长安,入渭水。 ④ 经冬:过了整个冬天。

【今译】

别业的环境幽僻雅静,我来到这里,顿生隐居之心。终南山正对着门户,沣河水映照着园林。竹梢上覆盖着经冬的白雪,庭院里还未傍晚就昏暗阴沉。人烟稀少犹如在尘世之外,我闲坐着听着春禽啼鸣。

【评解】

诗写苏氏别业的景象,首句就入题写别业的大环境,用一个"幽"字,包融全篇;次句写自己的感受,以"生隐心"呼应环境的幽,表达自己对别业的喜爱。这样写,起得广阔,精神发越,是唐人律诗常用的手法。以下两联,具体写别业的"幽"。一联写外景,门窗对着远处的巍巍终南山,园林映照着清澈的沣水,绘出别业的清幽,"当"、"映"二字均下得沉稳。一联写内景,竹梢上覆盖积雪,花木丛生,庭院未到黄昏便阴暗,进一步说明别业的幽深沉寂。尾联具体写"生隐心",以在人烟稀少、红尘之外,听春禽鸣啼,寄托自己依依不舍之情。诗层次分明,锻炼工稳,由浑写入白描,由外景入内景,又通过景物的描写,表达内心的宁静闲逸,写意传神,精深绵邈。

春宿左省①

杜甫

花隐掖垣暮②,啾啾栖鸟过③。星临万户动④,月傍九霄多⑤。不寝听金钥⑥,因风想玉珂⑦。明朝有封事⑧,数问夜如何⑨。

【注释】

① 左省:门下省。这首诗作于乾元元年(758),当时杜甫随驾回到长安,官左拾遗。左拾遗掌供奉讽谏,属门下省,官署在殿庑之东,因称左省。 ② 掖垣:门下省与中书省分列左右,如人的两掖,故又称左掖、右掖。此即指门下省。 ③ 栖鸟:归巢的鸟。 ④ 万户:指宫中众多的建筑。 ⑤ 九霄:九重天,极言其高。

此指高耸的宫殿。　⑥ 金钥:此指开宫门的锁钥声。　⑦ 玉珂:马勒上玉制的铃。此指马铃声。　⑧ 封事:密封的奏章。　⑨ 数(shuò):多次。全句暗用《诗·小雅·庭燎》"夜如何其,夜未央"句,写寝卧不安的心理。

【今译】

黄昏,日光渐渐暗淡,官署中的花儿隐隐约约;一阵啾啾的鸣声响起,是归巢的鸟儿从低空掠过。灿烂的群星照耀着,宫中的千门万户似乎随着星光闪烁;高耸的殿阁就像依傍着明月,照临的月光仿佛格外地多。我翻来覆去怎么也睡不着,耳边好似听见有人开启门锁;一阵风儿吹动檐间的铃铎,又误以为上朝的官儿轻响着玉珂。明天天亮早朝开始,我就要奉上草就的封事;一次又一次地揣摸:这沉沉宵夜,时辰已是几何?

【评解】

杜甫的律诗以格律细密、章法严谨著称,这首带有应制性质的诗,在章法上格外讲究,被推为杜律的典范。首先,诗紧紧围绕"左省"这一地方来写。掖垣的花儿在晚色中隐约,星临万户,月傍九霄,都切宫中,"听金钥"、"想玉珂"、"有封事"都是宫中事,一丝不走。其次,诗在写景记事时又处处照应"宿左省"的心理。题是写宿,实写不寐,于是能细微地观察宫中景物,铺设心理活动:见星光闪烁,似乎听见开宫门声,朝臣上朝声,挂念明天要上封事,无法入睡,将对皇上的崇敬忠爱及自己精忠报国的心情委婉表露。诗前四句写宿省之景,后四句写宿省之情,自暮至夜,自夜至将晓,又延伸至天明,逐次道来,详细而富有变化,整饬而含有灵动。不惟在篇法句法上出类拔萃,在炼字上也精到工稳。如次联的"动"、"多"二字,便被后人称为句眼,使全联情景交合,境界全出。

题玄武禅师屋壁①

杜　甫

何年顾虎头②,满壁画沧洲③?赤日石林气,青天江海流。锡飞常近鹤④,杯渡不惊鸥⑤。似得庐山路,真随惠远游⑥。

【注释】

① 玄武禅师:住在玄武山上的一位高僧。玄武山在四川玄武县(今中江县)东,一名宜君山,一名三嵎山。　② 顾虎头:晋画家顾恺之,小字虎头。　③ 沧洲:水边陆地。此指山水画。　④ "锡飞"句:《高僧传》载,梁武帝时高僧宝志与白鹤道人争居安徽舒城的潜山。梁武帝令二人各在山上树立标记。宝志放出锡杖、白鹤道人放出白鹤,鹤先飞而杖先到。武帝乃在锡杖、白鹤所立处分建佛寺、道观。这里分别以"锡"指庙、"鹤"指道观,说画中有庙、观,隐合玄武山。玄武山有玄武真人庙,与玄武禅师所居相近。　⑤ 杯渡:《高僧传》载,南朝宋时,有高僧常乘一木杯渡水,来去如飞,时人称之为杯渡僧。　⑥ 惠远:东晋高僧,住庐山东林寺,曾与陶渊明等人结白莲社。

【今译】

不知道是哪一年,画家顾虎头,在这屋壁上绘上了这一片沧洲。红日照耀中石林里云气蒸腾,青天覆盖下江海浩荡奔流。高僧在此住锡,与仙观相邻;他乘着木杯渡水,没惊动沙鸥。对着画我仿佛来到了庐山,跟随着惠远到处漫游。

【评解】

　　杜甫来到玄武禅师的禅房,见到墙壁上所绘山水,惊叹不已,因此在旁题了这首诗。诗是题画,却先退一步,从绘画者入笔,惊叹画必出自顾虎头这样的名家之手,这样欲擒故纵,制造悬念,为下着手赞画作了铺垫,又以"沧洲"二字带出画的内容,起得精炼简捷。接着,诗具体描绘画的内容,说阳光下石林中云气渺茫,青天下江海浩渺,切定"沧洲"二字,将画面的瑰丽壮阔,形象地展现。以下,诗化用典故,写出景物的秀美,包涵很广;既写了画中的佛寺、道观及高僧,又暗扣玄武禅师及所居之处,褒扬赞赏,却全无痕迹。最后,诗人仍然以画与人双收,通过感受,对画景、画技及玄武禅师进行赞美,构思十分巧妙,所以冯舒《瀛奎律髓》评说:"若大历以还,决以画结。此诗亦同结于画,却潇洒摆脱,不可及也。"全诗写得圆浑奇杰,虚实结合,画中景与画外人兼顾,成为后来题画诗所模仿的样板。

终 南 山

王　维

　　太乙近天都①,连山到海隅②。白云回望合③,青霭入看无④。分野中峰变⑤,阴晴众壑殊⑥。欲投人处宿,隔水问樵夫。

【注释】

　　① 太乙:终南山的主峰,也是终南山的别名。　近天都:谓高与天连。天都,天帝所居之处。也有人认为指长安。　② 连山:山脉绵延。　海隅:海角,海边。　③ 回望合:四面望去,连成一片。　④ 霭:雾气。　⑤ 分野:古人将天上的星宿与地上的区域相联系,某地区划在某一星空范围,称某星的分野。　⑥ 壑:山谷。

【今译】

　　终南山高耸与天相连,山脉绵延不绝,直到海边。满山的白云弥漫,四望连成一片,青色的雾气到近处又消失不见。山区广阔中峰南北的分野已变,众多的山谷,在阳光照射下,阴晴相间。想找有人居住的地方投宿,细细向樵夫打听,隔着一道山涧。

【评解】

　　这首五律,极力向人夸示终南山形胜。首联高屋建瓴,气势非凡,直从山主峰入笔,实见与想象相结合,"近天都"写其高,"到海隅"写其广,只两句便囊括了终南山重峰高耸、蜿蜒不绝的景象,境界广阔雄浑。以下二联,移步换景,从山下、途中、主峰、下山的游山次序中所见的各个角度写山。次联"白云"、"青霭"是互文,写山中云雾缭绕,远看群山沉没在白云雾气的怀抱中,近看却不见青霭,景物清嘉,将实景与感觉结合,描绘入微。张谦宜《纸斋诗谈》说:"看山得三昧,尽此十字中。"颈联写在山顶的感受,分野不同,再度写山的广;阴晴不同,展示山的重叠萦回。尾联隔水一问,看似闲笔,实点峡谷环境深幽,山中空寂少人,增添游山的情趣。全诗写得宏肆壮阔,以精练准确的语言,写出终南山的壮丽景色,富有画意,是王维五律代表作之一。

寄左省杜拾遗①

岑 参

联步趋丹陛②,分曹限紫薇③。晓随天仗入④,暮惹御香归⑤。白发悲花落,青云羡鸟飞。圣朝无阙事⑥,自觉谏书稀。

【注释】
① 左省:见前杜甫《春宿左省》注。 杜拾遗:杜甫。诗作于乾元元年(758),时杜甫官左拾遗,岑参官右补阙。 ② 趋:小步而行,表示对君王的敬意。 丹陛:宫殿前涂红漆的台阶。 ③ 分曹:分班。杜甫是左省官,岑参是右省官,故排班时分列左右。 限:界限。 紫薇:此同"紫微",星座名,形如屏藩,因以之指皇帝朝会时的大殿。 ④ 天仗:皇帝的仪仗。 ⑤ 惹:沾染。 御香:宫中焚的香。 ⑥ 阙事:欠缺的政事。

【今译】
我们排着队走着小步先后登上殿阶,按着官署,分列在殿庑的东西。清晨时随着皇上的仪仗入朝,黄昏时衣上沾着宫中的香气回归。满头白发,见到花落不由得悲伤难受;仰视鸟飞青云,羡慕朝中显贵济济。皇上圣明没有什么缺失可补,自己感到能上呈的谏书日益见稀。

【评解】
岑参经过多年战乱颠沛,年已四十多岁,这时候好不容易谋到了右补阙一职,虽属朝官,但人微言轻,无可建树,心中充满牢骚,所以写了这首诗给与自己经历地位及处境相同的杜甫。在诗中,岑参通过自己官场生活的写照,用堂正的语言,宣泄自己的不满。前半,诗铺叙天天入朝伴君,表面上似乎在炫耀朝官的荣华,但空虚与无奈的心情,已从中透出。后半感慨年龄老大、一事无成,空羡别人青云得路;而皇上圣明,自己又无事可做。看上去是自我感叹,又兼对朝廷进行颂扬,说得冠冕堂皇,骨子里是对朝政讽刺,痛惜自己报国无门,因而愤慨愁闷。诗用笔隐折婉曲,意在言外,令人寻思。这一苦衷,杜甫也深有体会,所以他见了岑参诗后,引起共鸣,回诗赞道"故人得佳句,独赠白头翁"(《奉答岑参补阙见赠》)。

登 总 持 阁①

岑 参

高阁逼诸天,登临近日边。晴天万井树②,愁看五陵烟。槛外低秦岭③,窗中小渭川④。早知清净理⑤,常愿奉金仙⑥。

【注释】
① 诗题岑参集作"登总持寺阁"。总持寺在长安南面的终南山上。 ② 万井:即万家,极言居家之多。井,古以八家为井,此泛指人家。 ③ 秦岭:即终南山。 ④ 渭川:渭水,在长安北。 ⑤ 清净理:清净无

为、远离尘寰的道理。 ⑥ 金仙:道教的神仙及佛教的佛都称金仙。

【今译】

总持阁高耸逼近青天,登上阁中,仿佛站在太阳旁边。晴朗的天气万家树木历历在目,愁怀缭绕,不忍见五陵云烟。栏杆外秦岭显得分外低矮,窗中望去,渭水变得仅如一线。要是早懂得清净无为的禅理,我就会发愿常来这里礼奉金仙。

【评解】

诗写登临所见所感,开门见山,略去登阁等事,直写站在高阁,简捷明快;且以"逼诸天"、"近日边"形象地表出寺阁之高。以下两联,便写登阁所见。一联是长安景色,千家万户的树木历历在目,五陵地区烟云缭绕。一联是写山川风景,寺在山上,四周的山便显得矮小,渭水也变得微细。这四句,紧密结合眺望的角度,通过"万井"、"五陵"这一广大画面,反证总持阁之高,所望之远;又通过"低"、"小"二字,从比较上反映阁之高,营造"登泰山而小天下"的气势。同时,诗人不是单纯绘景,而是将登临时的心情与景相联系:天晴,心情好,见万家树木而爽朗;心情愁苦,便不由自主地留意烟云笼罩的五陵。尾联归到登临,切合总持寺,以味道语结,从景到情的过渡很自然;又用"早知"、"常愿"二词自相呼应,强调景的动人。全诗总揽长安附近景物,写出登高的胸怀,角度多变而有序,意境阔大,气势鼓荡,笔力奇恣,体现的正是人们常说的"盛唐气象"。

登 兖 州 城 楼①

杜 甫

东郡趋庭日②,南楼纵目初③。浮云连海岱④,平野入青徐⑤。孤嶂秦碑在⑥,荒城鲁殿余⑦。从来多古意⑧,临眺独踌躇⑨。

【注释】

① 兖州:治所在今山东省兖州市。 ② 东郡:东方之郡。指兖州。 趋庭:指探望父亲。典出《论语·季氏》"鲤(孔子的儿子)趋而过庭"句。趋,小步快走,表示恭敬。 ③ 南楼:指兖州城楼。 ④ 海岱:指渤海与泰山。 ⑤ 青徐:青州与徐州,地当今山东东部及江苏北部。《书·禹贡》:"海岱惟青州。""海岱及淮惟徐州。" ⑥ 孤嶂:独立的高峰。此指峄山,在今山东邹县东南。秦始皇曾登峄山,命丞相李斯以大篆勒铭山上。 ⑦ 荒城:指山东曲阜。鲁殿:指汉景帝之子鲁恭王所建的灵光殿,在曲阜城内。 余:残余。 ⑧ 古意:这里指古迹。 ⑨ 踌躇:徘徊不前。这里形容感慨沉吟的样子。

【今译】

我到兖州城来探望父亲,初次登上南楼,纵目眺望。天上的浮云与东海、泰山相连,辽阔的平野与青州、徐州接壤。独立的山峰还立着秦始皇所建的石碑,荒城中保留着鲁殿的断垣残墙。这儿的古迹一向很多,我远远望着,不免独个儿沉吟伤感。

【评解】

开元二十五年(737),杜甫考试落第后到兖州去看望担任兖州司马的父亲,登兖州城楼,作了这首诗。诗首联以"东郡趋庭"引出"南楼纵目",实事直说,便利之极,是杜诗出手不凡处。以下两联写景。一联侧重于景物的描写,承上"纵目",写得雄浑开阔;一联由景寄托怀古之思,启下

"古意",写得沉郁精壮。最后诗以写情作结,回应首联,表达自己对大好河山的热爱及对人事沧桑的感慨;又以"独"字,言平昔怀抱,别的登临者未必会知。全诗写得章法谨严,气象宏壮,是杜甫早年律诗的代表作。查慎行《瀛奎律髓》评说:"此杜陵少作也,深稳已若此。五、六每句句尾下字极工密,所谓'诗律细'也。"查慎行是宋诗派作家,所以对五、六句拗折劲削表示赞赏。实际上诗三、四句,纵横千里,一天一地,阔大沉雄,浑然一气,鲜明地概括了兖州一带景物,成就更大。

送杜少府之任蜀州①

王 勃

城阙辅三秦②,风烟望五津③。与君离别意,同是宦游人④。海内存知己,天涯若比邻⑤。无为在歧路⑥,儿女共沾巾⑦。

【作者简介】

王勃(650—676),字子安,绛州龙门(今山西省稷山县)人。十四举幽素科,历官沛王府修撰、虢州参军。他与杨炯、卢照邻、骆宾王并称"初唐四杰",诗流丽婉畅中有宏放浑厚的气象。著有《王子安集》。

【注释】

① 杜少府:不详。唐人称县尉为少府。蜀州:一作"蜀川",指四川。 ② 城阙:指长安。宫门前的望楼称阙。 三秦:今陕西省关中地区。项羽灭秦后,分秦地为雍、塞、翟三国,故称三秦。 ③ 五津:蜀中长江自湔堰自犍为一段,有白华津、万里津、江首津、涉头津、江南津,合称五津。这里代指杜少府要去的四川。津,渡口。 ④ 宦游人:在外做官的人。 ⑤ "海内"二句:化用曹植《赠白马王彪》"丈夫志四海,万里犹比邻。恩爱苟不亏,在远分日亲"句。比邻,近邻。古代五家相连为比。 ⑥ 无为:不要。 歧路:岔道。指分别之地。 ⑦ 儿女:青年男女。 沾巾:沾湿衣巾。

【今译】

雄伟的长安城以三秦为辅,我们遥望着风烟迷濛中的五津。我和你离别时心情彼此相近,因为我们都是离乡奔波仕宦的人。四海之内到处都有知己朋友,即使是远隔天涯也如同近邻。请你不要在分手时过分伤心,像青年男女一样把眼泪沾湿衣巾。

【评解】

这是首离别赠行诗,一扫历来写别离诗文悲伤愁闷的风格,分外爽朗开阔,因而受到历代评家推崇。诗首联以对偶起,出句写送别之地长安,突出宫阙的巍峨壮观,为下作衬;对句写杜少府要去的蜀地,以"风烟"暗点僻远,流露惜别关切之情。第二联承上,改用流水句法,似对非对,将分别之间推进一层,寓同情、安慰于一体,暗逗"知己"二字,通过议论,交流彼此之间的感情。然后,诗凭空挺起,转向勉励。"海内"二句,气度开阔,意致深远,以超凡的襟度,逼出结句的慰藉。全诗开合顿挫,而又一气贯之,读之令人胸怀顿开。在声律上,诗也平仄协调,对偶灵活,章法井然,标志着五律当时已进入了成熟阶段。

| 五言律诗 |

送崔融①

杜审言

君王行出将②,书记远从征③。祖帐连河阙④,军麾动洛城⑤。旌旗朝朔气⑥,笳吹夜边声⑦。坐觉烟尘扫⑧,秋风古北平⑨。

【注释】
① 崔融,字安成,齐州全节(今山东省章丘县)人。历官崇文馆学士、凤阁舍人、国子司业。能诗善文,与杜审言同列"文章四友"。 ② 出将:遣将出征。 ③ 书记:指崔融。时为梁王武三思掌书记。 ④ 祖帐:饯别时在野外道旁所设帷帐。祖,古人出行时祭祀路神,引申为送行,也指送行的酒筵。 河阙:即伊阙,在今河南洛阳市西南。 ⑤ 军麾:指挥军队的旗帜。此代指军队。 洛城:洛阳。时杜审言任洛阳丞。 ⑥ 朔气:北方的寒气。 ⑦ 笳:胡笳。一种近似于笛的管乐器,古人军中用以发布号令。 ⑧ 坐觉:顿觉。 烟尘:喻敌人。 ⑨ 北平:古郡名,地当今河北省东北部。

【今译】
君王即将派遣大将远征,你作为书记也要随军同行。送别的帷帐连接着伊阙,雄壮的军威震撼着洛城。清晨旌旗在北方的寒气中飘扬,夜晚冷寂的边塞传来哀怨的笳声。我顿时感到转眼便能把敌尘扫尽,凯歌将回荡在秋风中的北平。

【评解】
武后万岁通天元年(696)夏,营州(今辽宁省朝阳市)契丹松溪都督李尽忠等起兵攻陷营州,杀都督赵文翙。秋七月,武后令春官尚书梁王武三思出兵以备契丹。当时崔融被征入幕掌书记,杜审言作此诗送别。诗前半写眼前送别盛况。前两句点明崔融此行是随军东征契丹。次两句便极力渲染大军上路时送行典礼的隆重及军威的雄壮,写得气势磅礴,排荡开阔,后来杜甫继承祖父诗法,常学此种。后半是想象大兵到达边境的情况,展现寒冷、悲壮的场面,最后预祝崔融旗开得胜,及早凯旋。末尾是虚写,但已预伏征兆于"军麾"句,可见诗格的细密。全诗密切战事,闳逸浑雄,开诗家齐整平密一派门户,奠定了初唐律体。

扈从登封途中作①

宋之问

帐殿郁崔嵬②,仙游实壮哉③!晓云连幕卷,夜火杂星回④。谷暗千旗出,山鸣万乘来⑤。扈游良可赋⑥,终乏掞天才⑦。

【作者简介】
宋之问(约656—712),一名少连,字延清,汾州(今山西省汾阳县)人。唐高宗上元二年(675)进士,武后时官尚方监丞、左奉宸内供奉。后遭贬流放,被杀。诗与沈佺期齐名,所作精丽缜密,尤工五律。明人辑其作品为《宋之问集》。

【注释】

① 扈从:侍从皇帝出巡。 登封:在今河南省。境内有嵩山。 ② 帐殿:围成宫殿状的帐幕。形容其高广。 崔嵬:高大。此指四周的高山。 ③ 仙游:此指皇帝为封禅而出游。 ④ 回:指星斗运转。 ⑤ 山鸣:《史记·封禅书》载,汉武帝登嵩山,山中有声,三呼万岁。 ⑥ 良:值得、实在。 ⑦ 掞(yàn)天才:语出《汉书·扬雄传》"摛藻掞天庭",谓文才照耀天庭。

【今译】

高大华丽的帐幕架在巍巍群山,皇上出游,确实是壮丽非凡。清晨云气与帷幕一起飘动舒卷,晚上灯火与群星一起在高空亮闪。千百面旌旗蔽空使山谷变得昏暗,天子车驾到来,喧腾声使群山鸣响。我侍从皇上出游实在应作诗赋颂扬,可惜缺少高超的文才,束手长叹。

【评解】

天册万岁二年(696),武后到嵩山祭祀,宋之问随驾前往,作此诗以表颂扬。诗组织了"帐殿"、"仙游"、"千旗"、"万乘"、"扈游"等专用词,紧紧扣题"扈从",又密切"途中"二字,展示壮丽开阔的景象,得应制体之正。同时,诗又通过"晓云"、"夜火"等表明时间的词语,及"千旗出"、"万乘来"等状动态的词,写出行进,使诗流转飞动。宋之问的诗很少用典,善于将眼前景物组织在一起,构成带有典型意味的艺术境界。因此,尽管他的大部分应制诗都如本诗一样内容空洞,然而在艺术上也大多如本诗一样格律精工,稳顺声势,清通圆美,富于韵致,为人们所喜爱,"所有篇咏,传布远近"(《旧唐书·宋之问传》)。

题义公禅房①

孟浩然

义公习禅寂②,结宇依空林③。户外一峰秀,阶前众壑深。夕阳连雨足④,空翠落庭阴⑤。看取莲花净⑥,应知不染心⑦。

【注释】

① 义公:一位僧人。 禅房:僧人居住的房屋。 ② 禅寂:即佛理。禅是梵语"禅那"、"禅定"的省称,意为通过静思,集中心虑,摒弃俗念。 ③ 结宇:建屋。 空林:空寂僻静的树林。 ④ 雨足:指下雨时与地面连接的雨线,也称"雨脚"。 ⑤ 空翠:明净的绿色。 ⑥ 莲花:即青莲花。佛家以莲花洁净清香比喻清净的境界。 ⑦ 不染心:心不为俗尘所染。

【今译】

义公参禅研习佛法,把禅房造得靠近一片空寂的树林。门外正对着一座秀丽的山峰,台阶前是众多的山谷,陡峭幽深。一阵大雨过后,夕阳显得格外绚丽,明净的绿树把影子投满了中庭。看到这里的莲花是那么地洁净,就可推知主人那一尘不染的禅心。

【评解】

这是首题壁诗,是赞禅房环境,更是赞主人义公的品格,情调雅净,语句疏朗清秀,是孟浩然五律的代表作之一。诗首两句双起,点出义公的为人及禅房的位置。下两联着力描写禅房的景色。开门见到的是秀丽的山峰,台阶前是纵横的山谷,雨后夕阳,山峦清秀,禅房中庭,绿树阴凉。诗人以清词丽句,淡抹素描,为人们展示了一幅清嘉明亮的山水图。从这样的景物描写中,不难使人想见义公居其中,与山水交流,襟怀冲淡,尘虑皆除;也使人味出诗人对义公的倾倒。最后,诗人由赞景自然地转到赞人,妙在不用直笔,而是从义公身份出发,巧借佛语,由景物的洁净,赞誉人的超俗空寂。诗结构井然有序,在写景时,将空间与特定的时间结合,将远景与近景交叉,前后呼应,情趣盎然。闻一多《唐诗杂论》说:"孟浩然不是将诗紧紧的筑在一联或一句里,而是将它冲淡了,平均分散在全篇中。"这首诗就是如此。

醉后赠张九旭①

高 适

世上漫相识②,此翁殊不然③。兴来书自圣,醉后语尤颠。白发老闲事④,青云在目前⑤。床头一壶酒,能更几回眠?

【注释】
① 张九旭:张旭,字伯高,排行第九,吴县(今属江苏省)人。官常熟尉、右率府长史。他是著名书法家,以草书著称,人称"草圣"。 ② 漫相识:轻易地相交结识,谓结交中多虚伪欺诈,不真率。 ③ 殊:完全。 ④ 老:习惯。 ⑤ 青云:指荣华富贵。全句谓张旭对荣华富贵不放心上,近而不取。有的解释说时玄宗令张旭为书学博士,从此青云直上。这样解释不仅与上句意不合,且书学博士官品不高。同时李颀作有《赠张旭》诗"微禄心不屑,放神于八纮"可证。

【今译】
世上的人交友常常虚伪欺诈,只有先生你从不这样。兴致勃发时书法超凡入圣,喝醉了酒说话更加癫狂。白发满头,过惯了闲散的日子,对高官厚禄你从不放在心上。床头摆着一壶美酒喝了就睡,这样的日子,还能维持多长?

【评解】
张旭是唐代著名书法家,《新唐书》说他"嗜酒,每大醉,呼叫狂走,乃下笔,或以头濡墨而书,既醒自视,以为神,不可复得也。世呼张颠"。高适也是一位使气慷慨之士,辛文房《唐才子传》说他"少性落拓,不拘小节",因此与张旭相得甚欢,这首醉酒后写的诗,便将张旭的狂态写得淋漓尽致。前四句直述,说张旭交友直率真诚,兴来挥毫,醉后语颠,写尽他异于常人的狂态。后四句写张旭的平生遭际,说他悠闲自得,不求进取,表示赞赏;又对他入朝为官,不能再如往常一样率意表示惋惜。全诗挥洒跳脱,自然传神,虽为一时兴到之作,实为神来之笔。诗作于开元二十四年(736),时高适三十六岁,出手已如此不凡;史称高适五十岁才学作诗,恐未必可靠。

玉 台 观①

杜 甫

浩劫因王造②,平台访古游③。彩云萧史驻④,文字鲁恭留⑤。宫阙通群帝⑥,乾坤到十洲⑦。人传有笙鹤⑧,时过北山头。

【注释】

① 玉台观:在阆州(今属四川省)城北七里,唐高祖子滕王李元婴造。 ② 浩劫:道教指宫观的阶级,表示历久不坏。此指宫观规模巨大。 ③ 平台:西汉时梁孝王所造台名,高大华丽。此指观中的玉台。 ④ 萧史:传秦穆公女儿弄玉善吹笙,有仙人萧史善吹箫,秦穆公招为婿,并为他们建凤台居住。后萧史跨龙,弄玉乘凤,一起升天仙去。 ⑤ 鲁恭:鲁恭王刘余,汉景帝之子。他在扩建宫室时拆孔子旧宅,在夹壁中获得《古文尚书》等典籍。 ⑥ 群帝:天上各位天帝。道家以为天有多重,各有帝;五方亦有帝。 ⑦ 乾坤:天地。此指观内殿宇。 十洲:传说中的仙境。东方朔《十洲记》言海中有十洲,为祖洲、瀛洲、玄洲、炎洲、长洲、元洲、凤麟洲、聚窟洲、流洲、生洲。 ⑧ 笙鹤:据《神仙传》,周灵王太子王子乔好吹笙作凤鸣,后骑白鹤在缑氏山成仙而去。

【今译】

这座宏伟的道观是滕王建造,我来到这一古迹,随意漫游。宫上彩云缭绕疑是萧史曾经居住,观里的文字高古像是鲁恭王当年所留。巍峨的宫阙上与天宫相接,宽广的台殿与海上仙岛一样清幽。人们传说常有仙人骑鹤吹笙,经过这里北面的那座山头。

【评解】

诗是题道观,所以诗人尽量发掘有关神仙的典故与传说,加以丰富的想象,来全方位地塑造玉台观的形象;同时,因为造观人的身份是王子,诗在用典用事时,又尽量用王子典以相切。诗首联起得平稳庄重,点明观的性质,交代自己前来游赏,分别以"浩劫"说明所游为道观,"平台"一典暗赞观的华丽。颔联具体写玉台观,由外至内,一说明其华丽,一说其高古。颈联又纵深一步,一句写宫阙的高大,以上通天帝所居形容;一句写观的宽广深幽,以十洲作譬。最后,诗以王子乔典,赞赏观是人间仙境,总收前三联。用典而不为典用,这才是用典的高手。杜甫这首诗,几乎句句用典用事,且莫不与所题对象玉台观密切结合,又紧紧掮合建观的人,显示了杜甫趋使典故的娴熟技巧。这样的艺术手法,经李商隐加以光大,到了宋初的西昆体,发挥到极致。

观李固请司马弟山水图①

杜 甫

方丈浑连水②,天台总映云③。人间长见画,老去恨空闻。范蠡舟偏小④,王乔鹤不群⑤。此生随万物,何处出尘氛⑥。

【注释】

① 诗题《千家诗》原误作"观李固言司马题山水图",据杜甫诗集改正。原题共三首,这里选的是第二首。李固,生平不详。司马弟,杜甫的表弟,姓王,官司马。 ② 方丈:传说中的海外三神山之一。 浑:完全。 ③ 天台:山名,在今浙江省东部。为佛教名山,又传刘晨、阮肇曾在此遇仙女。古人写佳山水,常以海外仙山与天台并举,起自孙绰《天台赋》:"涉海则有方丈蓬莱,登陆则有四明天台。" ④ 范蠡:春秋时越大夫。他辅佐越王勾践复国灭吴后,携西施驾小舟隐居五湖。 ⑤ 王乔:即王子乔。见上首注。 ⑥ 尘氛:混浊的

人间。

【今译】

那小岛大概是方丈,完全环绕着海水;那高山大概是天台,总是缭绕着烟云。这样美妙的地方只是常在画中见到,一直到老也只能白白限于听闻。范蠡的船儿偏窄,无法让我存身;要追随骑鹤的王乔,我也没有缘分。今生今世我只能随着世俗进退浮沉,还有什么办法能远离这滚滚红尘?

【评解】

这是首题画诗,画面是烟云缭绕的高山、浩瀚无际的海水及海中缥缈的小岛。诗因为是组诗中的一首,所以不像其他题画诗一样面面俱到,只用首联写画面,但连用了两个比拟,使人对画中隐约浮现于海中的孤岛及水边云雾笼罩的高山产生了直接深刻的印象。以下三联,便针对画中的岛与山抒发自己的感想,感慨见画而无缘亲临其地,舟小难载,又无骑鹤的缘分,即使想去也去不成,因此只好随着万物浮沉,无可奈何地待在这浊世器尘中。后三联全是心中感情的流露,但又紧紧围绕画中内容,在赞美画的精工微妙时沉入了自己主观思想,反映对隐逸生活的向往。题画而不被画面所囿,善于从题外发掘新意,使诗与画相得益彰是杜甫题画诗的特点,这一写法,到了宋元人题山水画强调主观及人的趣味后,几乎奉为楷模。

旅 夜 书 怀①

杜 甫

细草微风岸,危樯独夜舟②。星垂平野阔③,月涌大江流。名岂文章著,官应老病休④。飘飘何所似?天地一沙鸥⑤。

【注释】

① 旅夜:旅途的夜晚。诗作于代宗永泰元年(765)夏,当时杜甫由成都携家至云安(今四川云阳县)。 ② 危樯:孤单而高耸的樯杆。 ③ 垂:悬挂。 ④ "官应"句:"老病应休官"的倒装。当时杜甫因病辞去检校工部员外郎的官职。 ⑤ 沙鸥:一种水鸟,栖息在沙洲上。

【今译】

微风吹拂着岸上的细草,我的船孤独地停泊着,高耸樯杆。广阔的原野上空,四边的星星仿佛垂向地面;月亮倒影入江,在翻滚的浪花中跳荡。我难道是因为文章写得好而著名?又老又病,正该被罢职免官。四海飘零,无依无靠,用什么可以比拟?就像是天地间一只沙鸥,渺小孤单。

【评解】

这首诗写旅途中所见所思,被纪昀评为"通首神完气足,气象万千,可当雄浑之品"。上半写"旅夜"。第一联写近景,夜色迷蒙中,诗人的船孤零零地停泊着,微风吹拂着岸边的细草。诗写得很细微,以凄清的氛围,为全诗定调。次联将视野放开,写广阔的平野星空,奔流的江水夜月,以"垂"、"涌"二字,上下对照,呈现动静相间、旷远浩渺的世界。下半写"书怀"。第三联以揶揄自嘲的口吻道出老病失意的苦闷,一句是自负,一句是抱怨。末联自况,以沙鸥作比,又切江边,道出漂泊无依的痛苦,浦起龙《读杜心解》解说:"即景自况,仍带定风岸夜舟,笔笔高老。""星垂平野阔,月涌大江流"是杜诗名联之一。诗说夜色中的平野更见广袤无垠,天犹如穹庐,覆盖四野,天边的星星便似乎悬挂向地面;月光倒影在水中,随着江水的澎湃,上下腾涌闪烁。十个字,简洁准确而又鲜明生动地勾画出一派寥廓深沉而静谧的境界,深沉雄健,正是杜诗凝练的风格的体现。

登岳阳楼①

杜甫

昔闻洞庭水②,今上岳阳楼。吴楚东南坼③,乾坤日夜浮④。亲朋无一字,老病有孤舟⑤。戎马关山北⑥,凭轩涕泗流⑦。

【注释】

① 岳阳楼:在今湖南岳阳市西门上,唐开元中张说建,下临洞庭,远眺君山,为游览胜地。杜甫这首诗作于大历三年(768)冬,当时他漂泊在湖湘一带,未曾定居。 ② 洞庭:湖名,在今湖南省北部。 ③ 吴楚:长江中下游地区古代为吴国与楚国的国土,吴在洞庭之东,楚在洞庭之西。 坼(chè):开裂。这里指隔断。 ④ 乾坤:日月。 ⑤ 老病:杜甫时年五十七岁,又患肺病、风痹。 ⑥ 戎马:指战争。 关山北:北方边境。 ⑦ 凭轩:靠着窗。 涕泗:眼泪。

【今译】

过去老是听人谈论洞庭胜景,今天终于登上了岳阳楼。吴国和楚国在这里被天然隔断,太阳和月亮日夜在湖水中沉浮。亲戚朋友互相不通音信,我又老又病,住在这孤独的小舟。北方战争接连不断,不禁使我靠着窗口,滚滚泪流。

【评解】

大历三年,杜甫漂泊在湖湘一带,又老又病,前途渺茫。这一年,吐蕃又从西北入侵,郭子仪将兵五万屯守奉天,朝野骚乱。在这样的情况下,他登上了岳阳楼,洞庭湖的壮丽景色使他震撼不已,国事家事自身事也一起涌上心头,便写了这首浑融壮伟、沉郁苍凉的五律,被推为历史上吟咏洞庭湖最杰出的篇章。诗中间两联,一写景,一抒情,又连络贯通,历来脍炙。"吴楚"二句,切定洞庭湖形势,在水上做文章。出句说洞庭湖为吴楚分界,在地域上肯定湖的广大;对句说水势浩荡无垠,概括洞庭湖负载万物、吞吐乾坤的气势。全诗写洞庭的仅此一联,但已尽其大观,正如黄生《唐诗摘抄》所说:"虽不到洞庭者读之,可使胸次豁达。"五、六抒情,风格转为暗淡落寞。"亲朋"句承"吴楚"句来,因至吴楚而想到亲朋阻隔,不通音讯;"老病"句承"乾坤"句来,在壮阔的景色中更使人感到漂泊无依,凄凉愁苦。这样引出最后的忧国,激出滚滚热泪,诗便显得波澜顿挫。

江南旅情

祖咏

楚山不可极①,归路但萧条②。海色晴看雨③,江声夜听潮。剑留南斗近④,书寄北风遥⑤。为报空潭橘⑥,无媒寄洛桥⑦。

【注释】

① 楚山:安徽、江西、湖南、湖北一带的山,这些地区战国时属楚国地盘。 极:尽头。 ② 但:只。 ③ 海色:江边的景色。长江中下游水面宽广,古人因其近海,常称之为海。 ④ 剑留:指人留。古代书生出游常佩带长剑。 南斗:星座名。楚地是斗、牛的分野。此句又暗用《晋书·张华传》典:张华见斗牛间有剑气,嘱雷焕去寻觅,后在江西丰城县掘得宝剑。 ⑤ 北风:此代指北方,暗用古诗"胡马依北风"句,写思乡。 ⑥ 为报:请人转告。 潭橘:湖南湘潭市北昭潭所产的橘。 ⑦ 媒:媒介,此指可托之人。 洛桥:洛阳桥,在河南洛阳市西南洛水上。此即代指洛阳。

【今译】

楚地的山路漫漫,走不到尽头,回望归途,满目萧条。江边水汽蒸腾,晴天也像细雨弥漫,夜晚听到的是澎湃的江潮。我携剑飘流在这南斗的分野,听到北风,想寄封信,却又路远山高。我要告诉你们我徒有这里特产的橘子,但是没有人带往家乡洛阳桥。

【评解】

诗题是"江南旅情",便依自己北方旅客的身份,着力于描写江南风景节物,抒发情感。诗首联写楚地山路绵绵回亘,归路萧条,暗寓家乡阻隔,游子思家。次联写景,由山转到水,以江边水汽弥漫,晴空细雨,夜间潮声震荡,这些江南特有景色,既扣题,又暗示旅途的颠沛寂寥,境界很雄阔。第三联进一步写客游,身处南斗星下,心思家乡洛阳,欲归不得,音信难通,"旅情"激荡而出。由此,诗以欲寄潭橘,无人托付作结,表示对亲人的想念。诗左右盘旋,句句紧扣诗题,句琢字炼而不露痕迹,在淡荡精微的描写中寄托深切的感情,所以一向受到选家的青睐。

宿龙兴寺①

綦毋潜

香刹夜忘归②,松清古殿扉。灯明方丈室③,珠系比丘衣④。白日传心净⑤,青莲喻法微⑥。天花落不尽⑦,处处鸟衔飞。

【作者简介】

綦毋潜(692—约749),字孝通,虔州(今江西省赣州市)人。唐玄宗开元十四年(726)进士,历官右拾遗、著作郎。诗多写方外幽情及山林隐趣,清淡隽峭。《全唐诗》录其诗一卷。

【注释】

① 龙兴寺:具体所指不详。 ② 刹:佛寺。 ③ 方丈:方丈之地。指禅房,也指寺主持所居或寺主持僧。 ④ 比丘:僧人。 ⑤ 心净:心地洁净,无杂念。 ⑥ 青莲:青莲花,佛教用以象征佛法。 微:精妙深奥。 ⑦ 天花:《维摩诘经》载,维摩诘室有一天女,见诸大人闻说法,便现其身,以天花散在诸菩萨大弟子身上。又《心地观经》说佛祖说法,感动天神,天雨各色香花,于虚空中缤纷乱坠。

【今译】

我留恋着寺中清幽的景色,到了晚上忘了回归;寺前的松林苍翠茂密,把影子投向了这古寺的殿堂门扉。那精致的禅房里,点上了明亮的灯烛,僧人们正在做着夜课,念珠儿挂在他们的衲衣。他们清净无为的心境,可与澄净的青天白日相比;精微深奥的佛法,又如同青莲花一般明洁清奇。我想寺中的高僧讲到妙处,一定会有天女不停地撒下花朵;缤纷的花儿四处飘洒,一定会被成群的鸟儿飞来衔起。

【评解】

诗首联破题,直接说出"夜忘归",点出题中"宿"字,而以寺中的环境清幽,说明忘归的理由。颔联承前写夜间的景象,因是"宿",所以全写寺内,不及外景,着意于僧人的夜课。颈联转而由景及僧人做夜课,写心中的感受,赞叹寺僧的清净无为,佛法的深微奥妙。尾联便进一步发挥想象,把境与情浑在一起,说寺僧的修为达到极高境界,在阐扬佛法时必然会感来天女散花;而山中多鸟,一定又会将花片衔去。诗在结构上井然有序,起承转合痕迹明显;铸词造语密切所处环境,一派清深幽静的景象,读之如身临其境。

破山寺后禅院①

常建

清晨入古寺,初日照高林。曲径通幽处②,禅房花木深。山光悦鸟性,潭影空人心。万籁此俱寂③,惟闻钟磬音④。

【作者简介】

常建,长安(今陕西西安市)人。唐玄宗开元十五年(727)进士,曾官盱眙尉。后隐居鄂渚(今湖北)。他的诗多山林清气,善于用幽深的笔意写孤介的情怀。《全唐诗》存其诗一卷。

【注释】

① 破山寺:即兴福寺,在今江苏省常熟市虞山上。原为南齐倪德光住宅,后舍宅为寺。 ② 曲径:一作"竹径"。 ③ 万籁:自然界一切音响。凡能发出声响的孔窍皆称籁。 ④ 钟磬音:僧侣念经时敲击钟磬的声音。磬,用玉或石制成的打击乐器。

【今译】

清晨我进入这古老的寺院,初升的太阳照着高高的树丛。弯弯曲曲的小路通向幽深的地方,一排排禅房掩映在浓密的花木中。山中的风光使鸟儿怡然自乐,潭水的倒影令人杂念消逝一空。所有的声音全都寂然停歇,只听见僧人敲着玉磬,撞响铜钟。

【评解】

诗题注明写的是破山寺的后院,所以不写寺庙的庄严雄伟,着意表现环境的深幽寂静。首联交代游寺,点出时间、地点,以"初日照高林"这一开敞明朗的景象,为下作衬。以下,诗便逐步推入,引进后院,写小路的曲折幽深,禅房的深寂。"山光"二句,既写景,又写情。鸟声潭影,都从正面写幽静;鸟悦山光,人心空寂,又点出诗人心无尘垢,与景俱化。最后,诗又为画面配上音响,以钟磬声反衬寺中安静,密切关合寺庙,带有悟道惮悦之味。诗写得层次分明,韵味深醇,纪昀《瀛奎律髓》评说:"兴象深微,笔笔超妙,此为神来之候。"宋欧阳修特别赞赏诗的三、四句,他说自己想"效其语作一联,久不可得,乃知造意者为难工也"(《题青州山斋》)。

题松汀驿①

张 祜

山色远含空②,苍茫泽国东③。海明先见日,江白迥闻风。鸟道高原去④,人烟小径通⑤。那知旧遗逸⑥,不在五湖中⑦。

【作者简介】

张祜,字承吉,清河(今属河北省)人。为人狂放不羁,性爱山水,以诗名,风格爽利,杜牧对他极推重。传被元稹排挤,遂终身未仕,晚年隐居丹阳,卒于唐宣宗大中年间(847—859)。著有《张承吉文集》。

【注释】

① 松汀驿:具体所在不详,据诗描绘,当在今江苏省境内。 ② 含:连接,衔接。 ③ 泽国:多水的地方。 ④ 鸟道:只有飞鸟才能通过险峻小路。 ⑤ 人烟:有人居住的地方。 ⑥ 遗逸:高人隐士。 ⑦ 五湖:太湖。这里暗用范蠡功成名就携西施隐五湖事。

【今译】

无边的山色,连接着远方的天空;东南水泽,旷远无际,一片迷蒙。海色明亮,一早便能见到初升的红日;江潮泛白,远远就听到风涛汹涌。崎岖的山道,直达山顶,只有鸟能飞越;曲折的小路,与山中的人家相通。人们不知道,旧时的高人隐士,并不一定都隐居在五湖之中。

【评解】

这首诗是题在松汀驿的,写的是松汀驿周围的景色。驿站所在一面靠山,一边是浩瀚的湖泊。诗首联便给人们再现这一景色,写远山及泽国。"远含空"写出山的高远,"苍茫"绘出水面的浩渺。以下两联,各承首联,一联写水,一联写山。第二联的"海"是言水旷远,"海明"写水光,因其广,所以见日出之早;"江白"说湖通大江,浪涛无边,远远便能听见激荡之声。这两句气势宏大,声色并茂。第三联通过"鸟道"、"小径",写出山的险,带出山中的居民,勾出自己对景观的向往。这样,尾联感叹古来隐士不一定隐于五湖,便很自然。诗写得错落有致,绘景精微,将自己的感情恰到好处地注入景中,有有余不尽之意。

圣果寺①

释处默

路自中峰上,盘回出薜萝②。到江吴地尽③,隔岸越山多。古木丛青霭④,遥天浸白波。下方城郭近,钟磬杂笙歌。

【作者简介】
释处默,晚唐诗僧,居吴越一带,与贯休、罗隐交好。《全唐诗》录存其诗八首。
【注释】
① 圣果寺:在今浙江杭州市南凤凰山上。 ② 薜萝:皆为藤蔓植物。 ③ 江:指钱塘江。 ④ 青霭:青色的云气。
【今译】
我从凤凰山的中峰攀登,小路崎岖曲折,两边满是薜萝。到了钱塘江已是吴国的尽头,对岸的越地,青山重叠众多。古木丛生笼罩着青色的云气,远处的天空连接着白色的江波。山下的城市如同就在眼前,寺中的钟磬声夹杂着山下的笙歌。
【评解】
首联写登山入寺,极写寺的高迥幽僻,为全诗定格。以下三联,全从此联生发。因寺在吴越分界处,所以第二联从大处落笔,写山的地理位置,尽写物之妙,是神来意到之笔。第三联承第二联而参差其句,一写山上草木葱茏,具有向上的气势;一写江水奔腾,与远天相接,具有横向的动态。上下结合,境界开阔壮丽。结尾呼应首联,高下形成对比,以山下的扰攘,反衬寺中的幽静,意味无穷,为罗隐极口赞赏。三、四句是名句,"到江吴地尽"已写尽山的形势、方位,几疑无可措笔,忽接"隔岸越山多",于意象外再造意象,自然缥缈。后来宋陈师道将二句缩为"吴越到江分"一句,被赞为点化旧句的神品,但在诗旨意味上反而减少了许多。

野 望

王 绩

东皋薄暮望①,徙倚欲何依②?树树皆秋色③,山山惟落晖。牧人驱犊返④,猎马带禽归⑤。相顾无相识,长歌怀采薇⑥。

【作者简介】
王绩(585—644),字无功,号东皋子,绛州龙门(今山西省稷山县)人。隋大业年间举孝悌廉洁科,历官秘书省正字、六合县丞,后弃官归隐。诗多写田园隐趣,诗风清新朴素。著有《王无功集》。
【注释】
① 东皋:王绩隐居之地,在他的故乡龙门。皋,水边高地。薄暮:黄昏。 ② 徙倚:徘徊,心神不定。 ③ 秋色:草木枯黄衰落之色。 ④ 犊:小牛。 ⑤ 禽:指猎获的禽兽。 ⑥ 采薇:《史记·伯夷列传》载,殷商灭后,伯夷、叔齐隐居首阳山,不食周粟,采薇而食,作歌曰:"登彼西山兮,采其薇矣。以暴易暴兮,不知其非矣!神农虞夏,忽焉没兮,我适安归矣?吁嗟徂兮,命之衰矣!"薇,羊齿类草本植物,嫩叶可以食用。
【今译】
黄昏时我步上东皋眺望,心中无所凭依,徘徊怅惘。树木萧瑟,一片枯黄;空山寂寥冷寞,映照着夕阳。放牧的人驱赶着牛儿回返,猎手带着猎物归来,意气飞扬。回顾左右没有一个朋友,想念着采薇的古人,我放声歌唱。

【评解】

这是最早出现的成熟的五言律诗之一,写得凝练工稳,对律诗的发展起了很大的作用。诗首联交代"野望"的地点与时间,托出内心的惆然与苦闷,为全诗定调。中间两联写景。颔联是远眺所见,在黄昏中,在心情不宁的情况下,诗人便勾勒一幅浑然萧索的景象,给景蒙上一层苍凉沉郁的色调。"山山唯落晖"一句,将人的感情寄入景中,愈显冷寞,后来王维《归嵩山作》"落日满秋山"、刘长卿《移使鄂州次岘阳馆怀旧居》"千峰共夕阳"等句,都写这一意境,无疑受王绩诗影响。颈联写近景、动态,与《诗经》"日之夕矣,羊牛下来"所构景相仿,处处泛出恬淡悠然的意味。在这样的环境中,诗人举目无亲,便分外孤寂,于是"与古为友",伤时感世,怀念起伯夷、叔齐来。全诗把心中的惆怅忧郁与秋原傍晚深远的景物相结合,复于闲适的气象中寄托隐逸避世的情感,这样措笔谋篇,几乎成为后来田园隐逸诗的模式。

送别崔著作东征①

陈子昂

金天方肃杀②,白露始专征③。王师非乐战④,之子慎佳兵⑤。海气侵南部⑥,边风扫北平⑦。莫卖卢龙塞⑧,归邀麟阁名⑨。

【注释】

① 崔著作:崔融。见杜审言《送崔融》诗注。崔融时以著作郎掌书记,随军东征契丹李尽忠。　② 金天:秋天。秋在五行中属金,主刑杀。　③ 白露:秋天的节气之一。　专征:将帅受帝命全权指挥军队进行征伐。　④ 王师:王者之师。对本国军队的美称。　乐战:好战。　⑤ 之子:指出征的将帅。语出《诗·小雅·鸿雁》:"之子于征。"　佳兵:上好的兵器。语出《老子》:"夫佳兵者,不祥之器也。"又:"兵者不祥之器,非君子之器,不得已而用之。"故诗云"慎佳兵"。　⑥ 海气:瀚海之气。指边师军势浩大。　南部:指契丹南部部落。　⑦ 边风:边塞之风。喻军力强盛。　北平:见前杜审言《送崔融》注。　⑧ "莫卖"句:谓不要出塞后邀功大肆斩杀。卢龙塞在今河北省遵化县,即喜峰口,是北平的边境要塞。《三国志》载:曹操北征乌丸,田畴献策从卢龙进军。曹操从之,大获全胜。曹操要赏田畴,田畴不受,曰:"岂可卖卢龙塞以易赏哉!"　⑨ 麟阁:麒麟阁。汉宣帝时曾画霍光等功臣像奉阁中,以表彰他们的功绩。

【今译】

秋天是肃杀的季节,到白露君王才令大将远征。王者之师从不好战,你此次前去要慎于用兵。军威壮大令南部契丹胆战心惊,兵力雄厚将北平敌人一扫而净。切莫要出主意出卖卢龙塞,为的是归来请功邀名。

【评解】

这首诗与前杜审言《送崔融》同时作,都是送崔融随军东征契丹的。但本诗表现的不是依依惜别,而是通过议论,表示对战争的态度。诗首先在出师的节令上做文章,说秋天出兵是合乎天道,但替天行道杀伐是不得已,王者之师不以杀戮为事。然后表示东征必胜,并劝告崔融不要大肆追杀,以邀功赏。陈子昂是初唐人,当时律诗尚未完全定型,所以本诗带有古体兴味,平仄不黏,引散入律,风格独特。同时全诗语气悬切,层层深入,议论与叙述相结合,使诗显得平稳深淳。

只是尾联用田畴事,似与全诗不协调,且慎杀意前面已经提到,此联又直接申诉,一无含蓄,重叠直露。

陪诸贵公子丈八沟携妓纳凉晚际遇雨二首①

杜 甫

落日放船好②,轻风生浪迟。竹深留客处,荷净纳凉时。公子调冰水,佳人雪藕丝③。片云头上黑,应是雨催诗。

雨来沾席上,风急打船头。越女红裙湿,燕姬翠黛愁④。缆侵堤柳系⑤,幔卷浪花浮。归路翻萧飒⑥,陂塘五月秋⑦。

【注释】
① 丈八沟:沟渠名,在长安南。 ② 放船:行船。 ③ 佳人:即题中的妓女。 雪:擦拭。 藕丝:即藕。因中空多丝,故称。 ④ 翠黛:女子的眉。翠黛本为画眉的颜料。 ⑤ 侵:靠近。 ⑥ 翻:反而。 萧飒:同"萧瑟",寂寞凄凉。 ⑦ 陂塘:池塘。指丈八沟。

【今译】
太阳落山正是泛舟的好时候,轻风阵阵吹来,水面波纹细细。幽深的竹林是留客憩息的佳地,我们在这里纳凉,空气中泛着荷花的香气。公子调和好冰水饮用,美人拭干了嫩藕切食。一大片乌云飘到了我们头上,也许是大雨赶来催我快作好诗。

大雨袭来淋湿了坐席,急风挟着浪花打向船头。越女穿的红裙被雨淋湿,燕姬皱起了眉头深深发愁。船缆牢系在堤边的垂柳上,船上的帷幔随着浪头高低飘浮。回去的路上凉风萧飒一片凄寂,陂塘边虽是五月却像已到深秋。

【评解】
这两首诗是连章体,写陪贵公子游丈八沟纳凉遇雨一件事。第一首写雨前,第二首写雨中。第一首娓娓道来,以古风形式,交代出游、泊船、纳凉,然后以大雨将来作结,句句应题,面面俱到。第二首从雨开始下写起,雨大风骤,切合夏夜的阵雨。以下越女、燕姬的神态,是互文,承首句写雨;系船堤柳,幔卷浪拍,承第二句写风,又遥与第一首的首联相应,成为对比。尾联以雨后回家作结,缴足全篇。诗写得井井有条,以欢乐起,以失意归收,隐寓乐极生悲之意。方回《瀛奎律髓》评认为两首诗"皆尾句超脱"。这是因为第一首在极热闹畅心之时,倏然雨来,本是扫兴之事,但诗人作达语出之,说成是雨特地来催诗,陡增兴会,遂成一代名实,尤为江西诗派诗人所效仿。而第二首的结句,在写雨乱聚会,寂然回家时,忽点天气凉快,所谓求凉得凉,在失意中又含快意,也很含蓄有味。

| 五言律诗 |

宿云门寺阁①

孙 逖

香阁东山下②,烟花象外幽③。悬灯千嶂夕④,卷幔五湖秋⑤。画壁余鸿雁,纱窗宿斗牛⑥。更疑天路近,梦与白云游。

【注释】

① 云门寺:在浙江绍兴市南云门山麓。 ② 东山:云门山的别名。 ③ 烟花:春天浓艳的景色。此泛指美景。 ④ 千嶂:群山。 ⑤ 五湖:太湖的别称。此泛指江南的湖泊。 ⑥ 斗牛:二十八宿中的斗、牛二宿。江南为斗、牛二宿分野。

【今译】

寺阁坐落在云门山下,风景秀丽,清幽绝俗,远离尘寰。傍晚悬挂灯火,打量着环绕的群山;为眺望五湖秋色,又把帷幔高卷。寺内的壁画仅剩下一角鸿雁,天上的星星傍着纱窗,照我入眠。我不由得怀疑上天的道路离我很近,梦中乘着白云,遨游青天。

【评解】

诗依题"宿"的过程展开。首联写将宿之地,用浑笔说出云门阁的位置,"烟花"二字强调景色之美,"幽"字肯定环境之清,切合寺庙。在叙事时淡淡地渗入绘景,为"宿"作好衬垫。次联写到达宿处。用工稳的对句,写出宿处的景色,且一句实写看山,一句虚写想象中的五湖,山水对照,意境优美,气势宏阔;又在写景中加入动作,表达自己对山水的欣赏,并带出秋天与傍晚这节令时间,逼近"宿"字。第三联紧接悬灯、卷幔。悬灯故见墙上残余的壁画,卷幔而星光入室,暗示云门寺的古老与阁之高。然后,诗自然进入"宿",直写入梦,圈定"宿斗牛",写得朦胧缥缈,与境地及梦乡丝丝入扣。全诗结构十分严密,写事则以时序为纲,写景则由远入近,圆满浑融,意深味长。

秋登宣城谢朓北楼①

李 白

江城如画里②,山晚望晴空。两水夹明镜③,双桥落彩虹④。人烟寒橘柚⑤,秋色老梧桐。谁念北楼上,临风怀谢公?

【注释】

① 宣城:今安徽省宣城县。 谢朓:南齐诗人,字玄晖,陈郡阳夏人。历官骠骑谘议、宣城太守。 北楼:一称谢公楼,谢朓官宣城太守时建。 ② 江城:指宣城。因城三面临水,故云。 ③ 两水:指宣城东郊的宛溪和句溪。 ④ 双桥:指宛溪上的凤凰、济川二桥。 ⑤ 人烟:村民居住地。

【今译】

江城如同美妙的图画中,夕阳下远眺,青山镶嵌在万里晴空。两水如清澈的明镜夹城流淌;双桥横跨溪上,像是从天而降的彩虹。人烟稀少,橘柚林笼罩着阵阵寒意;秋色沉沉,梧桐树显得苍老深重。有谁知道我在这北楼上,对着秋风,怀念古人谢公?

【评解】

　　这首诗作于天宝十二载(753)秋,描写登临所见的山水景物。首联概括全景,说自己登上北楼,见到夕阳照着群山,一片明净,俯视江城,如在画中。这样开门见山,大笔皴染,为下具体描写作好准备。以下两联,便一写"江城如画",一写"山晚晴空"。"两水夹明镜",是实写,又描绘出秋水澄净,波光闪耀,切登高所见;桥如彩虹,用一"落"字,渲染气势,也是俯瞰的感觉,都比拟丰富形象。"人烟"一联,写山中,人烟稀少,秋风萧瑟,深碧的橘柚林、发黄的梧桐树映入眼中,诗人用"寒"、"老"二字,不仅纵深地勾出秋景,也写出了沉沉秋意,用语极为凝练。尾联怀古,是登临诗惯套,但以"谁念"二字领句,就在怀古中加入自我,扩大了诗境。诗虽是写登临,但在绘景时不是满足于再现景物,而是融以丰富的想象,配以活泼空灵的笔墨,渗入独特的自我感受,使情与景完美结合,成为别具一格的山水诗。

临洞庭上张丞相①

孟浩然

　　八月湖水平,涵虚混太清②。气蒸云梦泽③,波撼岳阳城。欲济无舟楫④,端居耻圣明⑤。坐观垂钓者,徒有羡鱼情⑥。

【注释】

① 洞庭:洞庭湖,在今湖南省北部。　张丞相:张九龄,当时任丞相。　② 涵虚:包容元虚。元虚,即构成天地万物的元气。此指湖面水汽。　太清:天空。　③ 蒸:蒸腾。　云梦泽:古泽名,包容今湖北南部、湖南北部。　④ 济:渡过。　舟楫:船与船桨。　⑤ 端居:独处、闲居。　圣明:圣明之时,太平无事之日。　⑥ "徒有"句:《淮南子·说林训》:"临河而羡鱼,不如归家织网。"比喻想出仕而愿对方不要让自己愿望落空。

【今译】

　　八月里湖水上涨满溢,水天相浑,包容了万物元气。水汽蒸腾,把广袤的云梦泽笼罩;波浪澎湃,将高高的岳阳城撼移。我想渡湖可是没有舟楫,闲居无事,有愧于这太平盛世。坐观湖边垂钓的人,空抱有得鱼的情思。

【评解】

　　这首诗正如题目所揭示,是一首干谒诗,希望对方援引自己。写洞庭湖景是兴,末联是全诗主旨所在。诗人在八月里秋水大涨时来到洞庭湖边,见到天光水色,浑融一气,水汽蒸腾,波浪滔天,因此想到人生,想到自己一事无成,要想有所作为,就如眼下没有舟楫难以渡湖一样,因而感到愧疚不安。于是他用《淮南子》典,把张九龄比作渔夫,希望他援引自己,让自己得到一官半职,建功立业。孟浩然虽然是个以隐逸出名的诗人,实际上正如沈德潜《唐诗别裁》所说"非甘于隐遁者"。诗的思想不足取,历来打动人心的是诗中写洞庭湖浩瀚激荡的景观的两联。诗由远及近,雄浑潇洒,气势开阔。尤其是"气蒸云梦泽"一联,历来为人击节赞赏,以为可与杜甫《登岳阳楼》"吴楚东南坼,乾坤日夜浮"比肩。方回《瀛奎律髓》云:"予登岳阳楼,此诗大书左序毬门壁间,右书杜诗,后人自不敢复题也。刘长卿有句云'叠浪浮元气,中流没太阳',世不甚传,他可知也。"

过香积寺①

王 维

不知香积寺,数里入云峰。古木无人径②,深山何处钟。泉声咽危石,日色冷青松。薄暮空潭曲③,安禅制毒龙④。

【注释】
① 香积寺:佛寺名,在长安南神禾原。　② "古木"句:言古木丛生,人迹罕到。　③ 空潭:空寂的水潭。曲:水湾。　④ 安禅:身心安然入于清寂宁静的境界。　毒龙:指危害人的种种机心妄想。《涅槃经》:"但我住处有一毒龙,其性暴急,恐相危害。"

【今译】
不知道香积寺坐落在何处,我已走了好几里路,进入了云雾缭绕的山峰。到处是古木丛生,没有人经过的痕迹,深山里不知何处传来了寺院的钟声。泉水流出耸立的岩石,声似呜咽;日光透入浓密的松林,寒意深浓。黄昏时才到达寺外空寂的潭水边,僧人已经禅定,制服了毒龙。

【评解】
诗从访寺入笔。首联点明不知寺在何处,已进入山中数里,爬上云雾缭绕的山峰,仍未找到香积寺。这样一写,便将寺所处的偏僻和盘托出。以下两联,全写山中的景物:眼前是莽莽丛林,不惟不见寺,连人迹也不见,忽然听到远处钟声,方知寺在前方。泉水从高耸的石头缝中流出,日光透进密集的松林。这一切,都使山林显得格外深僻、幽静。末尾才写到寺,由潭水想到龙,由水空想到龙被制服,妙用佛语,对僧人进行赞美。诗写香积寺,妙在重点不写寺,而写访寺的过程,通过侧面烘托,对环境的素描,层层逼近,及至写到寺,便一下煞住,给人以回味。俞陛云《诗境浅说》云:"常建过破山寺,咏寺中静趣,此诗咏寺外幽景,皆不从本寺落笔。游山寺者,可知所着想矣。""泉声"一联是名句,诗用倒装,突出泉声与日色,"咽"字及"冷"字下得极传神。赵殿成笺说:"下一'咽'字,则幽静之状恍然;著一'冷'字,则深僻之景若见。"

送郑侍御谪闽中①

高 适

谪去君无恨,闽中我旧过②。大都秋雁少③,只是夜猿多。东路云山合,南天瘴疠和④。自当逢雨露⑤,行矣慎风波。

【注释】

① 郑侍御:名不详。侍御即殿中侍御使或监察御史,御史台属官。　谪:贬官或外调。　闽中:指今福建省。　② 过:到过。　③ 大都:大约,大概。　④ 瘴疠:指南方潮湿地区的瘴气与瘟疫。　⑤ 雨露:指皇帝的恩惠,即谓当会遇赦。

【今译】

你不要对贬官到闽中过于悲恨,那地方我当年也曾到过。大致来说很少看到南飞的秋雁,只是夜间哀啼的猿猴特别地多。东去的道路山峰重叠、云雾环绕;就南国来说,那里的瘴疠总算温和。不久你就会沐浴皇恩赦免归来,出发吧,路上千万小心风波。

【评解】

这首诗是送友人贬官闽中的,诗人从勉慰出发,首先告诉朋友,那地方自己曾经到过,并不可怕,让对方放下心来,然后从"旧过"上生发,介绍闽中的情况。颔联写闽中雁少、猿多的特点,暗用鸿雁传书典说地处远僻、寄书不易及听猿下泪事寓游子思乡,在客观叙述中饱含同情之意。但诗以"大都"、"只是"领句,又冲淡了压抑与忧愁,使诗沉挚而不伤恋。颈联写闽中的地理与气候,云山缭绕,行路不易,气候潮湿,瘴疠为虐。但诗人仍从慰勉出发,说东南一带,山高路险,处处如此;而瘴疠在南方一带,闽中是最温和的地方,使朋友在担忧中略有宽解。这一切,又由于都是自己旧曾经历,便更有说服力。尾联切送行,但先说归来,给对方以宽解,然后谆谆嘱咐路上小心。诗全用叮咛叙述之笔,情深意长,充满亲切感。在内容上一气浑成,平淡自然,把自己对友人遭贬的伤感与竭力想平抚友人伤感这一矛盾心情恰到好处地表达了出来。

秦 州 杂 诗①

杜　甫

凤林戈未息②,鱼海路常难③。候火云峰峻④,悬军幕井干⑤。风连西极动⑥,月过北庭寒⑦。故老思飞将⑧,何时议筑坛⑨。

【注释】

① 本诗是杜甫《秦州杂诗》二十首之十九。秦州,今甘肃省天水县。　② 凤林:故城在今甘肃省临夏县西南。境内有凤林关,是当时要塞。　③ 鱼海:湖名,又名白亭海、休屠泽,在河州西吐蕃境内。　④ 候火:亦作堠火。古代边陲建高土台,备人瞭望,如有警报,用烽火报警。　⑤ 悬军:深入敌后的孤军。　幕:井上的盖子。　⑥ 西极:西方边远之地。　⑦ 北庭:唐建北庭都护府,治所在今新疆吉木萨尔县。　⑧ 飞将:西汉名将李广。汉武帝时任右北平太守,屡败匈奴,匈奴称为飞将军。　⑨ 筑坛:指筑坛拜将。萧何荐韩信,刘邦建坛拜为大将军。

【今译】

凤林那儿的战争还没有平息,通往鱼海的道路常被阻断。通明的烽火映照着高峻的山峰;孤军深入,军中的水井已经汲干。寒风凛冽直到极西之地也被撼动,凄冷的月光照着北疆,一片寒冷苍茫。老人们都纷纷思念令敌人丧胆的飞将,不知什么时候朝廷才想到筑起拜将坛?

【评解】

唐肃宗乾元二年(759),杜甫弃官携家人漫游到秦州,作《秦州杂事》二十首,描述所见所闻,抒发对时事的感慨及胸中的不平。这首诗的主旨是因西部边塞屡遭吐蕃侵扰,战乱不止,因而思有良将,捍卫边防。诗前四句写战乱,通过凤林、鱼海两地名的点缀,说明战火蔓延之广;又通过烽火不息,军中水井干枯写出战争的残酷及军人生活的艰辛。第三联转以写景起兴,以凛冽寒风、凄冷寒月,烘托战争形势的险恶,从而引出对时事的忧伤,希望朝廷早日选授良将。末两句是全诗主旨,因此王夫之《唐诗选评》说是"因结二句生前六句,则情生文"。全诗一气贯注,就实见实感中提炼出富有地方特点的景物,构成寥廓凄凉的境界,饱和着诗人忧国忧时的情感。

禹　　庙①

杜　甫

禹庙空山里,秋风落日斜。荒庭垂桔柚②,古屋画龙蛇③。云气生虚壁④,江声走白沙⑤。早知乘四载⑥,疏凿控三巴⑦。

【注释】

① 禹庙:指建在忠州临江县(今四川省忠县)临江山崖上的大禹庙。　② 桔柚:《尚书·禹贡》有"厥包桔柚"语,谓禹治洪水,人民安居乐业,东南岛夷之民也将丰收的桔柚包好进贡。这里是将典故与眼前实事交互而言。　③ 龙蛇:指壁上所画大禹治水故事。《孟子·滕文公》载,大禹治水,在地上掘沟导水入海,把龙蛇放入草泽。　④ 虚壁:空旷的墙壁。　⑤ 江:指庙所在山下的长江。　⑥ 乘四载:指大禹治水时乘坐的车、船、辇、樏(即轿)四种交通工具。　⑦ 三巴:今四川省东部,刘璋分为巴东郡、巴郡、巴西郡。传此地原为大泽,禹疏凿三峡,排尽水,始成陆地。

【今译】

禹庙坐落在荒凉的空山里,秋风萧瑟,一轮夕阳西斜。荒芜的庭院中树上垂挂着桔柚,古老的殿壁上画着盘旋的龙蛇。云雾仿佛从空旷的墙上透出,崖下大江奔流淘洗着白沙。我早就听说大禹乘着车船辇樏治水,凿开三峡疏导洪水,造就了三巴。

【评解】

永泰元年(765),杜甫离蜀,乘舟东下,在忠州瞻仰禹庙,写了这首诗,被后人推为唐代祠观诗中压卷之作。诗首先便勾勒了一幅与禹庙及大禹功绩极不相称的萧条场面,荒凉的空山,寒冷的秋风,凄凉的落日,注情于景,使人怀古悲思油然而生。接着,诗进一步写寺的荒凉,"荒庭垂桔柚,古屋画龙蛇",是实景,又与大禹经历相合,似出于无意之间,因此极见其工。胡应麟《诗薮》评为"此老杜千古绝技,未易追也"。第三联写庙内云气腾蒸,山下江声震耳,写得很雄浑,又借景物暗示大禹治水的功劳。因此,尾联由禹庙拓开,缅怀大禹治水的丰功伟绩。全诗以强烈的感情,对禹庙遭到冷落表示不满,歌颂大禹。笔触沉郁有力,情感波澜起伏,意味十分深长。

望　秦　川①

李　颀

秦川朝望迥，日出正东峰。远近山河净，逶迤城阙重②。秋声万户竹③，寒色五陵松④。有客归欤叹⑤，凄其霜露浓⑥。

【作者简介】

李颀，赵郡(今河北省赵县)人，寄籍颍川(今河南省登封县西)。唐玄宗开元二十三年(735)进士，官新乡尉。他是盛唐著名诗人，诗清秀而又不失雄浑，尤以七言见长。《全唐诗》录存其诗三卷。

【注释】

① 秦川：今陕西渭水平原一带。　② 重：重叠。　③ 万户竹：成片的竹林。《史记·货殖列传》："渭川千亩竹，其人皆与万户侯等。"此借"万户"字面，与下"五陵"对。　④ 五陵：见前杜甫《秋兴》注。　⑤ 归欤：回去吧。《论语·公冶长》："子在陈曰：归欤归欤！"　⑥ 凄其：凄凉、凄然。

【今译】

清晨我眺望着无边的秦川，太阳刚刚升起在东方的山峰。远远近近的山河一片洁净，曲折绵长的城阙层叠高耸。秋风摇动着成片的竹林，寒意笼罩着五陵的青松。我客游此地回乡的念头油然而起，面对着这凄凉霜露，秋意深浓。

【评解】

诗是旅途中即景抒怀之作，前三联写景，尾联抒情，是唐人律诗惯用手法。首联破题，写清晨眺望秦川，既点明时间、地点，又以"迥"字写明秦川的特点，为下放笔写景作衬垫。中两联承题，描述具体景色。诗将远近景色熔铸在一起，把秋天萧瑟之景以白描绘出，且暗用"万户竹"、"五陵松"典句，切实秦川，使景物表现得肃穆悲壮，雄浑开阔，深合游子之心。且诗对联整饬，用字工稳，音节顿挫，一向为人称赞。尾联即望生情，结煞全诗，流露郁郁不得志、思乡盼归的感伤，写得悲思缠绵，浓郁沉重。诗在写景时用笔轩辂宏畅，开阔明快，尾联急收，情意深致而不忘带景烘托，诗便显得沉着有力、意在言外，没有前后轻重不称的毛病。

同王征君湘中有怀①

张　谓

八月洞庭秋，潇湘水北流②。还家万里梦，为客五更愁。不用开书帙③，偏宜上酒楼。故人京洛满④，何日复同游？

【作者简介】

张谓，字正言，河内(今河南省沁阳县)人。早年从军北征，唐玄宗天宝二年(743)举进士及第,历官尚书郎、潭州刺史、礼部侍郎。《全唐诗》编录其诗一卷。

【注释】

① 王征君:不详。征君是对朝廷曾征召而未就官的人的称呼。 湘中:指今湖南省一带。 ② 潇湘:潇水与湘水,均在湖南。 ③ 书帙:装书用的套子。此代指书籍。 ④ 京洛:长安与东都洛阳。

【今译】

八月里洞庭湖秋色无限,潇湘向北滔滔奔流。家乡万里梦中才能与亲人聚首;独居他乡,五更醒来凄凉伤愁。心乱如麻,不再想翻阅书籍;秋思萦绕,最适宜的莫如登上酒楼。长安洛阳我有无数好友,什么时候再能与他们一起漫游?

【评解】

诗写"湘中有怀",怀什么,诗首联不作正面点题,而着重写湘中时令景物。"悲哉秋之为气",眼前无限秋色,滔滔流水,是实写,但隐喻自己伤秋之感,为全诗定调。由于是作客,这伤秋自然与思家有关,所以次联重点抒情。梦中回家是虚,家乡远隔万里,更增愁绪;五更难眠,思潮翻滚是实,又与梦中回家紧密呼应,殷殷之情,溢于言表。第三联是对愁而言。愁思萦绕,难以排遣,读书无用,唯有饮酒。"不用"、"偏宜"二虚词在此有点睛作用,把情感表达得深婉有致。明茶陵派诗人李东阳《诗家直说》认为诗用实字易,用虚字难,虚字用得好,能使诗开合呼唤、悠扬委曲,这首诗正证明了这一点。李东阳诗便专走这一路。尾联正说,道出思友,即想早日还乡,呼应题中"有怀",再次将愁情渲染深透。全诗写得很淡,一句一句,自然流出,仿佛与人谈心,深挚回曲的心意,表现得很充分。

渡扬子江①

丁仙芝

桂楫中流望②,空波两畔明③。林开扬子驿④,山出润州城⑤。海尽边阴静⑥,江寒朔吹生⑦。更闻枫叶下,淅沥度秋声⑧。

【作者简介】

丁仙芝,字元祯,曲阿(今江苏省丹阳市)人。唐玄宗开元间进士,曾官余杭尉。《全唐诗》录存其诗十四首。

【注释】

① 扬子江:今长江下游一段,因扬子津而得名。 ② 桂楫:桂树制的船桨,是对船桨的美称。这里代指船。 ③ 空波:空旷浩渺的水波。 两畔:两岸。 ④ 扬子:扬子津旁的驿站,在今江苏省江都县长江边。 ⑤ 润州:即今江苏省镇江市。 ⑥ 边阴:江南岸。 此指江水。 ⑦ 朔吹:北风。 ⑧ 度:传送。

【今译】

我乘船渡江在中流极目四望,两岸的景物历历在眼,江面一片空旷。北边的扬子驿簇拥着茂盛的树林,南边的润州城掩映在重重青山。远远的海边水波十分平静,北风吹来江上阵阵寒意。这时候我又听见枫叶在随风飘落,那淅沥的秋声是那么的凄凉。

【评解】

诗写渡江时所见所闻,合成一幅江上秋景图。前六句全写见,故起首点"中流望",并以"两畔明"作总写。以下一联,便先承"两畔明",写北岸的扬子驿树木丛生,南岸的润州城掩映在青山中。第三联写"中流望",一句远,说江流通海,幽暗静谧;一句近,说江面朔风吹起,一片寒意。诗题是"渡扬子江",如一味写中流便偏题,所以尾联改写"望"为"闻",说听到江边枫叶在风中飒飒飘落,完成对"渡"的描写,暗示已达彼岸。枫叶又与前"林开"二字合,秋声又应"朔风",密合无缝,颇见诗人结撰之巧。全诗都是景句,生动逼真地写出江中景色。诗人在写景时又渗入自己的感觉,淡淡的羁旅秋思自然地从诗中流出,不言情而情自现。

幽州夜饮①

张　说

凉风吹夜雨,萧瑟动寒林。正有高堂宴,能忘迟暮心②。军中宜剑舞③,塞上重笳音④。不作边城将⑤,谁知恩遇深。

【注释】

① 幽州:治所在今北京市大兴县。时张说以右羽林将军检校幽州都督。　② 迟暮:岁晚。也指人年岁渐老。《离骚》有"恐美人之迟暮"句,以美人比君子,说恐君子年老而不为君主所重视。此暗用此意。③ 剑舞:舞剑。　④ 笳:胡笳。古乐器,声悲壮,军中用以传布号令。　⑤ 边城:边疆城池。

【今译】

凉风吹来了一阵夜雨,树林中响彻着萧瑟秋声。正当此时在高堂上设宴聚会,能使我暂时忘却迟暮忧心。军队中只宜拔剑起舞,边塞上人们看重的是胡笳悲音。如果不是作边城的将帅,谁又能体会到君王的深恩。

【评解】

诗写在幽州都督府的一次夜宴。诗先以萧瑟的景色物候拉开帷幕,隐示自己的秋愁,然后正式入题写夜饮,同时以"迟暮心"呼应秋景,暗借《离骚》语表明自己遭贬谪的悲伤,希望君王回心转意,及早重用自己。第三联是眼前风光,写宴席上的舞乐,以"宜"、"重"二字强调处境的不堪,深沉顿挫。尾联转入抒情,郑重而出,托意深婉。沈德潜《说诗晬语》举出三种结尾方法,一是收束或放开一步,一是宕出远神,一是本位收住,并举出这首诗,认为是"本位收住"的典范。确实,这首诗的结句牢牢擒题,以"边城"结"幽州",以"恩遇"结"夜饮",在冠冕堂皇的语句中,在感戴皇恩浩荡的颂祝后,极为含蓄地漏出隐藏于心中的悲哀与牢骚。

图书在版编目(CIP)数据

千家诗全解/李梦生注译. —上海：复旦大学出版社，2007.12(2023.7重印)
ISBN 978-7-309-05814-7

Ⅰ.千… Ⅱ.李… Ⅲ.①古典诗歌-作品集-中国②千家诗-注释 Ⅳ.I222.72

中国版本图书馆 CIP 数据核字(2007)第 172405 号

千家诗全解
李梦生　注译
出 品 人/严　峰
责任编辑/韩结根
复旦大学出版社有限公司出版发行
上海市国权路 579 号　邮编：200433
网址：fupnet@fudanpress.com　http://www.fudanpress.com
门市零售：86-21-65102580　　　团体订购：86-21-65104505
出版部电话：86-21-65642845
常熟市华顺印刷有限公司

开本 787×1092　1/16　印张 11　字数 262 千
2023 年 7 月第 1 版第 11 次印刷
印数 29 501—30 600

ISBN 978-7-309-05814-7/I·411
定价：35.00 元

如有印装质量问题，请向复旦大学出版社有限公司出版部调换。
版权所有　　侵权必究